文采堪比三江水

说说历史上那些文豪们

姜若木◎编著

中国华侨出版社

·北京·

图书在版编目（CIP）数据

文采堪比三江水：说说历史上那些文豪们 / 姜若木编著 .
—北京：中国华侨出版社，2012.9（2024.1 重印）
ISBN 978-7-5113-2906-6

Ⅰ . ①文… Ⅱ . ①姜… Ⅲ . ①文学家—生平事迹—中国—古代
—通俗读物 Ⅳ . ① K825.6—49

中国版本图书馆 CIP 数据核字（2012）第 215073 号

●文采堪比三江水：说说历史上那些文豪们

编　　著：姜若木
责任编辑：崔卓力
版式设计：丽泰图文设计工作室 / 桃子
经　　销：新华书店
开　　本：710 mm×1000 mm　1/16 开　印张：16.75　字数：238 千字
印　　刷：三河市嵩川印刷有限公司
版　　次：2012 年 9 月第 1 版
印　　次：2024 年 1 月第 3 次印刷
书　　号：ISBN 978 -7-5113-2906-6
定　　价：48.00 元

中国华侨出版社　北京市朝阳区西坝河东里 77 号楼底商 5 号　邮编：100028
发 行 部：（010）64443051　　传　　真：（010）64439708
网　　址：www.oveaschin.com　　E－mail：oveaschin@sina.com

如果发现印装质量问题，影响阅读，请与印刷厂联系调换。

前 言

　　文采，不是依靠人们的夸奖就能流芳百世、永垂青史的，还必须有真才实学、有自己的独到特色，所谓"腹有诗书气自华"，当然也就腹有墨水名自留了。

　　古今中外的文学艺术可谓博大精深，文学巨匠灿若群星，文学作品浩如烟海，文学流派异彩纷呈。文学艺术积淀了源远流长的世界文化，反映了劳动人民的聪明才智，浓缩了世界历史的演变和社会的发展，称得上是世界文化宝库里璀璨夺目的明珠和瑰宝。文学艺术是时代精神的凝聚与升华，拥有强大的艺术生命力，长久地为广大人民所喜爱。

　　在中国的文豪之中，屈原是一位深受崇敬的伟大作家。两千多年来，人们对屈原无端受到谗邪小人的中伤和昏庸的楚怀王的放逐深表同情。屈原在流放过程中，又目睹了楚国的危难和"民生之多艰"，因而，带着满腔的愤懑投汩罗江自杀。中国农历五月初五端午节包粽子、赛龙舟的习俗就源于人们对屈原的纪念。1953 年，屈原被列为世界四大文化名人之一，受到世界和平理事会和全世界人民的隆重纪念。

　　一代史圣司马迁，忍常人所不能忍，终于守得云开见月明，著成一代巨作《史记》。鲁迅更赞《史记》为"史家之绝唱，无韵之《离骚》"。毛泽东主席也曾在《为人民服务》一文中说："人总是要死的，但死的意义有不同。中国古时候有个文学家叫做司马迁的说过：'人固有一死，或重于泰山，或轻于鸿毛'。为人民利益而死，就比泰

山还重，替法西斯卖力，替剥削人民和压迫人民的人去死，就比鸿毛还轻。"

曹植的文采，因为"本是同根生，相煎何太急"的悲苦无奈而被世人铭记于心。但他在少年时代就已经初露锋芒，被人称赞。诗歌是曹植文学活动的主要领域，前期与后期内容上有很大的差异。后人因他文学上的造诣而将他与曹操、曹丕合称为"三曹"。曹植是建安文学之集大成者，对于后世的影响很大，在两晋南北朝时期，他被推尊到文章典范的地位。南朝大诗人谢灵运更是说出"天下才共一石，子建独得八斗，我得一斗，天下共分一斗"的赞叹。

浪漫主义诗人李白，被称为"诗仙"。最初，激情满怀的李白，曾把自己喻为"大鹏"，孰不知自己是一只折翅的大鹏。仕途的不顺，让李白寄情山水、不断漂泊，从而把人生看得更为透彻，做出更加让人赞叹不止的大作。唐朝文宗御封李白的诗歌、裴旻的剑舞、张旭的草书为"三绝"。李白一生不以功名显露，却高自期许，以布衣之身来藐视权贵，肆无忌惮地嘲笑以政治权力为中心的等级秩序，批判腐败的政治现象，以大胆反抗的姿态，推进了盛唐文化中的英雄主义精神。

与李白享有同等名誉，却风格相反的人是诗圣杜甫，也许是因为出生的年代不同，造就了不一样的人生观念、诗歌风格。杜甫的诗具有现实主义特色，他嫉恶如仇，对朝廷的腐败、社会生活中的黑暗现象都给予揭露和批判；他同情人民，甚至情愿为解救人民的苦难做出自我牺牲。杜甫不只在中国留名，还扬名海外。20 世纪，美国现代诗人雷克斯罗斯说过："我的诗歌主要受到杜甫的影响，我认为他是有史以来在史诗和戏剧以外的领域里最伟大的诗人，在某些方面他甚至超过了莎士比亚和荷马，至少他更加自然和亲切。"

有"诗魔"与"诗王"之称的白居易，也有自己作诗的独特之处，他的诗作题材广泛、形式多样，而且通俗易懂。白居易曾将自己的诗分成讽喻、闲适、感伤和杂律四大类。以讽喻诗最为有名，语言通俗易懂，被世人称为"老妪能解"。其《琵琶行》中的"同是天涯沦落人，相逢何必曾相识"最为有名。

苏轼，可以说是文坛的全才，其文汪洋恣肆、明白畅达，与欧阳修并称"欧苏"，为唐宋八大家之一；其诗清新豪健，善用夸张比喻，在艺术表现方面独具风格，与黄庭坚并称"苏黄"；其词开豪放一派，对后世很有影响，与辛弃疾并称"苏辛"；其书法擅长行书、楷书，能自创新意，用笔丰腴跌宕，有天真烂漫之趣，与黄庭坚、米芾、蔡襄并称"宋四家"；其画学文同，喜作枯木怪石，论画主张神似。

陆游，也是一位爱国诗人。他的作品主要表现出了两个方面：一方面是悲愤激昂，要为国家报仇雪耻，恢复丧失的疆土，解救 沦陷的人民；另一方面是闲适细腻，咀嚼出日常生活中深永的滋味，熨帖出当前景物曲折的情状。他始终坚持抗金，在仕途上不断受到当权派的排斥、打击。中年入蜀从戎，军事生活更是丰富了他的文学内容，不仅成为南宋一代诗坛领袖，而且在中国文学史上享有崇高地位。陆游以现存诗作 9000 多首入选世界纪录，是中国诗歌作品存世量最多的诗人，创造了中国之最。

戏坛巨匠汤显祖，在当时和后世都有很大影响。不过，这位天才的仕途却并不理想。汤显祖初任太常寺博士、礼部主事，但因弹劾申时行，降为徐闻典史，后调任浙江遂昌知县，又因不附权贵而免官，自此不再出仕。也因仕途的不顺，汤显祖借戏剧创作延伸自己的政治抱负。其著有传奇《牡丹亭》《邯郸记》《南柯记》《紫钗记》，合称《玉茗堂四梦》，其中以《牡丹亭》最为著名。

曹雪芹的《红楼梦》，不知道惹出了多少人的眼泪，宝黛的悲凄爱情也让我们慨叹封建世俗的残酷无情，而贾王史薛四大家族的盛衰荣辱更是让我们唏嘘不已。也许，这就是文学的力量，文才之人的独特构思。

有鉴于此，我们组织了多名长期从事文学研究的专家学者，精心编写了《文采堪比三江水》一书，希望读者通过该书，能够领略古代文豪们的非凡文采。

第一章
璀璨降世，怆然而殁——屈原

　　屈平，字原，我们习惯称他为屈原，是楚成王熊通之子屈瑕的后代，自称颛顼的后裔。他自幼勤奋好学，胸怀大志。屈原是中国最伟大的浪漫主义诗人之一，也是我国已知最早的著名诗人，世界文化名人。他创立了"楚辞"这种文体，也开创了"香草美人"的传统，突破了《诗经》的表现形式，极大地丰富了诗歌的表现力，为中国古代的诗歌创作开辟了一片新天地。

第二章
忍辱述志，史圣留名——司马迁

　　司马迁，中国古代伟大的史学家、思想家、文学家，被后人尊称为"史圣"。他最大的贡献是创作了中国第一部纪传体通史《史记》。《史记》记载了从上古传说中的黄帝时期到汉武帝元狩元年，长达3000多年的历史。司马迁以其"究天人之际，通古今之变，成一家之言"的史识完成的《史记》，成为中国历史上第一部纪传体通史。

文采堪比三江水
——说说历史上那些文豪们

第三章
才高八斗，风骨永存——曹植

曹植，字子建，三国时期曹魏诗人、文学家。他是魏武帝曹操之子，魏文帝曹丕之弟，后人称其为"陈王"或"陈思王"。曹植自幼颖慧，10岁便能诵读诗、文、辞赋数十万言，出言为论，落笔成文，深得曹操的宠爱。曹操曾经认为曹植在诸子中"最可定大事"，他的《七步诗》更是感人至深。南朝大诗人谢灵运对曹植赞许有加："天下才共一石，子建独得八斗，我得一斗，天下共分一斗。"

第四章

浪漫飘逸，折翅大鹏——李白

　　李白，号青莲居士，又号谪仙人，中国唐代伟大的浪漫主义诗人。他的诗雄奇飘逸，艺术成就极高。他讴歌祖国山河与美丽的自然风光，想象丰富，激昂奔放，富有浪漫主义精神，被贺知章称为"诗仙"，其诗大多以描写山水和抒发内心的情感为主。杜甫对其诗歌有"笔落惊风雨，诗成泣鬼神"之评，赞其"白也诗无敌，飘然思不群；清新庾开府，俊逸鲍参军"。

第五章

草堂留世，诗著千秋——杜甫

　　杜甫是我国唐代伟大的现实主义诗人，诗风沉郁顿挫。杜甫在中国古典诗歌发展中的影响非常深远，被后世尊称为"诗圣"，他的诗也被称为"诗史"。杜甫与李白合称"李杜"，韩愈曾这样评价："李杜文章在，光焰万丈长。"杜甫经历了唐代由盛到衰的过程，因此，与诗仙李白相比，杜甫更多的是对国家的忧虑及对老百姓的困苦生活的同情。

第六章

独善保和，乐天诗王——白居易

白居易不仅是我国唐代伟大的现实主义诗人，而且是新乐府运动的倡导者，主张"文章合为时而著，歌诗合为事而作"，写下了不少感叹时世、反映人民疾苦的诗篇，对后世颇有影响，是我国文学史上相当重要的诗人。与元稹合称"元白"。白居易的诗歌题材广泛，形式多样，语言平易通俗，有"诗魔"和"诗王"之称。

第七章

词开豪放，文坛全才——苏轼

苏轼，北宋著名散文家、书画家、词人、诗人，是豪放词派的代表。字子瞻，又字和仲，号东坡居士。与父苏洵、弟苏辙合称"三苏"。他在文学艺术方面堪称全才，曾有人评论："东坡词，胸有万卷，笔无点尘。其阔大处，不在能作豪放语，而在其襟怀有涵盖一切气象。若徒袭其外貌，何异东施效颦。东坡小令，清丽纡徐，雅人深致，另辟一境。设非胸襟高旷，焉能有此吐属。"苏轼的《饮湖上初晴后雨》，更是描写西湖的古诗中无人能超越的。

第八章

忠诚爱国，执笔从戎——陆游

陆游既是一位踌躇满志的救国将士，更是一位文采非凡的伟大诗人。他的许多诗篇都抒写了抗金杀敌的豪情和对敌人、卖国贼的仇恨，风格雄奇奔放，沉郁悲壮，洋溢着强烈的爱国主义激情，在思想上、艺术上取得了卓越成就，在生前即有"小李白"之称。一首《示儿》将陆游对收复失地的渴望表达得淋漓尽致，他至死都未曾忘记自己的爱国之志，真是感人至深。

第九章

世总为情，融情于戏——汤显祖

　　汤显祖是明代杰出的剧作家、文学家。他出身书香门第，早有才名，12岁的诗作即已显露才华。14岁补县诸生，21岁中举。他不仅于古文诗词颇精，而且能通天文地理、医药卜筮诸书，可谓是难得一见的全能之才。汤显祖在中国乃至世界戏曲史上都有着重要的地位，和关汉卿、王实甫齐名，被誉为"东方的莎士比亚"。

第十章

红楼绝唱，独立千古——曹雪芹

　　曹雪芹出生于一个"百年望族"的大官僚地主家庭，后因家庭的衰败而饱尝了人生的辛酸。其实，关于曹雪芹，目前还存在着不少有争议的问题，不只他的生卒年一直存在争议，甚至连他的字、号也不能十分确定。但是，这并不影响他给人们留下的精神巨作——《红楼梦》的内在价值。在人生的最后阶段，虽然贫穷困顿，但他仍以坚韧不拔的毅力，历经 10 年创作了《红楼梦》并专心致志地做着修订工作（死后遗留《红楼梦》前八十回稿子）。纵然经过几百年的历史消磨，依然掩饰不了它的光芒。人们为宝黛情灭而泣，为贾府中落而叹……

第 一 章

璀璨降世，怆然而殁
——屈原

屈平，字原，我们习惯称他为屈原，是楚成王熊通之子屈瑕的后代，自称颛顼的后裔。他自幼勤奋好学，胸怀大志。屈原是中国最伟大的浪漫主义诗人之一，也是我国已知最早的著名诗人，世界文化名人。他创立了"楚辞"这种文体，也开创了"香草美人"的传统，突破了《诗经》的表现形式，极大地丰富了诗歌的表现力，为中国古代的诗歌创作开辟了一片新天地。

伟人降世

约公元前340年，中国长江上游的秭归（今湖北省秭归县），升起了一颗璀璨的明星。这颗"与日月争光"的巨星，就是我国历史上最早的伟大爱国诗人屈原。

屈原名平，"原"是他的字。屈原在著名的诗篇《离骚》中自叙家世和降生之日时，便说：

> 帝高阳之苗裔兮，
>
> 朕皇考曰伯庸。
>
> 摄提贞于孟陬兮，
>
> 惟庚寅吾以降。

这几句话的意思是说：我是古帝高阳氏的后代，我已故的父亲字伯庸。岁星在寅的那年正月，正当庚寅日那天我降生。

高阳即颛顼，相传为黄帝之孙，楚之祖先。高阳氏的六代孙，名叫季连，开始姓芈，楚国人就是他的后代。周文王时，季连有个后裔名叫鬻熊，他的曾孙熊绎在周成王时受封于楚，住在丹阳（今湖北省秭归县境内）。到了春秋初年，楚武王熊通的儿子瑕，因功被封于屈，瑕的后代便以屈为氏。屈原就属于屈氏这一支。由此可知，屈原是古帝高阳氏的后裔，与楚王族为同一始祖。自屈瑕以后，屈氏中出了不少重要人物，如春秋时的屈完曾为令尹，屈正曾为申公，屈到曾为莫敖，屈建曾为司徒，屈罢曾为大夫。不过到了战国末期，屈氏势力开始衰弱。当时比较著名的人物，只有屈原以及被秦国俘虏了的大将军屈丐。而屈原的父亲伯庸有没有担任过楚国的官职，史书上并无记载。屈原在自己的诗篇《惜诵》里有"勿忘身之贫贱"句，可知屈原虽具有贵

族身份，但在经济上已处于没落的地位。

屈原自称他是寅年寅月寅日出生。据一些学者推算，屈原降生的日子，约为公元前 340 年 (楚宣王三十年，周显王三十九年) 夏历正月初七。古人以"人生于寅"为吉祥，而屈原一身独占"三寅"，是历史上极少有的现象。《离骚》中：

> 皇览揆余初度兮，
> 肇赐余以嘉名。
> 名余曰正则兮，
> 字余曰灵均。

这几句诗的意思是：父亲仔细揣测我的生辰，于是赐给我相应的美名。父亲把我的名取为"正则"，同时，把我的字叫作"灵均"。

屈原《离骚》

这"正则"和"灵均"又是什么意思呢？东汉人王逸在著作《楚辞章句》中解释说："正，平也；则，法也；灵，神也；均，调也。言平正可法则者，莫过于天；养物均调者，莫过于地。高平曰原，故父伯庸名我为'平'以法天，字我为'原'以法地。"王逸的解释正合"正则""灵均"与"平""原"二字有联系之处。而"正则"和"灵均"并非一定是屈原真正的名字，只是其中含有他名"平"、字"原"的意义。屈原自信有美好的生辰，象征他有与众不同的天赋和不同寻常的抱负。

屈原的故乡在秭归。这里濒临长江，接近三峡，是一个层峦叠嶂、绿水萦回、风光秀丽的灵异之地。屈原诞生在山水如此雄伟、风光如此奇特的三峡附近，"他的气魄的宏伟、端直而又娟婉，他的文辞的雄浑、奇特而又清丽，恐怕也是受了山水的影响" (郭沫若《屈原研究》)。

屈原生活在风雷激荡的战国时代（前 475 年—前 221 年）。从春秋到战国，是我国历史上一个伟大的变革期。这是一种新旧制度的变革，是从奴隶制社会向封建制社会的变革，这一变革在战国中后期达到了激烈的顶点。这时，我国社会正处在初期封建社会由分裂割据逐渐走向集中统一的过渡时期。

从西周经春秋到战国的数百年间，各国之间纷争不断，原先的数百个诸侯小国，已兼并成七个诸侯国，世称"战国七雄"。此时，凌驾于各诸侯国之上的周天子已经有名无实。

战国时期，七雄并峙。这七个国家分别是：齐、楚、燕、赵、韩、魏、秦。在七国中秦国最强，齐国最富，楚国最大。此时七国间战争不断，但战争的目的已不是争做霸主，而是要在全国范围内建立起统一的封建政权。然而七国的发展是不平衡的，各国力量此消彼长，斗争的形势十分尖锐、复杂。

秦国地处西北高原，疆域之大仅次于楚国，人口约 300 万。秦国的经济、政治和文化兴起较晚，自秦孝公任用商鞅实行变法后国势日愈加强盛，大有兼并各国之势。

齐国位于楚国东部，因远离秦国而不受秦兵威胁。齐国土地肥沃，物产丰富，人口约三四百万。但由于齐国政治制度比较落后，因而国力并不强大。

楚国是七雄中地域最为广阔的国家。自西周初年楚武王熊通开基立业，经营南方，使楚国成为一个强大的国家；到了春秋中叶楚庄王统治时期，更达到了空前的强盛，长时间成为诸侯霸主。战国初期，楚怀王任用吴起进行改革，使楚国很快地变得更为富强。后因吴起被杀，变法遂告失败，阻滞了楚国的发展。直到屈原诞生之时，楚国已拥有长江、汉水、淮河流域的全部或大部分。楚国人口 500 万左右，居七雄之首。不过到了屈原这个时期，楚国虽然还是很强大，但由于政治腐败，导致政治、经济和军事等方面已经落后于秦国。

鉴于强大的秦国对其他六国造成的威胁，六国联合起来，从南到北，组成"合纵"，共同对抗西面的秦国。秦国也针锋相对，设法自西

向东与各诸侯结交提出了"连横"的策略，即联合六国中的一国结成联盟，攻击其他五国，战国后期七雄之间的斗争，正是通过"合纵"与"连横"来展开的。这一对峙也决定了楚国的命运，正是楚国与齐国的联合，对秦国构成了更大的威胁，使楚国成了秦国进攻的主要目标。

战国时代也是我国文化学术最为辉煌的时代。这时诸子蜂起，百家争鸣，意识形态领域空前活跃。在这个"需要巨人并且产生了巨人"的时代里，出现了一大批政治家、思想家、军事家和文学家，屈原便是这批杰出人物中的优秀代表。他同期的学者，比他稍前的有商鞅、申不害、尸佼、孟轲、惠施、庄周、慎到、陈良、许行等；比他稍后的有邹衍、公孙龙、荀况、韩非等。这是一个群星璀璨的时代，屈原则是这个时代的明星和巨人。

遭陷被贬

贵族出身的屈原，从小受到了良好的家庭教育，掌握了比较丰富的文化知识，为他日后创作诗歌打下了坚实的基础。

青少年时代的屈原，是一个知识渊博、有志向、有抱负和有贞操的人。正如他在早年所写的诗篇《橘颂》中所说：

嗟尔幼志，

有以异兮。

独立不迁，

岂不可喜兮。

这4句诗的意思是：啊，你自幼的志气，就与众人不同。你卓然独立而不可改变，怎不令人欣喜！

屈原咏橘寄志，把橘树人格化，表明他在年轻时就确立了崇高的理想，决心为国家和社会而献身，一生坚持不渝，毫不动摇。

据刘勰《文心雕龙》记载，屈原在正式踏上政治舞台之前，曾做过楚国兰台宫的文学侍从。这是一个随从楚王游猎于云梦泽，赋诗于洞庭皋，并在宫廷宴会上为乐舞赋诗作歌的职务。屈原能够担任文学侍从，大概与他"娴于辞令"，即善于说辞有关。战国时期，诸侯各据一方，齐、楚等国的士大夫，学习西周献诗讽谏和春秋赋诗的风尚，以说辞为国君效劳。屈原在这方面表现出了非凡的才能，得到了楚怀王的赏识和任用。

公元前 318 年 (楚怀王十一年)，22 岁的屈原以"博闻强志，明于治乱"受到怀王的重视，从文学侍从一跃而升任左徒。

左徒是什么官职呢？据《史记·楚世家》的记载，左徒的职位仅次于令尹，令尹即宰相，可见屈原在楚国的政治地位是相当显赫的。屈原在担任左徒期间，辅助楚怀王治理国家，大显身手："入则与王图议国事，以出号令；出则接遇宾客，应对诸侯，王甚任之。"（《史记·屈原列传》) 屈原得到怀王的信任，集内政、外交大权于一身，忘我地工作着。正如他在《离骚》中所表示的那样：

> 岂余身之惮殃兮，
>
> 恐皇舆之败绩。
>
> 忽奔走以先后兮，
>
> 及前王之踵武。

这 4 句诗的意思是：我并不惧怕自身会遭到迫害，我只担心祖国为此覆灭。我匆忙地前后奔走效力，希望君王赶上先王的脚步。

这几句诗形象鲜明地表明了屈原为国尽职的决心。

屈原在担任左徒期间，在内政、外交等方面都有所改革，培养了一批青年人才。

在外交方面，屈原向楚怀王提出了联齐抗秦的策略，采取"合纵"，即首先同齐国结成联盟，再与其他四国联合起来，共同抵御强秦。楚怀王听从了屈原的建议，并派他出使齐国，与齐国签订盟约，共同抗秦。

公元前318年，楚、齐、赵、魏、燕、韩六国在楚国郢都集会，结成"合纵"联盟，共同推举楚怀王为六国的"纵约长"。

在内政方面，屈原除了处理日常政务外，最主要的活动就是在怀王的支持下，为实行变法而奔走呼号。屈原认为，只有实行变法，修明法度，才能使楚国实现富国强兵，进而实现统一诸侯的伟大理想。楚怀王也认识到变法的重要性，便命令屈原起草国家的根本法令——《宪令》。

正当屈原被怀王重用，在内政、外交等方面进行一系列变革的时候，却遭到了楚国旧贵族保守势力的反对和敌视。这是因为楚国的内政本来比较腐败，国家政权为保守势力掌握。他们为了保护自身的利益，狼狈为奸，不惜祸国殃民，反对变革、反对实行法治。屈原主张修明法度，必然会触犯他们的利益。于是，他们联合起来，千方百计排挤、打击屈原，阻扰怀王对屈原的信任和重用。

素来妒忌屈原的上官大夫靳尚和公子子兰，他们的外交倾向都是亲秦的，对屈原的联齐抗秦政策十分不满。现在屈原又说服怀王改革内政，必然会损害自己的利益，因此对屈原更是忌恨。特别是靳尚，当他得知怀王亲自指定屈原起草《宪令》，便急于想了解《宪令》的内容。屈原拟订的《宪令》草稿尚未完成，靳尚就硬要抢来看，遭到屈原的拒绝，他就跑到怀王面前进行诬陷，说："大王叫屈原起草《宪令》，大家没有不知道的。每公布一条法令，屈原总是夸耀他的功劳，说：'除了我，别人是不能制定出来的。'"靳尚的这些话，果然触怒了楚怀王。

楚怀王原本就是一个昏庸无能、缺乏远见的人，现在终于屈服于旧贵族势力，听信了谗言，疏远了屈原，罢免了他左徒的官职，放弃了变法图强的事业，倾向于旧贵族和亲秦派一边。屈原的变法事业归于失败。

此后，屈原被贬为三闾大夫。三闾大夫是一个有职无权的闲职，负责管理王族子弟的教育，以及昭、屈、景三姓的宗族事务，一般不参与朝廷大计。这件事发生在公元前313年（楚怀王十六年），屈原当时 27 岁。

秦国获悉屈原被疏，觉得有机可乘，便派遣"连横派"著名人物张仪到楚国游说。张仪一到楚国，就用重金贿赂楚国的权贵，轻而易举地取得了怀王的信任，张仪向怀王表示，只要楚国与齐国断绝关系，秦国愿"献商於之地 (今陕西商县至河南内乡县) 六百里"。怀王轻信了张仪的鬼话，竟断绝了与齐国的联盟。当张仪的阴谋得逞后，楚国的保守势力都向怀王表示祝贺，以为这是楚国外交上的一大胜利，只有客卿陈轸表示反对，认为这是秦国的一个骗局。他对怀王说："秦之所以重王者，以王之有齐也。今地未可得而齐交先绝，是孤楚也……且先出地而后绝齐，则秦计不为；先绝齐后责地，则必见欺于张仪。见欺于张仪，则王必怨之；怨之，是西起秦患，北绝齐交，则两国之兵必至。臣故吊!"（《史记·楚世家》）

陈轸的看法是对的，与陈轸持同样看法的就是屈原。这时屈原正被贬在外，无法顾及朝政，但他对这件事不可能不发表意见。然而，刚愎自用的楚怀王却不听劝告。

楚国与齐国绝交后，怀王便派使者去秦国接收"商於之地"，张仪装病不接见来使，暗地里却去联合齐国。眼看 3 个月过去了，交割土地的事仍然没有丝毫进展。楚怀王非但看不出张仪的诡计，反而认为秦国没有交地是因为楚国没有彻底与齐断绝交往的关系，便派了一名叫宋遗的勇士，到齐国去辱骂齐宣王。齐宣王一怒之下，折断了楚国使者的符节，并下令终止与楚国的一切往来，还派使者去秦国表示愿意和好，这样便促成了齐秦的联合。此时，楚国已经完全孤立无援了，张仪这才接见楚使，嘲笑他说："你怎么不去受地？从某处到某处，广宽六里，是我奉献给你们大王的，请拿去好了。"

楚怀王十七年，怀王因被张仪所欺骗，一怒之下，便发兵攻秦。丹阳 (今陕西、河南二省间丹江以北地区) 之战，楚军大败，死伤士兵 8 万多人，大将军屈丐被俘，秦军攻占了汉中 600 里土地。丹阳之战失败后，怀王非但没有吸取教训，反而第二次发动全国兵力攻秦，战于蓝田，再次一败涂地。同时，韩、魏、齐三国也声讨楚国违背盟约，

共同出兵楚国后方，楚兵只好退却。

楚怀王两次攻打秦国失败，头脑稍有清醒，开始意识到屈原联齐抗秦外交政策的正确性，后悔疏远了屈原，更不该拒绝他提出的外交政策，以致造成如此严重的后果。于是不得不重新起用屈原，派他再次出使齐国，争取和齐国再次结盟。

秦国最担心齐楚复交，也看到楚国仍有相当强的实力，难以一下子将它消灭，于是便主动提出愿意退还汉中地之一半与楚国议和。怀王怒火尚未平息，表示宁愿不要失地，而要杀张仪的头。张仪知道了，便对秦王说："以一仪而易汉中地，何爱仪，请行。"张仪来到楚国，怀王把他囚禁起来打算杀他。但张仪诡计多端，赶紧贿赂楚国大臣靳尚，靳尚便去对怀王的宠姬郑袖说："如果不释放张仪，秦王准备用秦国的6个县和大批美女来赎他。"郑袖听了这些话，担心怀王得了美女，自己会失宠，便向怀王说情。同时，靳尚等人也出面劝说怀王千万不能得罪秦国，说如果杀了张仪，秦国就会进攻楚国。怀王是个没有主见的人，在郑袖、靳尚等人的劝说之下，终于动摇了，非但不杀张仪，反而将他放走了。临行时，张仪还说服怀王"叛纵约，而与秦合亲，约婚姻"。就在这时，屈原恰好完成了同齐国恢复联盟关系的使命，返回郢都，立即谏怀王曰："何不杀张仪。"怀王悔，追张仪不及。（《史记·屈原列传》）因为，此时狡猾的张仪早就逃回了秦国。

以死殉国

张仪回秦国不久，秦惠王去世，秦武王继位。秦武王是看不起张仪的，张仪不得不避居魏国，第二年（前310年）便死在魏国。秦武王在位4年便去世，由秦昭王继位。秦昭王的母亲是楚国人，楚怀王想利用秦昭王的关系拉拢秦国，而即位不久的秦昭王也想利用楚国来巩固自己的地位。正是在这种情况下，楚、秦两国于公元前304年（楚怀王二十五年，秦昭王二年）在黄棘结盟（今河南省新野县东北），秦归还楚上庸（今湖北省竹山县西南）之地，两国和亲。此时，昏庸骄奢的楚怀王为群小所包围，忘记了秦国背信弃义的教训，为了苟安而使楚国完全投入了秦国的怀抱。这是楚国亲秦派的又一次胜利，也是屈原联齐抗秦政策的又一次失败。大约正在此时，屈原因竭力反对秦楚联盟而被怀王赶出京城，流放到汉北。

汉北位于汉水上游（今湖北省郧县、襄樊一带），地处郢都之北。是年屈原36岁。在即将远离故乡的时候，屈原忧愁幽思而作《离骚》，诗中以浪漫主义的情调，香草美人的比兴手法，驾龙使凤，上天入地，驰骋想象，表达了屈原嫉恶如仇、秉持正义、眷念祖国和热爱人民的情怀，以及他为楚国国事的深切忧虑和为理想献身的精神。

屈原遭谗被放，闲居汉北，忧心郁郁，写下了《九章》中《抽思》一篇。自述他多次进谏，一片赤诚之心，竟触怒君王，遭谗见疏。如今身在汉北，不能违命去郢都，只好以文辞为伴，举以告君，表白自己的心意，仍然企盼怀王能翻然悔悟，励精图治。

屈原在汉北大约待了五六年，这期间楚国又发生了很多不幸的事件。公元前303年（楚怀王二十六年），齐、韩、魏三国以楚国破坏纵约为借口，共同兴兵伐楚。楚国将太子横送到秦国做人质，以便取得秦国的支援。第二年，太子横因与秦大夫决斗，杀了秦大夫，逃回楚国。公元前301年，秦国以此为借口，联合齐、韩、魏三国讨伐楚国，大败楚军于垂沙，楚将军唐昧被杀。公元前300年，秦军又攻楚，楚军死亡两万多人，楚将军景缺被杀。这时候怀王又打算联合齐国抗秦，便又把太子横送到齐国去做人质，齐国虽然答应与楚国恢复邦交，却不愿意在军事上援助楚国。到了楚怀王三十年，秦国再次攻打楚国，占领了楚国八座城池。

国家倾败的时候，身在汉北的屈原，面对在强秦的侵袭下，楚国人民为保卫国家付出了惨重的代价，无数志士牺牲在战场上的严酷现

实，创作了一篇赞颂为保卫祖国浴血战斗而牺牲的将士的祭诗——《国殇》。全诗着重描写了战士们誓死的决心和不可征服的气概，表现了屈原的爱国精神，以及楚国人民同仇敌忾的决心。

公元前299年，41岁的屈原从汉北回到了郢都。这一年，秦国在占领了楚国八城之后，强迫楚怀王在武关（今陕西省丹凤县东南）相会。据《史记·屈原列传》记载：

时秦昭王与楚婚，欲与怀王会。怀王欲行，屈平曰："秦，虎狼之国，不可信，不如毋行。"怀王稚子子兰劝王行："奈何绝秦欢！"怀王卒行，入武关，秦伏兵绝其后，因留怀王，以求割地。怀王怒，不听。亡走赵，赵不内。复之秦，竟死于秦而归葬。

这段话说得明白，楚怀王去武关之前，屈原已看出这是秦国的诡计，指出秦国是"虎狼之国，不可信"，曾竭力阻止怀王不要去。然而楚怀王的幼子子兰却担心失去秦国的欢心，怂恿怀王前往。怀王一入武关，就被秦军扣留，强迫他割让巫郡和黔中郡，楚怀王怒而不许，曾设法逃到赵国，但因赵王害怕得罪秦国，不敢收留。楚怀王不得已，只好重返秦国，三年之后，终于客死秦国。

正当怀王被扣留在秦国的时候，楚国王室决定立太子横为国君，是为楚顷襄王。楚顷襄王是一个昏聩无知之徒，根本没有治理国家的才干，他上台不久，便让他的弟弟子兰当上了令尹。此后，楚国的内政外交就完全操纵在以令尹子兰为首的亲秦派旧贵族手中。就在楚顷襄王即位那年，"秦发兵出武关，攻楚，大败楚军，斩首五万，取析十五城"（《史记·楚世家》）。楚顷襄王受不了秦国的压力，在国内投降派的压力下，只得向秦国俯首听命了。从此，楚国便一直受到秦国的压迫，处于受辱的地位。

楚顷襄王三年，怀王客死秦国。不久，秦国将楚怀王的尸体送回郢都。对于楚怀王的死，"楚人皆怜之，如悲亲戚"（《史记·楚世家》）。人们记得，楚怀王的死，罪魁祸首当然是子兰，是他怂恿楚怀王去秦国的，而现在楚顷襄王反而任命他为令尹，这件事引起了民众的愤恨。屈原的心情更是悲愤，越发追念楚怀王，写下了诗篇《招魂》，用来寄托自己的哀思。屈原和楚国人民一样反对屈辱求和，反对令尹子兰，因而遭到了新的迫害。

《史记·屈原列传》记载："长子顷襄王立，以其弟子兰为令尹。楚人既咎子兰以劝怀王入秦而不返也。屈平既嫉之。令尹子兰闻之大怒，卒使上官大夫短屈原于顷襄王，顷襄王怒而迁之。"屈原由于遭到子兰、靳尚等人的诬陷，再次被楚顷襄王驱逐出郢都，流放江南，是时屈原约四十三四岁。

当时的江南，是指如今的湖北省南部和湖南省北部一带。这一带有莽莽的草原和森林，渺无人烟，尚未开发。屈原离开故都国门，顺大江东下，经过洞庭湖、夏浦 (今汉口)，到达陵阳 (今址不详)。他在陵阳住了八九年，又逆流而上，渡过大江 (长江) 和湘水，入洞庭，过枉渚 (今湖南省常德市南)、辰阳 (今湖南省辰溪县西南)，再向东南折入溆浦 (今湖南省沅陵一带)。屈原行程艰难，度过了十几年精神苦闷、贫病交加的生活。在这个与世隔绝的地方，他创作了《哀郢》和《涉江》，表达了自己老而弥笃的节操。

屈原画像

公元前 280 年 (楚顷襄王十九年)，秦军再次击败楚军，重新占据了上庸和汉北一带地方。第二年，秦军攻下了西陵。公元前 278 年 (楚顷襄王二十一年)，秦将白起攻占郢都，将楚国先王的墓陵挖掘烧毁。这时楚军全溃，楚顷襄王逃到了陈城 (今河南省淮阳县)。

在郢都危难的时候，屈原大概回到了这里，想在最后关头为挽救楚国尽自己最后的气力，然而楚顷襄王根本不听他的劝谏，并不准他

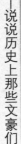

在郢都滞留，屈原只得离开郢都重返江南。屈原经历了十多个年头的流放，潦倒困顿，受尽了各种艰难苦楚，产生过形形色色的复杂思想。但不管环境如何险恶，生活如何悲惨，他对祖国复兴的希望一直都没有泯灭，然而郢都的沦陷，对于处在孤寂凄苦境地中的屈原，无疑是一次最沉重的打击。

公元前278年夏历三四月间，屈原从沅水顺流东下，入洞庭、湘水一带。当他行至长沙附近时，已经是天无可游之处，地尽绝人之路的情势。他再也不想继续飘泊下去了，前途茫茫，理想破灭，贫病交加，生计断绝。他要用死来实践自己的诺言，做自己虽然为之奋斗一生而终于无法实现的理想的殉道者。此时，他写下了《怀沙》。《怀沙》，就是怀念长沙、怀念先王、怀念故国的意思。屈原在这篇作品中，没有过多流露愁思苦虑、悲怆凄切的感情，而是冷静地分析现实，清醒地概括自己的一生，镇定地向世人表达了以死殉国的决心。

一个憔悴不堪、形容枯槁的老人，边走边吟着诗，来到湘江泽畔。有个老渔翁在江边碰到他，便问道："你不是三闾大夫吗？怎么会落到如此地步？"

屈原答道："世上一片混浊，唯独我一人干净；众人都已沉醉，唯独我一人清醒。正因如此，我被流放了。"

渔翁道："聪明的人对事物的认识不固执己见，而能顺应潮流转变。既然世上一片混浊，你为什么不顺应大流而推波助澜呢？既然众人都已沉醉，你为什么不同别人一样，也去吃些糟滓，喝些薄酒呢？为什么要坚持自己的高洁品德而自找被放逐的苦恼呢？"

屈原说："我听说，刚洗过头的人一定要掸掉帽子上的灰尘；刚洗过澡的人，一定要抖掉衣上的灰尘。怎能让干净的身体受到脏物的玷污呢？我宁可跳入江中葬身鱼腹，也不能让高洁的品格蒙受世俗的污染。"

那渔翁莞尔一笑，一边划着桨离去，一边歌唱道：

沧浪之水清兮，

可以濯吾缨；

沧浪之水浊兮，

可以濯吾足。

公元前 278 年 (楚顷襄王二十一年) 夏历五月五日，屈原怀石自沉于长沙东北的汨罗江中，了结了悲剧的一生。时年六十二岁。

屈原的死表现了他坚持理想、坚持高洁的品格，至死不渝的精神，也是对楚国腐朽贵族统治集团的一种抗议。

屈原死后的第二年，秦国又占领了楚国的巫郡和黔中郡。公元前 223 年，楚国终于被秦国所灭。

灵魂不灭

屈原的一生充满了悲剧色彩，又是伟大、战斗的一生。他热爱祖国、热爱人民的思想，高尚廉洁的志行，反对邪恶、追求美好理想的坚强信念，教育和鼓舞了几千年来的中国人民，成为后世为人立身的楷模；他所创作的以爱祖国、爱人民为主题，以楚辞体为形式的煌煌巨擘，对我国文学优秀传统的形成和发展有着深远的影响。

淮南王刘安对屈原的思想、情操、品格和创作，给予了极高的评价。他在《离骚传叙》中说：

其文约，其辞微，其志洁，其行廉，其称文小而其指极大，举类迩而见义远。其志洁，故其称物芳。其行廉，故死而不容。自疏濯淖污泥之中，蝉蜕于浊秽，以浮游尘埃之外，不获世之滋垢，皭然泥而不滓者也。推此志也，虽与日月争光可也。

汉代文学家贾谊被谪长沙，在经过汨罗江时，有感于自己和屈原有类似的遭遇，曾经写过一篇《吊屈原赋》悼念屈原：

般纷纷其离此尤兮，亦夫子之故也。瞩九州而相君兮，何必怀此

都也？凤凰翔于千仞兮，览德辉而下之；见细德之险微兮，遥曾击而去之。彼寻常之污渎兮，岂能容夫吞舟之巨鱼？横江湖之鳣鲸兮，固将制于蝼蚁。

西汉文学家、史学家司马迁因李陵事件获罪，受到了残酷的刑罚，他忍辱奋发，在不幸的遭遇中，为屈原立了传，还坚持完成了被鲁迅誉为"无韵之《离骚》"的《史记》。

东晋诗人陶渊明曾写过一篇《感士不遇》赋，把屈原的精神志趣作为自己行为的准则。

唐代大诗人杜甫表示，要向屈原学习。他在《戏为六绝》中说：

> 不薄今人爱古人，
>
> 清词丽句必为邻。
>
> 窃攀屈宋宜方驾，
>
> 恐与齐梁作后尘。

杜甫的《自京赴奉先县咏怀》堪称是一篇《离骚》。

唐代另一位大诗人李白，也对屈原倾慕、景仰不已。他在《江中吟》中颂赞屈原说：

> 屈平辞赋悬日月，
>
> 楚王台榭空山丘。

这两句诗说的是：楚王的那些奢华的宫殿楼台早湮没无闻，而屈原的作品至今高悬空中，与日月齐光。

明末爱国思想家王夫之，通过注解《楚辞》，表达了他对明朝灭亡的悲愤心情。

清代小说家蒲松龄的作品，纵谈鬼神花妖，也是受到了屈原的影响。他的作品中，不仅是那些抒发自己坚贞、廉洁、有志不得伸的胸怀很像屈原，而且那些对幽深境界的描写也类似屈原。

屈原作为我国文学史上首位伟大的爱国诗人，在诗歌形式上创立了骚体，他的创作精神和作品对后世产生了深远的影响。《史记·屈原列传》中说：

> 屈原既死之后，楚有宋玉、唐勒、景差之徒者，皆好辞而以赋见

称。然皆祖屈原之从容辞令，终莫敢直谏。

宋玉曾经仿照屈原写过一篇《神女赋》，是用来劝谏楚顷襄王的。

宋玉之后，三国时代的曹植作过一篇《洛神赋》。曹植自述：这是"感宋玉对楚王神女之事，遂作斯赋"。

可以说，屈原作品对后世的影响是遍及多方的，"其衣被词人，非一代也"（刘勰《文心雕龙·辨骚》）。汉魏六朝及唐、宋、元、明、清各代诗人，都不同程度地从屈原作品中受益良多。

屈原离开人世已经 2200 多年了，但他的精神和作品却一直在人间闪耀着晶莹夺目的光彩。为了纪念屈原，每年夏历五月初五端午节，我国许多地区都流行吃粽子和赛龙舟的风俗。相传吃粽子是为了防止蛟龙夺食投祭屈原的祭品，赛龙舟则是为了打捞屈原的尸体。屈原的作品不仅是中华民族的文化瑰宝，而且已经成为世界人民共有的精神财富，被译成各种文字在国外出版发行。屈原，这位我国最早的伟大爱国诗人、世界文化名人，一直受到人们的景仰，不仅活在中国人民的心中，同时也活在世界人民的心中。

第 二 章

忍辱述志，史圣留名
——司马迁

　　司马迁，中国古代伟大的史学家、思想家、文学家，被后人尊称为"史圣"。他最大的贡献是创作了中国第一部纪传体通史《史记》。《史记》记载了从上古传说中的黄帝时期到汉武帝元狩元年，长达3000多年的历史。司马迁以其"究天人之际，通古今之变，成一家之言"的史识完成的《史记》，成为中国历史上第一部纪传体通史。

传承史学

古代的人们，常喜欢称引自己的家世，这是一个源远流长的传统。不但上层人物如此，普通百姓也深受影响，最明显的例子就是阿Q说自己和赵太爷同宗，说他的祖先也是很富有的。这个传统，在中华人民共和国成立以后，阶级论流行的时候一度中断，因为祖先一阔，自己便成了剥削者的孝子贤孙，这就不便称引了。近年来讲祖先的风气，似又逐渐暗暗流行起来，想来肯定是有名望的祖先多少对后代们有些好处，才有这等现象。社会风气的变化是十分微妙的，观察时亦颇具兴味。

司马迁也称引过他的祖上先人。他说，他的家族是从远古颛顼帝时期的南正重和火正黎传下来的。南正和火正都是官名，南正重执掌天上的神事，火正黎执掌世间的人事。这是真正的远古时代也即神话时代的事情，是有文字可考的历史之前的事情。此后，从唐虞到夏商，重、黎的后代子孙们仍旧是世世代代执掌人神之事，也就是世世代代任巫、史之职，到周宣王时候，重、黎的一个后人名叫程伯休父的，官居司马，于是，程伯休父这一支重、黎的后代便改姓司马了。古时候，人们的姓并不像今人这样稳定。那时候，做了一个什么官，或是定居在某个地方，这官名或地名往往就成为新的姓而传给后代。司马迁的这支家族，就是由此传下来的。

不过，自程伯休父官居司马之后，也就是司马迁的祖先们得到了"司马"这个姓之后，他们已不再是史官世家了。程伯休父之后的一支居于秦国，到战国时期，出了一个司马错，在秦惠文王朝为官，曾因力主伐蜀有功。我们今天查一查《战国策》，在《秦策·司马错与张仪

争论于秦惠王前》中，有载司马错主张伐蜀、张仪主张伐韩的一场政策论辩，最后，秦惠文王采纳了司马错的意见。这说明，司马错在历史上是较有名气的。司马错的孙子司马靳，在秦昭王时为白起部将，白起曾大破赵军，并且坑杀赵降卒 40 万人，历史功罪都较昭彰，因此有名于史。司马靳参与了坑杀赵卒之事，到白起被秦昭王赐死杜邮之时，司马靳亦被赐死。司马靳的孙子司马昌，曾做秦国的主铁官，其后代司马卬秦末曾随张耳起兵，并曾被项羽封为殷王，后来投降汉朝。直到司马迁的父亲司马谈，在汉武帝时为太史令。不过此时的史官相比古代不同，只是一个中级官僚了。

如此看来，司马迁直系的上面几代并不怎么显赫，也与史官并无关系。直到其父司马谈，才重新继承了远祖的史官世家。司马谈是怎样得到这一官职的，历史上并没记载。不过，太史令乃是汉武帝新设立的一个官职，汉武帝比较注重人才的任用，我们后面将会说到，司马谈曾得到多位明师指导，也许是由于那些有影响的老师们的荐举，汉武帝甚至还接受那些上书自我推荐的人们，例如《汉书·东方朔传》就载有东方朔向汉武帝毛遂自荐的一封上书，汉武帝看到上书以后，也给了他一个官职，所以也不排除司马谈自我推荐的可能性。这方面，我们自不想做过多的臆想，总之，远祖的史官世家的荣誉，在司马谈、司马迁父子的情绪中，起了巨大的鼓舞作用，使他们父子将撰写史书看成是自己应尽的天职。不然，年俸六百石或最多是千石的太史令，根本算不上什么了不起的职务，换上另外两个人，这也许不过是混口饭吃的闲差使罢了。

良好家教

司马迁的家族中，有一个明显的特点，就是十分重视对下一代的教育。司马迁自述说，其父司马谈，"学天官于唐都，受《易》于杨何，习道于黄子"。这三位教导过司马谈的人，都是当时声名最为显赫的学问家。

先说唐都。汉代研究天文星象学的，以唐都最为著名。司马迁为太史令时，受汉武帝之命，聘请一批知名学者共定历法，唐都即是主要学者之一。《史记·天官书》就是讲天文星象学的，其中一些最主要的内容，应该是唐都传授给司马谈及司马迁的了。《史记·历书》和《汉书·律历志》中详细记载了唐都、司马迁等所定的《太初历》的观测计算诸法，当是唐都、司马迁等的学问与劳动的成果。现今学者看来，唐都、司马迁等所定的《太初历》，是当时历史上最先进的历法。由此可见唐都在天文星象学方面的造诣之深。

再说杨何。据《史记·儒林列传》说，汉初"言《易》者本于杨何之家"。说明杨何乃是汉初《周易》学的集大成者。《周易》是儒学经典中哲学水平最高的一部著作，同时《周易》又是古代巫、史、卜、祝之官多年集体研习的学术成果，因而也是当史官的人的必通之术。

最后说到黄子。一般学者都以为，黄子就是《史记·儒林列传》中所说到的道家学者黄生。传中有关于作为道家学者的黄生与儒家学者辕固生在汉景帝面前进行学术争论的记载。通过这场争论，我们可以对黄子的社会地位与学术主张有一个大致的了解。现将这场争论译为白话如下。

黄生和儒家治《诗》的学者辕固生，在汉景帝面前争论。

黄生说："商汤代夏，周武王伐商，不能说是顺应天命，乃是以臣弑君。"

辕固生说："不对！夏桀、商纣，残暴虐乱，倒行逆施，天下的民众都归附商汤、周武，商汤、周武代表天下民众而诛杀夏桀、商纣，以至于夏桀、商纣的百姓也不跟夏桀、商纣走，而是归于商汤、周武，商汤、周武不得已才立为天子，这难道还不是顺应天命吗？"

黄生说："帽子虽旧，还是应该戴在头上；鞋子虽新，还是应该穿在脚上。为什么这样说呢？这是因为，要严格上下之分。桀纣虽然无道，但身为君王，是上；汤、武虽然圣明，但身为臣子，是下。主上有过错，臣下如若不能以谏劝来帮助主上改正过错，反而以主上有过错作为借口而诛杀之，自己立为主上，这难道还不是弑君吗？"

辕固生说："如果你说的话是对的，那么高皇帝 (汉高祖) 代替秦而成为天子，是不是错了呢？"

汉景帝接着说："吃肉不吃马肝 (汉代人们一般认为马肝有毒)，不能说就是不知味；做学问不谈论汤、武受命这个题目，不能说就是没有学术。"

于是，汉景帝将这个讨论题目中止了，此后，一切做学问的人，都不敢再谈这个题目了。

这实际上是一个极有深度的学术题目。汉代秦而为天子，是正确的；但是倘若他人代汉而立，就不应承认其为正确的。道理很简单，汉家皇帝，谁愿意别人来代己自立。这是已握有天下的皇帝的道理。但这个道理却又无道理，二律背反：你汉代可以代替秦代为天子，他 (任何别人) 却不应代替汉代为天子。自相矛盾！要是希望理论准确而没有矛盾，就得承认：谁无道谁就该垮台。哪位皇帝愿意承认这一条呢？

汉初以道家无为思想治天下，道家学术是官方学术，而且已是延续了好几代的官方学术，儒家基本上近于在野派，在汉景帝时，最多也只能说争得了半官方或准官方的地位。所以，黄生，即黄子，说汤、

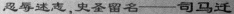

武是弑君，显然适合汉家当代天子不希望任何臣民来反对自己的统治，官方气味是十足的；辕固生作为此时还比较个性一些的儒家学派的学者，则不免有些不识好歹，即有些坚持为学术而学术的脾气。

由此可见，司马谈从学的老师，均为那时候各方面的最著名的学者。司马谈的父亲司马喜，五大夫而已。五大夫不是官职，只是一种爵位，汉文帝时规定，百姓爵居五大夫始得免徭役，可见其还是一种较低的爵位。如此，司马喜能为儿子司马谈找到全国最好的学者为老师，真不容易。

司马谈既为太史令，必定写过《史记》的部分篇章。最可靠的司马谈著作，是《史记·太史公自序》中引录的司马谈所述的《论六家要旨》，古代之学者都认为司马谈此文是与《庄子·天下篇》《荀子·非十二子》齐名的、归纳分析古代学术流派的经典之作。有此一文，已可不朽。而要司马迁立志成为史官是他对司马迁的最大影响。

"我的祖先，曾为周代的太史，其更上代曾在虞、夏有大功名，主持天官之事。后世中衰，难道应该在我身上断绝这个传承吗？你若能继我为太史，则祖先的传承就可以继续下去了。我死后，你一定要当太史，如能当上太史，千万不要忘掉我讲的这些话。孝，从服侍父母开始；中续于做官服侍君王；最后立身扬名。使自己能名垂后世，让父母也跟着为后人所知，这才是最大的孝。天下都称颂周公，是因为他从称颂周文王、周武王的德行开始，把周室祖先的思想道德秉承下来。周幽王、周厉王之后，王道失缺，礼坏乐崩，孔子修旧起废，论《诗》《书》，作《春秋》，学者至今仍然以孔子为楷模。自从孔子获麟绝笔以后400多年，诸侯并起，历史记载断了。如今汉代兴起，海内一统，明主贤君忠臣义士，我身为太史而不及记载评价，没有能尽到太史的责任，这是我死前最担心的事情，你一定要努力完成此事啊！"

我们大致如实地以白话文译下了《史记·太史公自序》中所载司马谈临终前对司马迁所说的这一段话，从中对伟大人物所接受的家庭教育得以有一管之窥。当然，司马谈的这种家庭教育，无疑又是一种高

度文化素养的产物。从这里也可看出，那种一度风行过的贬低文化的作用的看法，实在是一种荒唐而愚不可及的看法。

因此，司马迁在学习方面，也师从当时最大的学问家，就可以看成是一种家庭传统。司马迁幼年时打基础的学问，大约是由他父亲司马谈亲授的。此后，司马迁从董仲舒学《春秋》，又从孔安国学《尚书》。董仲舒和孔安国都是当时一流的学者。董仲舒所建立的吸收了百家学说的新儒学，曾影响汉武帝使他下决心实施了"罢黜百家、独尊儒术"的方针，这一方针实际上贯穿于整个封建社会中，并且对现代社会仍有影响；孔安国对《尚书》的解释，在长时期中一直被公认为是最权威的解释，而《尚书》一直又被认为是权威的皇帝必修课。我们今天从《史记》的内容看，这种传习对司马迁的政治观点、治学态度都起了极为良好的影响。

由此可见，家庭传统对于人们成长的最初影响，在司马迁身上所起的巨大作用，包括帮助司马迁选择教师、确定理想方面的作用。司马迁当时所处的重家世的社会环境，以及司马迁的家族传统，是现今人们所不可企及的，但是，从中反映出的良好家庭教育对伟大人物成长的有益影响的规律性，则是带普遍性的，从这一规律中得到裨益，则是任何家庭都可以做得到的。

郎官之谜

照《史记·太史公自序》说，司马迁漫游回京城后不久就被任为郎中。汉代的郎官无名额限制，多者可至千人，分议郎、中郎、侍郎、郎中四级，其任务是"掌守门户、出充车骑"，从东方朔为郎官时"执戟殿上"看，所谓"掌守门户"也就是值班警卫，那么"出充车骑"

也就是皇帝的贴身护卫。司马迁所任的郎中，是郎官中的最低一级官僚。不过，郎官既在皇帝身边，有较多接触皇帝的机遇，汉武帝又较能知才而举，所以汉代由郎官出身而后来成为高官的人不少，汉武帝时尤多。这是因为，汉武帝初上台时年轻，朝廷老臣较多，起先汉武帝对朝政的发言权不大，后来可能是从一些大臣的养士之风得到启发，便有意识地加强左右亲信中评议朝政的人才，一是开阔自己的见识，二是在身边形成一支可以与朝臣讨论政事以加强自己发言权的议政力量。汉武帝的这个办法，实在是一举两得的。

汉武帝身边的郎官，如果表现突出，得到赏识，便有进一步升迁的机会，或是升为大夫，大夫又分太中大夫、中大夫、谏大夫三级，他们仍是汉武帝身边的内廷官僚；或是外放而成为六百石以上的"长吏"，以及成为二千石高官。总而言之，汉武帝身边的郎官或大夫，升迁的机会要远过于一般朝廷官僚。所以，作为郎官，在当时乃是一种相当大的荣幸及机遇。

司马迁画像

司马迁作为郎中在汉武帝身边随侍，大致有三四年功夫。这时候，汉王朝经过汉初六七十年的休养生息，国力已大为增强，加之汉武帝雄才大略，对内忙于兴建，如制度的兴建和水利宫殿的兴建，对外忙于各类战争，所以，政事上的活动是频繁的。例如，元鼎四年（前113年）汉武帝出巡郡县；次年汉武帝带数万人猎于今内蒙古鄂尔多斯草原，登崆峒山；元封元年（前110年）汉武帝带主要将领及近20万骑兵巡视西方，寻找匈奴主力决战；同年率百官去泰山封禅（封，是上泰山顶祭天；禅，是在泰山下祭地）；元封二年，汉武帝亲率数万民工到今河南濮阳的黄河决口工地，

下诏命令文武百官都亲背柴草，身先士卒堵塞决口，终于堵住了黄河决口。这当中的大部分活动，在《史记》中均有详细记载，说明作为郎中的司马迁，此时一直是汉武帝的随行人员，参与了这些活动。这自然大大开阔了司马迁的眼界，增加了他对各地民情风俗的了解。

在这当中的元鼎六年 (前 111 年)，司马迁曾奉汉武帝之命出使巴蜀以南。这一带地区，是汉武帝执政后，逐步开辟出来的属地，汉武帝曾派司马相如、公孙弘等人出使过这一地区，司马相如和公孙弘都是汉武帝赏识的人才，依此推测，汉武帝此时对司马迁的才能已颇有了解。我们从《史记》的《西南夷列传》《货殖列传》等篇章中可见一斑，司马迁在这次出使中，是十分注重了解风俗民情的。

不过，这次出使，对当时的司马迁而言，其意义并不局限于积累写作素材，因为，它在司马迁的仕途生涯上，无疑是展示了一片十分光明的前景。

这还要从西南夷地区对当时汉王朝的重要性说起。汉初民生凋敝，百废待举，汉高祖刘邦在打匈奴吃了败仗之后，转而采取和亲政策，可以说是自此确定了汉王朝在边境问题上采取守势的方针，此后，吕后，文、景诸帝当政时期，对西北境匈奴的态度主要是防御；对于南方，汉高祖只要南越领袖去掉皇帝称号，改称王，承认汉廷的中央政权地位，也就满足了。这是总的守势方针的不同表现形式。但是，到汉武帝时，经过六七十年的休养生息，经济实力已大为加强，这必然会在政治、军事上反映出来，所以，汉武帝登上皇帝宝座后，已在逐步变守势为攻势。从一般的军事原则上看，先把弱的、好解决的逐一解决，而后集中力量对付强敌，乃是一般的规律。所以，先解决好东南地区与西南地区的边境问题，而后集中力量对付西北强敌匈奴，乃是符合政治、军事的一般原则的。我们对汉武帝时期的大局有了这样一个鸟瞰，然后知道，当时的所谓"西南夷地区"问题的解决，对于汉武帝的全局战略上的重要性了。

汉武帝对待西南夷地区的策略，应该说是非常高明的。因为这一地区小国林立，没有特别的强敌，所以，在汉王朝的总体对外策略上，并没有采取武力解决的做法，而是以汉王朝的雄厚的经济实力为诱饵，诱使西南夷地区的少数民族领袖人物自愿归入汉王朝的版图。当中虽因略有反复而采取军事行动，但动作不大、时间也不长，基本上靠物质吸引和口头说服。这一总方针是颇见成效的，《史记·西南夷列传》，正是以司马迁出使的实地考察为根基，记录了这一成功的方针及其所取得的硕果。

所谓西南夷，是指分布在今甘肃南部、四川西部及南部和云南、贵州一带少数民族的总称。司马迁在《西南夷列传》中，先是叙说了历史，战国末季，楚国的宗室、将军庄王曾带兵"威定"这一带地区，恰逢秦国将楚国的相当于今四川、贵州一片地区侵占，庄王与本国隔绝后，一度曾割据西南地区自立为王。后来，秦亦派将领开通道路，将西南大片地区并入版图。至秦亡后，西南又恢复小国林立的状况。

汉初的政策重心是休养生息，西南夷地区久与中央王朝断绝来往，所以汉王朝对这一地区的了解基本上是一片空白。一个偶然的机缘，汉王朝使将军王恢击东越取胜后，王恢便乘胜派番阳令唐蒙出使南越，南越接待唐蒙时，筵席上有枸酱，唐蒙知道枸酱是蜀地土产，回到长安，便向商人们打听，南越怎么会得到蜀地土产的。商人们告诉唐蒙："蜀地的枸酱，卖到夜郎国，夜郎国在牁江边，江面宽至数百步，可以行船，与南越接壤。南越多给夜郎国财物，能使夜郎国听南越的话，但夜郎亦不愿臣属于南越。"

唐蒙工于心计，也可以说是我国历史上善于通过出使机会获取情报的先行者之一，在他获悉这一情况以后，便上书汉武帝说：

"南越王用的是皇帝仪礼，占地东西万余里，名义上是臣属于汉的属国，其实也不过相当于汉之一州。倘若我汉王朝从长沙、豫章（今湖南、江西地区）出兵征南越，水道常断绝而难行。臣听说夜郎国的精兵，有10余万，浮船牁江，出其不意，可以制南越使其归汉。以汉王朝的强大，巴蜀地区的富饶，打通去夜郎国的道路，在那里设置官吏，是十分方便的事情。"

汉武帝同意，于是拜唐蒙为郎中将，带了1000多士兵，另有万人

带着粮食和财物一同前往，由巴蜀至夜郎，见到了夜郎侯多同，送给他大量财物，果然夜郎侯多同愿意臣属于汉，唐蒙回京师报告汉武帝以后，汉王朝便将它改名为犍为郡，并且征发巴蜀地区的兵去修路，直通牁江。其后，蜀人司马相如也对汉武帝提出，西夷邛、筰亦可置郡，汉武帝亦任司马相如为郎中将，仿效唐蒙的做法，赐其地少数民族领袖以财物，亦皆置郡。

那时候，公孙弘刚刚应征对策，策试第一，任为博士，于是汉武帝派公孙弘去西南夷地区视察，公孙弘持儒家观点，认为不应浪费国家的财力、物力以开发边远地区，这类蛮荒之地没有用处，无益有害，应该停止开发西南夷之事，汉武帝没有采纳他的建议。至公孙弘为御史大夫时，汉武帝正集中力量对付匈奴，西南边地总体上比较安定，公孙弘再次反对开发西南夷地区，认为不宜四处出击，分散国力。这次汉武帝同意了。

尔后，汉武帝又派使者去西南寻找传言中的身毒国 (当为印度)，未果，使者到了滇地 (今云南省地区) 就没有再向西南去的路了。

《史记·西南夷列传》中还给后人留下了一句名言：

滇王当羌谓汉使者曰："汉孰与我大？"及夜郎侯亦然。以道不通，故各自以为一州主，不知汉广大。

这就是成语"夜郎自大"的出处。

在《史记·西南夷列传》中，司马迁在叙事倾向上，已经申明自己的态度，对汉武帝在西南地区的做法总体上是肯定的，估计这也是司马迁向汉武帝汇报时的观点。《史记》的叙事中，一直如此，详于此篇即略于彼篇，前后呼应，连成一体。不过，还有一个原因，则是，当他出使回来时，正值父亲司马谈病重，恐怕以他的心情，也不想多谈这个话题。

修改历法

太史令的工作之一，就是修改历法。

修改历法，在封建社会中是一件大事，是新王朝受命于天的一种象征。据说，尧、舜禅位时，下达的文件中就有"天之历数在汝躬"一语，这说明，历法是天意的一种代表。

制定历法，究其最基本的规律而言，就是根据太阳的运行规律来确定四季，又根据月亮的运行规律来确定朔、晦、弦、望，也就是所谓的阳历和阴历。实际上，如单用阳历或单用阴历都是有偏差的，所以，制定历法时，要兼测太阳与月亮的运行规律，两者融合；其融合的主要方法则是，每隔若干年增加一个闰月，使阴、阳两历能统一起来。若按前述原则测定，就可以推算出，一年有多少天，一个月又有多少天，这一切测准了，历法也就定下来了。当然，我们在这里只是述其大要，至于其测算的方法，则是一门极其复杂的科学。古代的测算不可能极其准确，总有若干小的误差，开始使用某一新历法时，误差显现不出来，但日、月都在不断运行，积之以时日，误差乃因时间的积累而积小成大，越来越明显，所以，在中国古代，每种历法测定、使用之后，若干年后，如一两百年或更长的时间以后，就会发现它存在误差甚至误差很大了，这就需要根据其时太阳和月亮的实际运行情况重新测定，这就叫定历法。简称改历。

日、月均运行于天上，所以历法与天意有关，乃是顺理成章的。古代的史，本就与巫、卜、祝同一行业，同属沟通于人神之间的神圣职务。而史与天时的关系又更密切些，因为史的纪事，是系于年、月、日的，时间一长，定历法的工作，基本上就成了史的专业，故太史又

称天官。所以司马迁叙述其父司马谈的师承时，把"学天官于唐都"，放在叙述的第一位。天官也就是研究包括日、月运行在内的天文星象学，也正是与定历法关系最大的学术。《史记》中的《天官书》一名中的"天官"二字，即源此而来。顺便一说，《周易》除了占卜以外，也是最古老的数学著作。这里我们可以了解，司马谈所学的这几门学问，都是为了当太史而做的学术准备。司马谈显然是已将自己的这些从师而得的学问全部教给司马迁了。《史记》中的《天官书》《历书》《律书》等，固然是集中了当时这方面学术的最高水平，但是，如果司马谈、司马迁父子对这些方面不是十分精通，这几篇"书"应是很难写出来的。

汉武帝元封六年 (前 105 年)，身为太史令的司马迁等人向汉武帝建议，重定历法，汉武帝同意。大约也是由司马迁的提名，汉武帝选定了星官射姓、历官邓平、史官司马迁及民间专家 20 余人，共同制定新历法。民间专家中，有司马谈的老师唐都、巴郡大历数学家落下闳等，皆一时之选。一年后新历制成，奏呈汉武帝。汉代得天下以后仍用秦时旧历，以十月为岁首，至此，汉武帝改元封七年为太初元年，改以正月为岁首。所以人们通常称这一历法为《太初历》。

范文澜在《中国通史简编》中，对《太初历》有一段扼要、中肯的评价：

在当时《太初历》还是最进步的历法，因为它根据天象实测与多少年来史官的真实记录 (例如《春秋经》)，得出一百三十五个月的日食周期 (称为"朔望之会"，约十一年中有二十三次日食)。自从有了这个周期，历家可以校正朔望，日食现象也不再是什么可怕的天变，而是可以测算的科学知识了。

《史记·历书》特别是《汉书·律历志》详细记载了《太初历》的观测法与计算法，这是一个极有价值的开端，西汉以后历朝改定历法，都是按照《史记》《汉书》的旧例，详细记在正史中，因此积累起丰富的天文、数学资料。

《太初历》以前有 6 种历法，其测算方法都无详细的书面记录流传下来。不讲别的，仅就司马迁在《史记》中开创了记录《太初历》测算方法的先河，使后世史家可以模仿，其在自然科学方面的贡献的巨大，也是非常了不起的。

不过，在此之后，司马迁却突然遭遇了噩运。

宫刑之辱

司马迁的这场噩运，与太史令的工作毫无关系，却是因为与司马迁毫不相干的人——武将李陵。

李陵是名将李广的孙子。李广出自武将世家，汉文帝时，即从军与匈奴作战；汉景帝时，曾为陇西都尉跟随周亚夫击败过吴、楚叛军，胜利后，为上谷太守，此后陆续任陇西、北地、雁门、代郡、云中等西北边境抗击匈奴前线的边郡太守，多次与匈奴打仗，均以勇战闻名。汉武帝刚当上皇帝不久，就将一批曾在边境与匈奴作战颇有声名的将领，如李广、程不识等调到自己身边，委以重任。例如，李广被任为未央宫卫尉，程不识被任为长乐宫卫尉。汉武帝为什么这样做，史籍没有记载，推想起来，汉武帝登基以后，必有一个与匈奴决战的长久打算，否则绝不可能把这些抗击匈奴的名将全调到自己身边。未央宫是汉武帝所住的皇宫，卫尉即皇宫警卫部队总指挥，是两千石高官。

但是李广却始终得不到封侯，汉法，无军功者不得封侯。在汉武帝正式决定大举征伐匈奴时，李广的运气却不大好，别人打仗往往能杀敌立功，李广却是，或者遇不上敌人，或者遇上了极强大的敌人，打不了胜仗，多次出兵均是无功而返。不过，更深层的原因是，汉武帝当时宠幸卫皇后，希望卫皇后的弟弟卫青能立功封侯，故任卫青为大将军，带重兵，而常不能委李广以重任。李广最后终于因行军迷路

而不能如期会师，犯了军令，愤而自杀。

在李广起初独当一面与匈奴战斗时，是因英勇善战而著有声名的，但是，汉武帝不重用这种有名的老将，而重用自己的小舅子卫青，虽然卫青打仗也有一套，可对李广而言，总是汉武帝的裙带关系影响了他的建功立业。

李广死后，他的孙子李陵也碰到了相似的情况。

李陵长大以后，由于是将门之后，被选拔为建章宫监。汉武帝曾派李陵带 800 骑兵，深入匈奴腹地 2000 余里，未遇匈奴军队，考察地形而归。汉武帝觉得李陵骁勇非常，于是拜李陵为骑都尉，带 5000 兵，屯于酒泉、张掖以守卫边疆。

这时候，卫皇后已人老珠黄，出自卫皇后亲戚系统的著名军事将领卫青、霍去病亦已相继死去。汉武帝另宠一爱姬李夫人，希望李夫人的哥哥李广利也能多立军功，于是命李广利带 3 万骑兵击匈奴于天山，并专门召见李陵，要李陵带本部兵随从李广利出征。李陵是世代将门子弟，大约对李广利这样的靠裙带关系提拔起来的人物不大看得起，所以李陵在见到汉武帝以后，立即叩头请求单独出兵，他提出，愿意带本部兵众独当一面，深入兰干山以南，以分散匈奴兵力，减少李广利大军的压力。汉武帝见李陵非常坚决，当然也很赞许，只是有些不满说："当将军的人，为什么都不愿接受别人的指挥呢？我已将大军都拨给贰师将军李广利，再拨不出兵给你了。"李陵又坚决表示，只要本部 5000 步兵即可，不再需要骑兵。话已至此，汉武帝只能同意李陵独当一面了。不过，汉武帝毕竟多次亲自部署过与匈奴的战争，知道 5000 步兵深入敌后，毕竟太危险，于是又下诏给驻守在居延 (今甘肃地区) 的强弩都尉路博德，要路博德带兵自后方接应李陵部队，以防李陵遭遇到匈奴大军，寡不敌众。不料，路博德是老将，毛病大约也和李陵一样，不愿意做接应部队，接到汉武帝的诏书后，立即上奏汉武帝说："方今正是秋天，匈奴马肥，我军不便与匈奴作战，臣愿留下李陵部队至明春，带着酒泉、张掖的骑兵各 5000 人，与李陵一起去攻打东西浚稽山，必能擒获匈奴单于。"路博德自己也想正面出征以立军功，并且，他认为，秋高马肥，对匈奴有利，春天匈奴战马因过冬缺乏草料而力弱。

但是，汉武帝高高在上，不善于具体分析将军们的见解、心态，看到路博德的上书以后，却理解错了，以为李陵在自己面前夸下海口，待要正式出兵时，却又畏缩不前，李陵自己不敢出面反悔，因此要路博德上书为自己代言。这样一想，汉武帝就恼火了，一有火气，决策上就不甚合理，于是连下两封诏书。一封给路博德说："我本来说过应该给李陵骑兵，李陵却说不需要骑兵，他能够'以少击众'，如今匈奴兵已入西河，你应该引兵去西河，挡住钩营的道路。"又下诏给李陵说："必须在九月出兵，从遮虏鄣出发，到东浚稽山以南的龙勒水上，侦察敌军，如不见匈奴兵，就从浞野侯赵破奴过去击匈奴的原路，到受降城整顿部队，并派骑兵一路通过驿站换马，向朕报告。你和路博德讲了些什么，也要如实向朕报告。"这最后一句，说明了前述汉武帝以为李陵通过路博德向自己提出延期出兵的质疑。事实上，这一怀疑是毫无根据的，却已经影响了汉武帝的决策。李陵接到旨意后立即出兵，行军30天，到浚稽山扎营，并派麾下骑兵陈步乐驰回长安，报告汉武帝。陈步乐至长安后报告说，李陵甚得军心，部下都愿效死力。汉武帝十分高兴，就留下陈步乐，任他为一个郎官。

李陵这5000步兵，却在浚稽山被匈奴3万骑兵包围，展开了一场众寡悬殊的战斗。李陵将5000步兵驻扎于两山之间，以大车为营，李陵带兵出营外组成战阵，前行手持甲盾，下令说："听到鼓声就进攻，听到锣声就停止进攻。"匈奴见汉兵人少，直冲过来，李陵反攻，千弩齐发，匈奴进攻的军士都应弦而倒。匈奴溃退到山上，汉军追击，杀敌数千人。匈奴单于大惊，又调来周围骑兵8万余人组织反攻。李陵见众寡过于悬殊，且战且退。南退数日之后，到达一个山谷。这时，经过多日战斗，李陵部下战士伤亡严重。李陵下令：受三处伤的载上车，受两处伤的推车，受一处伤的继续作战。李陵还加强了军队纪律。第二天继续作战，又斩敌3000余后，引兵向西南，顺着龙城故道撤退，四五日后，退到一片长满芦苇的沼泽地。匈奴在芦苇丛上风头纵

火，火势顺风扑过来，李陵下令，立即在身边放火，烧出一块没有芦苇的空地来，使火势无法延烧到自己军队周围，以此自救。于是，李陵军队撤退至一座山下，匈奴单于驻军南山上，使其子带骑兵来攻，李陵军队进入林木间苦斗，利用林木间的不便走马，以削弱匈奴骑兵的战斗力，又杀数千人，李陵因下令乘胜用发连弩的强弓直射山上的匈奴单于，单于下山退走。这一天，李陵捕得匈奴兵士，据匈奴被捕兵士讲，匈奴单于曾说："这是汉朝的精兵，反复攻不下来，一天一天地引我军向南恐怕有伏兵吧？"打算退兵了。但单于的下属众官说："单于亲自带数万骑兵击汉兵数千人，而不能消灭之，以后汉军会轻视我军。再拼命打一场，还有四五十里平地，如仍不能破，再退兵不迟。"这说明，匈奴的决策层因为不了解汉兵虚实，已有退兵之意了。

此时，李陵军队已情急拼命，一天与匈奴骑兵连战数十回合，又杀匈奴 2000 余人。匈奴见汉兵骁勇难当已打算退兵。不料，李陵军中有一个军候（侦察兵）名叫管敢的，为校尉所辱，逃降匈奴，向匈奴报告了李陵军队实际上孤立无援的真实情况，匈奴单于大喜，集中全部骑兵攻汉军。李陵军处于山谷中，匈奴兵在山上，四面围射，形成瓮中捉鳖之势，箭如雨下。汉军继续突围南退，一天当中，50 万枝箭全部用光。这时，李陵军队还有 3000 多人，连车子也舍弃了，把车辐拆下拿在手上权当武器，军官也只有尺把长的短刀，逃入峡谷，敌人追上来，截断了李陵军队的归路，开始从山上往下扔石头，李陵军队战士大量战死，仍未突围。到了晚上，李陵一个人便衣出营，对部下说："不要跟着我了，大丈夫当一个人去杀匈奴单于。"出去了好久，又回来了，叹息说："打了败仗，应该死了。"部下的军官说："将军威震匈奴，只不过天不帮忙，只要能设法逃回去就行了，过去浞野侯赵破奴为匈奴所捕得，后来逃回来了，天子还礼待他，何况将军呢？"李陵说："你不必多言，我若不死，非壮士也。"于是斩断所有旗帜，并将珍宝埋入地下，叹气说："哪怕每人再有几十枝箭，也就能逃回去了。如今已无兵器应战，天一亮，只能坐等匈奴抓走我们了。不如早作鸟兽散，总还能有人逃回将真实情况报告天子。"便下令，兵士每人带二升干粮、一大块冰，分散逃跑，在遮虏鄣重新集结。到了夜半，李陵以击鼓为暗号通知大家分散逃跑。李陵与副将韩延年骑马，壮士随从者10余人，匈奴骑兵数千人追之。韩延年战死后，李陵说："还有何面目见陛下呢？"便降了匈奴。下属军士分散逃回者，不过400多人。

李陵军队败溃之处，离边塞仅百余里。边塞守将看到这批逃回的败兵，便向汉武帝报告。因为派李陵5000步兵孤军深入，是汉武帝一气之下的决策，汉武帝只希望李陵能力战而死，对群臣好有个交代。于是，召善看相的人为李陵的母亲和妻子看相，相士说她们面相上无家人死丧之色。后来，果然听说李陵投降了，汉武帝龙颜大怒，责问陈步乐，陈步乐自杀。群臣都认为李陵有罪。

与此同时，李广利的大军亦无功而返。

那么，这次败仗的责任和问题在哪里呢？

其一，汉武帝用人的裙带作风是一切问题的最深层原因。此前的名将卫青、霍去病，是卫皇后系统的裙带关系，不过碰巧用对了，这两人打匈奴的确建了大功。这一次用裙带关系的李广利，照《史记·大宛列传》及《汉书·张骞李广利传》来看，与卫、霍不可等量齐观，完全不会打仗，李广利的最终结局也是降了匈奴。李陵不甘心做李广利的部属，是一种可以理解的情绪。

其二，李陵向汉武帝提出的5000步兵孤军深入的建议，显然是出于一种急功近利的急躁情绪，汉武帝做出同意的决策，也是不理智的。不过，汉武帝要路博德带兵接应李陵，原本还是在急躁中包含着万一兵败时的稳妥安排，但当路博德上书以后，汉武帝误以为李陵后悔了，在情绪支配下又决定让路博德另出一路，这样，打匈奴的李广利、李陵、路博德变成三支互不相属、互不接应的队伍，分散了兵力，有利于被匈奴各个击破，这是决策上的最大失误。

其三，李陵作战是勇猛的，他那支队伍的战斗力也是强悍的，失败全在战略失误。但李陵最后迫不得已投降匈奴，尽管他事后解释是想有所作为，在当时看来，确实是使汉武帝这个决策者处于十分尴尬的地位。

上面是我们的分析，现在我们可以看一看司马迁的观点了。

汉武帝在这种情绪支配下，问取太史令司马迁的意见。司马迁是精通历史的人，看问题当然比一般人要有深度。他回答汉武帝说："李陵事母孝，待兵士信，他平常的为人，确有国士之风。如今一出事，那些坐在家里保全自己身躯、保全妻儿的文臣们，就千方百计地罗织李陵的罪状，这真是值得痛心的事！况且李陵以不满5000的步兵，深入戎马遍野的匈奴心腹之地，抵抗匈奴数万大军，使匈奴救护伤亡都忙不过来，用全部骑兵围攻李陵，转战千里，以致矢尽粮绝、穷途末路，兵士们仍然以赤手空拳迎战敌人的刀、箭，争先恐后地赴死，李陵得军心到如此程度，虽古之名将亦不过如此！这次李陵虽然打了败仗，陷入匈奴中，但他对匈奴的战绩，亦可以昭示于天下了。臣以为李陵绝不是真投降，是留下自己的一条命准备将来立功赎罪的。"

我们仔细体会司马迁说的这段话，很明显，话虽说得婉转、含蓄，但毕竟内容太尖锐了。因为说李陵得战士死力，虽古之名将亦不过如此，显然就是在讥讽汉武帝。第一，这样的将领为什么不让他统领全局呢？第二，为什么让他带这么少的步兵孤军深入呢？越是肯定李陵，就越等于是说汉武帝的战略指挥失误。大约司马迁心中也确实是这样想的。他毕竟还比较年轻，不懂得人情世故。对汉武帝这样的皇帝说这样的话，确实不宜。一是他人太聪明，你话里还有什么话，他全听得懂；二是他自以为是。于是汉武帝大怒，认为司马迁是反对自己重用李广利，是为败军降敌的李陵游说，马上变脸，将司马迁下狱。而其他臣子认为司马迁犯了死罪。

其实，司马迁的这段话，还有一层意思，是汉武帝所没有听懂的：李陵已降匈奴，议罪的轻重，于事无补，只不过牵涉到对李陵的母、妻如何处置的问题。是假定李陵有假投降的可能性而放过其母、妻呢，还是肯定李陵是真投降而罪及其母、妻呢？显然是前者有利。司马迁除了含蓄地批评汉武帝的决策失误外，还是努力为汉武帝着想，探求最有利的处置办法而已。

然而，司马迁竟因此下狱论死。汉法，死罪可以用钱赎罪，或处以宫刑，即割去生殖器。赎死罪的钱大概是 50 万钱。司马迁家贫，出不起这笔钱，就只得接受宫刑了。

其后，汉武帝收到了一个错误的消息，说是李陵帮助匈奴练兵，一怒之下，又把李陵的全家，包括母亲、妻子和弟弟，全都杀了。

待到杀了李陵全家以后很久，汉武帝才略有反悔地说："应该先派李陵出塞，再下诏路博德带兵接应，这样，路博德就必须遵奉诏书出塞接应，李陵军队就可不致溃败了。路博德这种老将太精明，给他钻了空子。这是李陵失败的真正原因。"于是派使者慰问李陵军队中生还的那 400 多人。这时候，汉武帝总算洞察了若干真实，但还是未能认识自己在战略决策上的全部失误，况且，司马迁已处了宫刑，李陵的全家也早杀光了。

事后证实，李陵并没有帮匈奴练兵，帮匈奴练兵的是另一个人。这说明，李陵确实有假投降的可能性。但是，李陵全家已被杀光，虽欲立功归汉，也不可能了。司马迁对李陵的估计，也没法得到证实了。

忍辱著书

司马迁下狱论罪、终致处以宫刑的罪名，照他在《报任安书》中所说："皇帝以为我贬低李广利将军而为李陵游说""诬蔑皇帝"。这个罪名，现在想来，是十分滑稽的。不过，那是封建社会，皇帝一恼火，可以肆意而为，其实是不能过于较真儿的。

不过，对于司马迁个人而言，这可惨了。

他在《报任安书》中这样描写自己在狱中的生活："今交手足，受木索，暴肌肤，受榜箠，幽于圜墙之中。当此之时，见狱吏则头抢地，视徒隶则心惕息。"但这还不算痛苦，最痛苦的是，他自己对受宫

刑的看法。中国的士大夫阶层，一贯是极其轻视宦官的。这种轻视，虽然有极其复杂的形成原因，但从总体看来，宦官是一种缺乏文化教养、从政训练而又为人主所宠信的特殊人物，即所谓小人得志，所以，这种对宦官的轻视，是士大夫阶层努力保持自己的独立人格、高尚情操的特定表现形式。即使司马迁受了宫刑，自己已成为宦官，但他在《史记》这一伟大著作中，依然是毫无顾忌也毫不掩饰地写出了儒生们对宦官的极其轻慢、蔑视的情绪：

袁盎常引大体慷慨。宦者赵同以数幸，常害袁盎，袁盎患之。盎兄子种为常侍骑，持节夹乘，说盎曰："君与斗，廷辱之，使其毁不用。"孝文帝出，赵同参乘，袁盎伏车前曰："臣闻天子所与共六尺舆者，皆天下豪英。今汉虽乏人，陛下独奈何与刀锯余人载！"于是上笑，下赵同。赵同泣下车。

这种对宦官的蔑视，直接点明其为去势的"刀锯刑余之人"，可以说是轻蔑到极点。不幸的，司马迁本人正是受过极严格的传统的士大夫教育的人物，而恰恰又受了宫刑，其内心的痛苦可想而知。司马迁自己是这样说的："故祸莫憯于欲利，悲莫痛于伤心，行莫丑于辱先，诟莫大于宫刑。刑余之人，无所比数，非一世也，所从来远矣。昔卫灵公与雍渠同载，孔子适陈；商鞅因景监见，赵良寒心；同子参乘，袁丝变色：自古而耻之！夫以中材之人，事有关于宦竖，莫不伤气，而况于慷慨之士乎！"

这既是一般士人，也是司马迁自己对宦官的看法，那么，司马迁为什么不死，而又自愿选择接受宫刑呢？因为他还有一个心愿未了，此时，他被任为太史令才六七年工夫，他的《史记》还没有完成，他还不能死。

于是，他说了一句千古传诵的名言："人固有一死，或重于泰山，或轻于鸿毛，用之所趋异也。"如果《史记》未完成，就这样稀里糊涂死掉，那就是轻于鸿毛了。

他说得很痛心："仆之先人，非有剖符丹书之功，文史星历，近乎卜祝之间，固主上所戏弄，倡优畜之，流俗之所轻也。假令仆伏法受诛，若九牛亡一毛，与蝼蚁何异？而世又不与能死节者比，特以为智穷罪极，不能自免，卒就死耳。何也？素所自树立使然。"

这种对自己所处地位入木三分的分析，冷静到了令人毛骨悚然的地步。本来，太史令也是中级官僚，年俸六百石至千石，"爵比下大夫"，汉代凡带"令"字的官职大约相当于县令一级。司马迁之所以能如此冷静地看待自己原先的地位，是因为，他心中珍藏着一个更远大的理想："古者富贵而名摩灭，不可胜记，唯倜傥非常之人称焉。"原来，他的理想是要能成为一个"不同凡响的人"，那么，什么样的人才能算是"不同凡响的人"呢？

"夫《诗》《书》隐约者，欲遂其志之思也。昔西伯拘羑里，演《周易》；孔子厄陈、蔡，作《春秋》；屈原放逐，著《离骚》；左丘失明，厥有《国语》；孙子膑脚，而论《兵法》；不韦迁蜀，世传《吕览》；韩非囚秦，《说难》《孤愤》；《诗》三百篇，大抵贤圣发愤之所为作也。此人皆意有所郁结，不得通其道也，故述往事，思来者。"

这就是有名的"发愤著书论"所举的例子，而吕不韦的《吕氏春秋》，则是得意于宾客盈门时组织门客们撰述的。不过，这是小疵，于大局无碍。因为发愤著书论，是饱含着司马迁自己的血泪观察历史而得出的结论，它概括了封建社会中由于出路单一，想有所作为的士人们，若不能为官以行其志，就唯有著作以述其志这样一条唯一的退路。而这几乎又是说出了通贯古今融会中西的规律性问题，历来为与司马

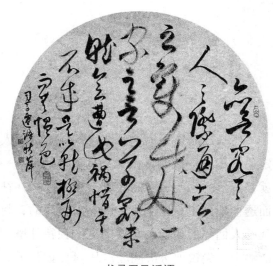

书录司马迁语

迁有不同程度地相近命运的人们所赞赏。尽管成就不尽相同，而这支相近命运的人们的队伍，则是十分广阔而庞大的。

于是，司马迁"就极刑而无愠色"，为什么呢？他心中有这样一个伟大的理想，要完成一部"究天人之际，通古今之变，成一家之言"的《史记》。他的口气非常之大，这部著作是要"藏之名山，传之其人，通邑大都"的，而这一切，司马迁果然做到了。

关于人们对司马迁所著《史记》的历史评价，浩如烟海。中国传统文化的核心部分，就是一般人们所常说的，经、史、子、集。古代经重于史，今人可能把史看得要比经重一些。狭义论认为司马迁开创了纪传体历史著作这一体例；广义论认为在史的这个文化领域，只有到司马迁手上，才真正凝结成传统文化的一大部类，从而在此后终于为我们留下二十四史，或二十五史，或二十七史，这样一些使我们在全世界都可引以为豪的文化遗产，如果没有司马迁的创造性劳动为后人引了路，那么历史著作这一领域，我们所能得到的遗产或许要贫乏得多。

亦失亦得

司马迁的这一遭遇是悲惨的，不过，人们所受的任何苦难，在一定条件下，往往能转化为一笔精神财富。一般而言，统治阶级的思想就是统治的思想，在封建社会中，人们往往是很难超越出忠君的思想而透彻地看出封建制度的弱点与弊病的，特别是那些正任职于封建朝廷的人们。但是，司马迁的这一独特处境，无罪而受宫刑，却帮助他能够十分尖锐地考虑问题。从《史记》看，司马迁所反复考虑的一个问题就是：皇帝错了，后果如何？怎样才能使皇帝少犯错误？而这就必然促使司马迁去研究封建制度的弊病及其救治之道。因此，大大提高了《史记》一书认识世界和改造世界的价值，使《史记》能成为名副其实的"帝王将相教科书"。

司马迁受刑出狱之后，大约在太始元年（前96年），被汉武帝任为中书令。中书令是比太史令的地位要略高些的中级官僚，年俸千石。因为司马迁此时已受宫刑，他是以宦官身份在皇宫内部供职。所以，这又是一个令一般人十分羡慕的职务。在《汉书》司马迁本传中曾这样说："迁既被刑之后，为中书令，尊宠任职。""尊宠任职"四字，代表了当时官僚和后世官僚们对中书令这一职务的客观评价。就汉武帝而言，他这样做的原因，仍是出于爱惜人才的动机，所以对受刑后的司马迁反而更为重用了。

那么，既然汉武帝爱惜人才，何以又要处司马迁以宫刑呢？这里确有一个历史局限性问题。我们应该注意到，在任何社会形态下，一个朝代的政治措施，往往受到前朝的影响。这不但是因为新朝代的政治制度、行政措施等，并不能凭空建立，只能效法前朝；而且也是因为，建立新朝代的人们，仍是从前一朝代走过来的，他们的思想不能凭空跳跃，而总是带着前朝的影响。所谓"实行彻底的决裂"，或者因为新朝代是经过农民起义的，便能有彻底的决裂，那其实只是大话、空话。谁又能拔着自己的脑袋离开他所经历过的环境呢？封建社会中的朝代更替，更是如此。汉之代秦，从表面上看来，汉高祖入关后，尽废秦代的严刑酷法，与百姓约法三章，好像是"彻底决裂"了，其实，那只是战争时期的临时措施。《汉书·刑法志》就明确说，天下既定之后，"法三章"不够用了，于是萧何把秦法删减一下，作"律九章"，成为汉法。

所以，汉法事实上就是简化的秦法。而秦代又是从不久前的奴隶社会衍变而来的，秦法的苛严则又是奴隶社会的遗留物。所以汉初的法律中，其实是什么严刑酷法都有，只不过用得少一些，比如，对韩

信这类朝廷认为他们是造反的将领，竟是剃光头、削去鼻子、斩左右手足，然后才杖死，再杀头，最后还要将骨肉剁碎，丢弃到街市，这完全是秦法的遗风。

宫刑亦来自秦法。汉初六七十年，社会稳定，犯罪率低，重刑也用得少，一度也去除过某些重刑。但是汉武帝一旦对外用兵，对内举建、奢侈，便开始对百姓加强搜刮，民不聊生，犯罪率立即大幅度上升，于是不得不详定法律，并且不断趋于苛酷，其参考文本依然只能是秦法。所以汉宣帝时，廷尉使路温舒上书说："秦有十失，其一尚存，治狱之吏是也。"意思是说，秦法已还魂于汉代。这里，汉武帝把政治的弦绷得太紧了，固然是因素之一，但政治制度不能不受前代影响，乃是根本原因。自然，凡事都有两面性，司马迁受宫刑一事，可以说震动了此后的任何史家，所以自司马迁始，以后的史家全部谴责严刑酷法、主张宽刑。但在实际上，法律作为一种意识形态，既受经济制约，又有某种继承性，而绝不可能凭空产生、凭空跃进。所以，我们只能让汉武帝承担其动作过大而把政治的弦绷得过紧的责任，而不必要由汉武帝来承担"汉承秦制"这一历史责任。

我们还是说回司马迁。中书令这一职务，使他可以了解甚至在某种程度上参与朝廷的核心机密以及重大政治事件的缘由。司马迁原来比较熟悉学术理论、历史资料，又通过游学进行过社会调查，他所缺的正是对政局全面的了解以及批判的眼光。现在，一场酷刑使他具备了批判的眼光，中书令的职务使他有了对政局的全面了解，可以说，成为伟大史家的一切条件，他全部具备了。他终于在中书令的职务上完成了自己的《史记》。

司马迁是何时死的，历史没有明确的记载。一般认为他是死于汉武帝末年，即公元前 87 年前后。

春秋笔法

《史记》的写作中，最值得后人重视的，就是所谓"春秋笔法"的问题。

什么叫做春秋笔法？司马迁自己在《史记·太史公自序》中借着与上大夫遂讨论的机会，作了详细的阐述：

"我听董生说：'周王室衰废时，孔子担任鲁国司寇，诸侯陷害他，大夫拥护他。孔子知道自己的意见不被采纳，政治主张无法实行，便把自己的褒贬是非寄寓在二百四十二年间的历史记载中，作为天下的准则，贬抑天子，斥责诸侯，声讨大夫，无非是为王道通达而已。'孔子说：'我与其空洞的说教，不如把意图表现在叙事中那么深刻明确。'《春秋》向上阐明三王治道，向下辨别人事准则，分清嫌疑，判明是非，论定犹豫不决之事，褒善惩恶，尊重贤能，鄙薄不肖，存留亡国家事迹，续写断绝了的王国世系，补救其敝病，振兴废弛之业，这是王道的精髓。《易》载述天地阴阳、四时五行，所以长于变通；《礼》规范人伦，所以长于行事；《书》记述先王事迹，所以长于政治；《诗》记山川溪谷、禽兽草木，牝牡雌雄，所以长于风土民谣；《乐》是论述音乐的经典，所以长于和顺；《春秋》论辨是非，所以长于治人。由此可见《礼》是用来节制约束人的，《乐》是用来诱发人心平和的，《书》是来述说政事的，《诗》是用来表达情意的，《易》是用来讲变化的，《春秋》是用来论述道义的。拨乱反正，没有比《春秋》更切近有效。《春秋》文字数万，而有数千条旨意。万物的离散聚合都在《春秋》之中。在《春秋》中，记载弑君事件三十六起，被灭亡的国家五十二个，诸侯出奔逃亡不能保其国家的数不胜数。考

察其变乱败亡的原因，都是他们失去了根本。所以《易》中讲'失之毫厘，差以千里'。说'臣弑君，子弑父，并非一朝一夕的缘故，其发展渐进已很久了'。因此做国君的不能不知《春秋》，否则前有谗佞之徒而不见，后有奸贼之臣而不知。做人臣者不能不知《春秋》，否则办常事不知道怎样做合适，遇到突发事件则不知权变。做人君、人父若不通晓《春秋》要义，必定会蒙受罪魁祸首的罪名。做人臣、人子如不通晓《春秋》要义，必定会陷于篡位杀上而被诛伐的境地，并蒙死罪之名。其实他们都认为是好事而去做，而不知其道义所在，被史官的罪名覆盖而不敢说话。不明礼义的要旨，以至于弄到君不像君、臣不像臣、父不像父、子不像子的地步。君不像君就会被冒犯，臣不像臣就会被诛杀，父不像父就会无道，子不像子就是不孝。这四种恶行是天下最大的罪过。把天下最大的罪过加在他身上，也只得接受而不敢推卸。所以《春秋》是礼义的根本。礼是禁绝坏事于发生之前，法规施行于坏事发生之后；法施行的作用显而易见，而礼禁绝的作用却隐而难知。"

司马迁把孔子所著的《春秋》看成是一部"帝王将相教科书"，这里可以说是讲得再清楚明白不过了。

《春秋》一书，是否应该获得如此之高的评价，后人对此是颇有分歧的。例如北宋的大政治家王安石，对《春秋》的评价就非常低。我们今天来实事求是地看《春秋》，说它是一本写得很精练的历史教学大纲，大约是比较合乎情理的。孔子的时代还没有发明纸张，那时候，字是刻写在竹简上的，孔子教学生读的春秋时期历史，就是当时的现代史，这对从政是十分重要的。但是，孔子以个人之力，确实难以把这部现代史十分详尽地刻写下来的，只能根据某些国家档案，编一个非常简单的历史教学大纲，刻在竹简上，作为基本教材，这在私人办学的人力、物力上，是一个现实可行的方案。所以孔子所著的《春秋》，全书不过仅有18000字左右。200多年的历史，被浓缩成这点字数，真个是简略之极。在编写过程中，以孔子那样的大思想家、大史家，对历史事实有所评价也是必然的。估计孔子在对学生讲课时，必然会详述史实，绝不可能像现存《春秋》那样简略。老实说，像今传《春秋》这样简略的历史教学大纲，若不是联系了《左传》等书来读，是无论怎么读也读不懂的，所以孔子讲《春秋》时，必有口耳相传的详尽讲解。后来《春秋》上升为儒家经典之一，这类详尽讲解，也分为《公羊》《谷梁》《左传》三大学派，而且，研究者越多，解释也就越穿凿附会，其中当以《公羊》派为最穿凿，说得《春秋》的每字每句中都包含着极深刻的微言大义，这里显然是有后代儒学人士的加工成分的。而司马迁的老师董仲舒，则又是专治"《春秋·公羊》学"的。所以，我们需注意到，司马迁在对《春秋》的看法中，有着特定的历史积淀所形成的穿凿因素。

而且我们也要看到，儒家是一个十分注意经世致用、很讲究政治原则的学派。儒家根据历史经验所提炼出的政治原则，确实又是能使封建政权长治久安的、最有利于政治稳定的。儒家对孔子著作《春秋》的所有穿凿的总和，正好是服务于宣扬一种正确的治国原则这一总要求的。生活是复杂的，方法不对，道理却是对的，歪打亦可正着。在这里，"《春秋·公羊》学"的穿凿，恰恰形成了一种撰写历史著作的基本原则，而这一基本原则，又是造福于后代无穷的。

简言之，这一基本原则就是："贬天子，退诸侯，讨大夫。"形象地说来，就是：批评天子，指责诸侯，声讨大夫。

的确是个了不起的著史原则！

我们要知道，在封建社会的现实生活中，史官的地位是极其低微的，不管是年俸六百石或是一千石，不过是个中级官僚。见了皇帝要磕头，见了大官要让道、要拜揖，皇帝一不高兴，他或许就要下狱、掉脑袋，以司马迁为例，见了狱吏都要磕响头的日子，他也是经历过的。司马迁并不是站在云端里写历史，而是处于这样一个实实在在的封建关系中撰写历史著作的。但是，我们若要真正理解司马迁撰写《史记》的指导思想，只要把前述司马迁的文章中，凡"春秋"二字，都一律如代数中的代入法一样，改为"史记"二字，这一切便都昭然明示于今人了。司马迁写的《史记》，就是为了"贬天子，退诸侯，讨

大夫"的。也即,司马迁这个具体的大史家,白天看到皇帝要磕头,要讲"吾皇圣明"的套话,晚上写《史记》时,却要站在一个极其严肃的、高瞻远瞩的治国原则上,放开笔来批判当代皇帝以及前代皇帝们,当然也要批判大臣们,并且通过这种批判,告诉读者,怎么样治国是对的,怎么样治国是错的。这是一种多么伟大的政治气魄啊!且不说封建关系下的古人,今人又有多少能有如许的政治气魄?

于是,司马迁在《史记·太史公自序》中,终于提出了指导此后中国的一切史学著作的伟大原则:要站在比天底下一切帝王将相还要高许多的高地上,将那些功德盖世或者罪孽深重的帝王将相们,看作和普通的芸芸众生一样,加以公正评价!我们要谈《史记》的开创性,不如说《史记》所提出和遵循的这一治史原则的开创性!

这是一种可与日月同辉,尊重政治原则、蔑视政治权力的不朽治史原则!

这是中华传统文化的真正精华所在!

当然,由于司马迁是治史的,所以,他所用的评价原则,并不仅仅是儒家的政治原则,他把儒、道、墨、法诸家的长处加以兼收并蓄,并且以历史经验教训作为检验,从而形成了自己的评价原则,用司马迁的话说,就是"厥协六经异传,整齐百家杂语",就是"究天人之际,通古今之变,成一家之言"。

这就是春秋笔法!

自司马迁以后,春秋笔法,成为一切史家,不论是皇家史官还是私人撰述所共同遵守的撰史原则。史家的水平高下有别,胆识亦有上下,但春秋笔法的原则,却是不同程度地渗入一切史著,这是中国封建社会中的一大奇迹!这是中国传统文化的光彩!

第 三 章

才高八斗，风骨永存
——曹植

　　曹植，字子建，三国时期曹魏诗人、文学家。他是魏武帝曹操之子，魏文帝曹丕之弟，后人称其为"陈王"或"陈思王"。曹植自幼颖慧，10岁便能诵读诗、文、辞赋数十万言，出言为论，落笔成文，深得曹操的宠爱。曹操曾经认为曹植在诸子中"最可定大事"，他的《七步诗》更是感人至深。南朝大诗人谢灵运对曹植赞许有加："天下才共一石，子建独得八斗，我得一斗，天下共分一斗。"

建安风骨

东汉末年，汉桓帝、汉灵帝开始严重打击儒生及儒生出身的官僚，重用宦官，其结果是政治腐败、民不聊生，导致黄巾大起义，天下大乱。乱世英雄从四方而起，曹操便是乱世英雄中的佼佼者。曹操的事迹，《三国演义》说得多了，虽因尊刘抑曹的写作指导思想而不免在其形象描写上有所贬损，但大致还是符合历史史实的，我们这里只扼要地就与曹植有关的情况稍作叙说。

曹操，就其家谱而言，是汉初相国曹参之后。但曹操的祖父曹腾却是宦官，官至中常侍大长秋，封费亭侯。长秋本为汉代皇后所居宫名，大长秋则为皇后宫中的宦官统领。汉末宦官权重，这是个侯门似海的职位，否则何能封侯？不过，史称曹腾仁厚恭谨，许多著名的廉洁、正直的儒生官僚都是由曹腾举荐而任职的。这大约同曹家是儒学世家的教育有关。汉武帝独尊儒术以后，朝廷官员的后代们往往以习儒为荣，《诗》《礼》传家，在教育后代上是极有特点的，不可抹杀。由于曹腾的身体原因，便领养了一个儿子，取名曹嵩。一个家庭肯把子女送给他人领养，其社会地位肯定不会很高，因此史称曹嵩"不能审其出生本末"，不过一入曹府为后嗣，曹嵩自然接受了系统的儒学教育。《后汉书·曹腾传》说，曹嵩在汉灵帝时，因为贿赂宦官，即送给汉灵帝买官钱一亿万，所以买到一个太尉。而在《三国志·魏书·武帝纪》，估计是据魏代史官材料所撰写，对开国皇帝的父亲，不免隐恶扬善，所以把这一段话省略了。不过综观史籍，曹嵩除了买官外，并未做过其他坏事。至于买官，也情有可原，因为汉灵帝在西园设置交易处，凡当官者，就必须缴纳一笔钱才可上任，官越大则价越

高，明码标价，人人不得例外。卖官买官之说，是后人总结的，这只能说明曹嵩家里有钱，并不能说明曹嵩为官特别腐败。

曹操出身在这样一个有儒学传统的家庭中，教育上显然是汉代世家大族认真研习儒学的做法，通过曹操写的敕令和文章，我们可以看出，他的儒学修养与史学修养都具有很深的造诣。不过，此时已是汉末乱世，儒学的权威可以说是强弩之末，所以《三国志》又说他"任侠放荡，不治行业"。任侠在朝代之末并不是坏事，乱世不平之事多，任侠无非是路见不平、拔刀相助，反而是好事。曹操20岁举孝廉，有太尉父亲的关系，自然仕途一帆风顺，几次升迁，当上了济南国相。汉代分封王国的相差不多全等同于郡太守，曹操就任后，敢于打击有宦官贵戚做后台的贪吏，毁淫祠，政教大行。但这是为民众做好事，因而也就不免得罪了一些上层人士，不久就调为东阿太守，曹操索性告病归家了。后来他在《让县自明本志令》中说，他在济南时，因为打击贪残污秽官吏，平心选举，得罪了贪官污吏们在京城的宦官后台，怕因此罹难，故而辞官。这是符合实际的。曹嵩的地位再高，也不敢得罪当朝宦官。

后来，在黄巾起义时，曹操又被征为官。这回不同于以前，一来手中有兵权，二来天下已乱，可以无所顾忌一展雄图。所以以曹操的才识，他不久就用了一个"挟天子以令诸侯"的高招，迎接已名存实亡的汉献帝于许都，在群雄角逐中一路胜利，做了汉丞相，封魏王，成为三国鼎立中实力最强一方的实际领袖，只不过上面暂时还保留了一个傀儡皇帝汉献帝而已。

关于曹操所处的时代背景，在叙述曹嵩、曹操的经历中已大概有所描述，但还有一个重要的环境因素不可忽视。原来，到了汉末，重儒学的社会风气已转变为儒学、史学和文学并重。重史学的风气，是从司马迁的《史记》（当时称《太史公记》）的写作开始的。《史记》之后，有班固的《汉书》，研习《史记》《汉书》渐渐都成为一种专门学问。加之儒学中的"《春秋·公羊》学"成为主流，连带着《左传》《国语》《战国策》等逐渐行时，史书渐为政治界的有识之士所重视，虽然还不能与儒学等量齐观，但人们已把它们看成是儒学的一个重要组成部分。特别是乱世的才具之士，往往认真读史，例如东汉的开国皇帝汉光武帝刘秀，就认真读过《左传》《史记》等史书。曹操时值汉末乱世，对读史自然很重视，从他写的许多敕令和文章来看，他对这类历史著作是下苦功精读过的。

此外，此时的文学氛围十分浓厚。说来这还和那位重用宦官的汉灵帝不无关系。汉灵帝依靠宦官，受到了儒生和儒生官僚的一致反对，因为按正统儒生的观念，女人当政或者宦官当政，都是违反治国原则的。究其根本原因，这些人没有经过系统的从政训练。汉灵帝想掌握一批文化力量与儒生抗衡，以摆脱自己孤立的局面，于是他集中了一批能诗赋、书法、绘画的文人，聚于京师鸿都门下用以抗衡儒生的太学。本来，在两汉儒生的正统观念中，连写赋这样为汉武帝、汉宣帝所提倡的事情，也都看成是雕虫小技，更不必说绘画、书法了。汉武帝是英主，汉宣帝也是有魄力的皇帝。按鲁迅先生的看法，开国的英主，是把帮忙的大臣同帮闲的文学侍从严格区别对待的。汉武帝和汉宣帝虽然十分欣赏像司马相如、王褒等文学侍从，却不用他们治国，治国是要另外用一批文臣武将的。而汉灵帝是朝代之末的庸主，照鲁迅先生的说法，他是将帮忙和帮闲混合到一起来了，所以这批鸿都文人竟至出守州郡，这大约同宦官们当政一样，未经儒学的正统从政训练，只不过把汉家天下弄得更加一片狼藉。

不过，在封建社会中，政治出路问题是最具吸引力的。所以，经汉灵帝这样一折腾，反而形成了某种重视文学的社会风气。世间事有时是会歪打正着的，这就是其中一例。

说也奇怪，曹操这样英武而有识见的政治领袖，却继承了昏聩至极的汉灵帝轻儒学、重文学的传统。他在站稳脚跟以后，立即延揽一批有名望的文人到京师，形成了一种重文学的风气。曹操为什么要这样做呢？原来他确有不得已的苦衷，曹操用"挟天子以令诸侯"的方针，成为三国鼎立中的最强者。这一方针固然迅速壮大了曹操的实力，为他的东征西讨、南征北战名正言顺了。但这一方针也给曹操带来了

麻烦，因为既要打着汉献帝的旗号，又要壮大自己的实力，这当中，曹操在意识形态上形成了进退两难的境地。本来，封建社会中的政权在既定或将定之时提倡儒学，是运用意识形态巩固自己地位的最好方法。因为儒学提倡的礼、忠、孝、悌等观点，最根本的是要大家忠于新皇帝，承认新的等级，不能有任何不安于自己所已处的既定等级之心，更不要说犯上作乱了，所以汉高祖用叔孙通制定礼乐制度，汉武帝独尊儒学，汉光武帝崇儒，都是谙熟统治之道的。曹操出身儒学世家，又熟读史书，显然对这一套理论是了如指掌的，然而，儒学的首要一条是忠君，汉献帝还顶在他头上，提倡忠君就是要所有臣僚都忠

曹植雕像

于汉献帝的王朝。所以，曹操一生，除建安八年一令中，有"其令郡国各修文学 (汉时文学与儒学同义，不是今人所理解的文学)，县满五百户置校官，选其乡之俊造而教学之"以外，从未提倡过儒学。即使是此令，也只说"衰乱以来，十有五年，后生者不见仁义礼让之风，吾甚伤之"。而回避忠君等语。此后曹操逐渐不再提倡儒学，而是反复提出了"若必廉士而后可用，则齐桓其何以霸世"，"唯才是举" (建安十五年令中语)，"夫有行之士，未必能进取，进取之士，未必能有行" (建安十九年令中语)，"负污辱之名，见笑之行，或不仁不孝而有治国用兵之术，其各举所知，勿有所遗" (建安二十二年令中语) 等与儒学标准背道而驰的原则。曾有学者把曹操捧为法家代表人物，说曹操坚决实行法家路线，列举了一些敕令为例，这是十分浅薄的看法。曹操确是法家、兵家观点，因为法家、兵家乃是战时体制集中人力、物力需要的产物，凡战争时期，掌权者要获取胜利，往往会自觉或不自觉地实行法家理论。但是，法家也要讲忠君而且特别注重讲忠君，曹操不能也不敢提

倡儒学，是不是就是地地道道的法家派呢？其实曹操对法家的忠君观念同样回避！这是他"挟天子以令诸侯"方针在意识形态包括选拔人才问题上带来的麻烦。

这样我们也就明白了，曹操为什么会轻儒学而重文学了。因为正统儒生的首要一条就是效忠汉室皇帝，提倡儒学就等于制造和扩大忠于汉献帝而不忠于自己的队伍，就等于挖自己的墙脚，也就等于慢性自杀，曹操是不能也不会干这样的傻事的。这也是曹操和汉灵帝虽持不同目的，但却同样招揽文学人才的真正原因。文学人才不甚注重儒学的以忠君为中心的道德规范，而这对曹操壮大、巩固自己的实力正好是有利的。当然，我们也不应说得太绝对化，这当中曹氏父子自己比较爱好文学，也是原因之一。并且，由于两汉长期的独尊儒学，曹操亦只能削弱而不可能完全消除儒学的社会影响。这样，传统文化包括儒学的社会责任感、史学的重视历史经验教训、文学的形象性综合起来，在那个"世积乱离，风衰俗怨"的汉末乱世，便形成了建安风骨。而建安风骨没有产生于刘蜀和孙吴，只产生在曹魏实际掌权的许都这一地域，又和曹操的这一特定处境和特定认识有关。于是曹氏父子便成了建安文人群体的领袖人物。

后嗣之选

曹丕和曹植的矛盾，是从谁能作为曹操的权力继承人这个问题上开始的。所以，为了说清这一矛盾，还得要从曹操说起。

曹操自迎汉献帝于许都以后，至建安七年，扫灭袁绍，威震天下；建安十二年北征乌丸，安定了后方；建安十三年，汉献帝在曹操的威胁下，罢三公，以曹操为丞相。这时曹操既已完全掌握了汉廷实权，

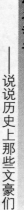
且又建立了三国中实力最强的基业，所以此时他就必须考虑自己的后嗣继承问题了。

曹操的正妻丁夫人无子，长子曹昂，字子修，为妾刘夫人所生，刘夫人死得早，曹昂便由正妻丁夫人抚养长大，爱如己子。所以，曹昂应该说是最近于嫡长子身份的。但是，在建安二年正月，南阳降将张绣反叛时，正值曹操在南阳，不及防备，吃了大亏，所乘马中流矢倒地。曹操的脸上、右臂上、脚上均中流矢，在千钧一发之时，长子曹昂将自己的乘马让给曹操，使曹操逃得了性命，曹昂失去坐骑后为曹操断后，力战而死。曹昂死后，丁夫人日夜恸哭，责骂曹操只顾自己逃命，毫不顾惜儿子，曹操一怒，将丁夫人赶回老家，丁夫人气得从此不理曹操，曹操后悔以后，到她家相迎，她依旧不肯原谅曹操。此后曹操就休了丁夫人，另立其妾卞氏为正妻。

卞氏共生四子，曹丕、曹彰、曹植、曹熊。曹熊早死，按理，卞氏所生的长子曹丕，此时就是嫡长子了，理所当然是接班人。但是曹操却并不是这样想的，他在这个问题上长期举棋不定。

他看中了除曹丕外的另两个儿子，一个就是曹植，另一个则是曹操的妾环夫人所生的儿子曹冲。

曹冲生于建安元年，生性十分聪慧，在他五六岁时，就发生过一桩后人津津乐道的"曹冲称象"的故事。这一故事人们早已熟知，我们只简单说一说：孙权曾送一头大象给曹操，曹操想知道大象的重量，却无法称量，群臣也无计可施，曹冲说："把象赶到大船上，在船上吃水线处刻上记号，然后在船上放上其他可以称量的重物，放到同样的吃水深度，如此一来，只要一称重物就可知道大象的重量了。"

曹冲还有一件事则很少有人知晓。有一次曹操所用的马鞍挂在兵器库中被老鼠咬坏了，由于在战争环境中曹操用刑较严，守库的小吏担心自首此事后会被杀头，不自首又无法拖着，不知所措。曹冲得知此事后，对库吏说："你守三天再去自首，我可救你。"于是曹冲以刀刺穿自己的单衣，刺得如同老鼠咬过一样，并且装出一副忧心忡忡的样子来。曹操问他，他说："人家常说，鼠咬单衣，不利主人，所以

担忧。"曹操宽慰曹冲说："此乃世俗谎言，不必为此烦恼。"不久以后，库吏来自首说，曹操所用的马鞍被老鼠咬坏。曹操笑着说："我儿所穿单衣就在身边还被咬了，何况是挂在柱子上的马鞍呢？"并未追究库吏责任。从这件事可以看出，曹冲不但为人宽厚，所用的方法也十分的巧妙。曹操的下属有罪过，曹冲常能主动为他们辨析是非，陈述实情，曹操也常能听曹冲意见，加以宽赦。曹冲在13岁时早死，曹操流着眼泪对曹丕说："曹冲早死，是我的不幸，但却是你们的幸事。"从中可见曹操原是打算把曹冲立为继承人的。

曹冲死后，曹操又一度考虑立曹植为继承人。这是有史可考的。在一次曹植犯错误时，曹操说："原来我以为，在诸儿中，子建（曹植）最可定大事，现在看来，这个想法不对了。"关于曹操的这一思想转变过程，我们后面再详述。

现在我们要弄清楚的是，中国自周代就开始实行嫡长子继承制，这是封建社会中公认为最合适的王位继承法，曹操熟读史书，为什么他不愿按这一成法行事，而老是在动另选接班者的脑筋呢？

原来嫡长子继承制是封建皇位继承制中比较可以减少动乱、稳定过渡的一种有效方式。嫡子即正妻所生之子，嫡长子只有一人，作此硬性规定后，可以尽量减少其他皇子对皇位的合理野心。如无嫡子，则以庶子中最年长者继位，亦是这个道理。封建君王如果不实行这一制度，而是在诸子中任选一人继位，则所有皇子均可有觊觎皇位的合理野心，常会使老皇帝死后的政权过渡中形成多人出面争夺皇位的混乱局面。这说的是一般情况，对于开国君主而言，这一规律常会发生变通情况。因为，一来，开国君主打天下时需要用才杰之士，手下能人云集，继任者的驾驭能力便显得重要了；二来，天下未定或初定而基业未稳时，还有可能重新失掉，这样在挑选继承人时，才干与经验往往放在天平上更显要的地位，否则怕天下难保。例如，后周世宗传位幼子，被赵匡胤黄袍加身得了天下。宋太祖赵匡胤鉴于后周教训，就不是传位于子而是传位于弟。曹操的考虑也显然是这样的。

然而，这就造成了曹丕、曹植之间不可调和的兄弟矛盾。

《铜雀台赋》

曹丕，字子桓，是曹操休正妻丁夫人后，新立正妻卞夫人所生的长子。卞夫人名分既定，曹丕就是嫡长子了。由于曹操戎马倥偬，所以，曹操所招致的建安文人群体的实际领袖人物，便由曹丕当之无愧地担当了。

曹植，字子建，是曹操正妻卞夫人的第三子，小曹丕六岁。他聪慧非常，诗赋均佳，可以说是建安文人群体中最有才华的人物。曹操某次读了曹植的文章，认为写得太好了，怀疑不是曹植所写，便问他说："你的文章是请人代写的吗？"曹植回答说："言出为论，下笔成章，有什么必要请人代笔呢？父亲不信，可以面试！"

建安十五年冬，曹操的铜雀台造成了，于是，命诸子俱登台，每人写一篇赋。曹植一挥而就，是为《登台赋》。曹操一看，果然写得好，心中十分高兴。

我们不妨先读一读《登台赋》。

从明后之嬉游兮，聊登台以娱情。见太府之广开兮，观圣德之所营。建高殿之嵯峨兮，浮双阙乎太清。立冲天之华观兮，连飞阁乎西城。临漳川之长流兮，望园果之滋荣。仰春风之和穆兮，听百鸟之悲鸣。天功恒其既立兮，家愿得而获逞。扬仁化于宇内兮，尽肃恭于上京。虽桓文之为盛兮，岂足方乎圣明。休矣美矣！惠泽远扬。翼佐我皇家兮，宁彼四方。同天地之短量兮，齐日月之辉光。永贵尊而无极兮，等年寿于东王。

曹操对铜雀台是十分重视，据《邺都故事》说，曹操死前曾遗命诸子："我死后葬于邺城西冈西门豹祠周围，我的诸妾和使女都搬到铜雀台中（古人所谓的'台'，其实是宫殿的代名词，宫殿中筑有高台，以台名宫）。每月的十五日，在铜雀台上置一张六尺床，放下帷帐，早上祭一些酒脯糕点，我的诸妾和使女在帐前奏乐；你们亦可以随时登台，看望我的西陵墓地。"这大约是因为，铜雀台是曹操任汉丞相以后所建的第一个政治权力的象征物，且曹操表明自己的基本政治态度的《让县自明本志令》也正是写于铜雀台建成的同时，于此亦可见铜雀台特殊的象征意义。所以曹植写此赋，援笔立成，歌颂也非常得体，例如把曹操比作高于齐桓公、晋文公的"翼佐皇家，宁彼四方"的人物，同曹操在《让县自明本志令》中的观点，是遥相呼应的。所以，曹操此时对曹植的欣赏，是不在话下的。

有意思的是，在《三国演义》第四十四回《孔明用智激周瑜》中，《登台赋》被改名为《铜雀台赋》，成了诸葛亮动员周瑜与蜀汉联合抗拒曹操的绝佳凭资。小说中叙述赤壁之战初期，曹操大军压境，东吴战和未定，孔明用计激周瑜说，"只要送江东的大乔、小乔两个美女给曹操，曹操即可撤军。"周瑜问孔明有什么根据，于是孔明背诵了曹植所著的《铜雀台赋》，其中果然有将"二乔"尽揽到铜雀台的说法。孔明背诵《铜雀台赋》以后，小说中有这样一段描写：

周瑜听罢，勃然大怒，离座指北而骂道："老贼欺吾太甚。"孔明急起止之曰："昔单于屡侵疆界，汉天子许以公主和亲；今何惜民间二女乎？"瑜曰："公有所不知，大乔是孙伯符将军主妇，小乔乃瑜之妻也。"孔明佯作惶恐之状曰："亮实不知，失口乱言，死罪死罪！"瑜曰："吾与老贼势不两立！"

我们前文所引的《登台赋》，并无"进二乔于台中"之语。与《三国演义》中诸葛亮所背诵的《铜雀台赋》一对照，原来诸葛亮在这里不但改了赋名，而且夹带了两段自己写的句子。一段夹在"望园果之滋荣""仰春风之和穆兮"之间：

立双台于左右兮，有玉龙与金凤。连二桥于东西兮，若长空之蝀蛛。俯皇都之宏丽兮，瞰云霞之浮动。欣群才之来萃兮，协飞熊之吾梦。

另一段是加在篇末：

御龙旗以遨游兮，回鸾驾而周章。恩化及乎四海兮，嘉物阜而民康。愿斯台之永固兮，乐终古而未央。

这两段添出来的妙文，其实是小说中诸葛亮的创作，与曹植毫无瓜葛。但细读这两段加出来的文字，却是善于伪造罪名的高手所作。"二乔"之事前文已述。后面一段，用了"龙旗""恩化及乎四海"等语，编造了曹操以天子自居的罪名。这其实与曹植原著中比喻曹操为尊重周天子的齐桓、晋文，与曹操自己所写的《让县自明本志令》中的观点是完全相悖的。

这自然也并非是诸葛亮的手笔，而是小说的创作。因为赤壁之战在建安十三年，而铜雀台建于建安十五年，诸葛亮纵有多高明的神机妙算，也不可能将两年以后曹植所写的《登台赋》提前拿过来加以改篡。所以，这一切完全是小说家编出来的故事。

诚然，编故事也要写得有点历史根据。曹植的确写过《登台赋》，而《三国志·吴书·周瑜鲁肃吕蒙传》中说："时得桥公二女，皆国色也，策自得大桥，瑜纳小桥 (《三国演义》中作大乔、小乔)。"二桥一嫁孙策，一嫁周瑜，皆国色天香，也是历史事实。《三国演义》为了突出诸葛亮，就将它们捏成一则有趣的故事了。

这是趣闻，说过便罢。但于此也可见曹植的文采及《登台赋》的影响。

丕植之争

曹操是一个大政治家，绝不会因为曹植写《登台赋》"援笔立成"，就认为他"最可定大事"。但《登台赋》所宣扬的政治观点十分符合曹操的心意，说明曹植在政治观上同曹操是遥相呼应的。从曹植所写的《汉二祖优劣论》等其他文章也可以看出，他对政治事务还是颇有一些独到看法的。所以，曹操在选择接班人问题上举棋不定，应该说是不无根据的。

按《三国志》所载，曹操曾向一些臣下询问过他们对曹丕、曹植的评价，可见曹操对由哪个儿子接班的举棋不定，是比较公开的。因此，曹操的意图，很快就被曹丕、曹植以及和他们关系密切的一些人觉察出来了。曹丕、曹植这两个文化素养极高的同胞兄弟之间，便因争权夺利而相互对立、猜忌，最终致反目成仇。

据《三国志·魏志·任城陈萧王传》裴松之注所说，亲附曹丕的，有吴质等；亲附曹植的，有丁仪、丁廙、杨修等。注引《魏略》说，丁仪、丁廙的父亲丁冲，是曹操的老朋友，关系很好，曹操定下"挟天子以令诸侯"的方针，丁冲就是出谋划策的人物之一，他曾任司隶校尉，后因饮酒过度，烂肠而死。曹操因为丁冲曾为自己出过高明的主意，铭记他的好处，想把女儿嫁给丁冲的儿子丁仪，便同曹丕商量，曹丕说："女人总希望嫁的人五官端正一些，丁仪有一只眼睛瞎了，恐怕婚后未必愉快。"此事便就作罢。后来，曹操举丁仪为丞相府属官，在直接与丁仪接触以后，觉得丁仪很有谋略，叹息说："这样有才华的人，哪怕两只眼睛都瞎了，也值得将女儿嫁给他，何况只是瞎

了一只眼睛，是吾儿误我啊!"丁仪得知此事后，开始记恨曹丕，便与曹植亲近，一有机会，就在曹操面前称赞曹植为奇才。丁仪的弟弟丁廙任黄门侍郎，也经常在曹操面前称赞曹植，说他是"天性仁孝，发于自然，而聪明智达，天下少有;至于博学多识，文章绝伦，当今天下贤才君子，不论少长，都愿追随他，为他尽死，丞相有这样的儿子，是大魏无穷之福"。曹操因为丁仪是老朋友的儿子，说话毫不掩饰，甚至问他，立曹植为自己的继承人好不好? 丁仪当然大讲曹植的好话。而在另一方面，也有更多的人力主实行嫡长子继承制，也就是由曹丕继承。至于亲附曹丕的人们，当然也要在曹操面前大说曹丕的好话。

相煎何急

曹操死后，曹丕以魏王太子身份继任为汉丞相、魏王，并且改汉建安二十五年为延康元年。同年十月，曹丕以禅让形式废汉献帝为山阳公，自立为帝，即魏文帝。据《三国志·魏书·苏则传》说，曹植听说曹丕代汉称帝后，恸哭。这恸哭的原因，自不是为汉献帝的下台，而是伤心自己，担心自己今后的命运。曹植恸哭一事，不久就被曹丕派在曹植身边监督的人向曹丕报告。后来曹丕谓左右说:"人心真是不同，我应天顺人，代汉登帝位之时，天下竟有哭者。"很明显，这就是指曹植。

曹丕登基后，不断地除掉那些曾经支持曹植的人。例如孔桂、杨俊等。死罪好受，活罪难熬。此后，曹丕开始折磨自己的亲兄弟曹植了。

早在曹丕初登魏王王位的延康元年，在杀丁氏兄弟的同时就把所有已封侯的诸弟全部调离京城，各去各自的分封诸侯国。曹植在曹操生前就已封为临淄侯，就国临淄。

人们常说，"富比王侯"。我们今天一听到分封诸侯国，大约以为这些曹操诸子亦即曹丕诸弟，必是享尽荣华富贵的。其实正好相反，中国历史上曹魏宗室的分封王侯们过的却是穷困潦倒的日子。《三国志·魏书·武文世王公传》注引《袁子》说：魏代兴起之后，所封诸侯王，都是有名无实的。王国只有老兵百余人，以卫其国。虽有王侯之号，实乃等同百姓。诸侯游猎不能过 30 里，又设立了防、辅、监国等各类监督他们的官僚，随时向皇帝报告。王侯们都思为布衣而不可得。

这是描述一般的王、侯，而曹植的处境比其他兄弟还要惨一些。因为曹丕下令分封为诸侯的弟弟们各回本国，事实上还是担心曹植和其他弟弟联合起来对自己造成威胁，所以对曹植严加防范。曹植到临淄以后，曾给曹丕上

三国青瓷水注

了一个《请祭先王表》，要求允许他祭曹操。这样一个简单的要求完全合情合理，但却遭到了曹丕非常明确的拒绝。曹丕竟还写了一个《止临淄侯植求祭先王诏》。

"得月二十八日表，知侯推情欲祭先王于河上。览省上下，悲伤感切，将欲遣礼以纾侯敬恭之意。会博士鹿、优等奏礼如此，故写以下。开国承家，顾迫礼制，推侯存心，与吾同之。"

实际上，曹植并不是庶子而是嫡子，因为曹植与曹丕是同母兄弟，其母卞夫人在曹操生前已被封为卞王后，曹丕称帝以后又尊其为皇太后。嫡子原有二义，一是指正妻所生之子；二是指嫡长子。但庶子之义十分明确，即指非正妻的其他妃妾所生之子，总之与曹植无关。曹丕及秉承其意图的博士竟用庶子的礼法来限制曹植，并且写进诏书，这真可以说是天下奇闻。

　　再接下去，曹植的日子就更艰难了。《三国志》曹植本传说：黄初二年，监国谒者灌均"希指"，即根据曹丕的意图，奏"曹植醉酒悖慢，劫胁使者"，于是由博士定罪，据《文选》李善注，博士议下来是：削去封号，免为庶人。中国自有文人以后，就有那么一批靠讨当权者的好、踩着他人头顶以谋取好处的卑鄙货色，这类一再踩曹植一脚的博士们，就是其中的一种。他们把曹植往死里踩，再给皇帝曹丕提供一个假装宽厚的机会。于是曹丕下诏说："植，朕之同母弟。朕于天下无所不容，而况植乎骨肉之亲，舍而不诛。其改封植。"结果是贬曹植为安乡侯，后又改封鄄城侯。

　　我们看《三国志》曹植本传所载谢表即可知，曹植此时的处境与心境：

　　臣自抱衅归藩，刻肌刻骨，追思罪戾，昼分而食，夜分而寝。诚以天罔不可重离，圣恩难可再恃。窃感《相鼠》之篇，无礼遄死之义，形影相吊，五情愧赧。以罪弃生，则违古贤"夕改"之劝；忍活苟全，则犯诗人"胡颜"之讥。伏惟陛下德象天地，恩隆父母，施畅春风，泽如时雨。是以不别荆棘者，庆云之惠也；七子均养者，尸鸠之仁也；舍罪责功者，明君之举也；矜愚爱能者，慈父之恩也。是以愚臣徘徊于恩泽而不能自弃者也。

　　左一个"恩隆父母"，右一个"慈父之恩"，难道这是弟弟写给哥哥的谢表吗？并且，如前文称引，曹植的罪是曹丕派的监督兼密探"希指"，即根据曹丕意图捏造而得的。曹植明知好友被杀、自身难保，不得不昧着本心，写这样的可以说是不顾自己颜面、身份到了不堪地步的谢表，可见他此时的危难和惶恐的心情。世上兄弟关系至此，可见权力之争能把人异化到何等程度！

　　黄初三年三月，曹丕因为自己已称帝，按例封其子曹睿（即以后的魏明帝）为平原王。同时封诸弟为郡王，唯有曹植，因罪遭贬，封为县王，比其他弟弟低一级。这也是一种羞辱和折磨曹植的做法。

　　据《三国志·魏书·周宣传》：周宣以善于占梦闻名于世。有一次，曹丕问周宣说："我夜里梦见自己磨钱上的文字，想把文字磨掉，结果越磨钱上的文字越清晰，这个梦是什么意思?"周宣叹而不答。曹丕再一次问周宣，周宣回答说："此乃陛下家事，陛下虽有想要做的事而太后不让陛下做，所以钱上的文字才会越磨而越清楚。"这时，恰巧是曹丕要治曹植的罪，因太后反对，只得略贬曹植爵位之时。曹丕很满意周宣的回答，任周宣为中郎。历史上确有此事，还是传说，如今已不得而知。但不管是实事还是传说，都说明曹丕对曹植的折磨。世人作为旁观者认为，曹丕已贵为天子，对曹植仍加以各种迫害，大概是忌妒曹植文才的缘故。

在这一大的背景下，便有了曹植的《七步诗》。据《世说新语》，曹丕曾下令曹植七步内作诗，如写不成便要杀头，曹植应声为诗曰：

煮豆持作羹，漉菽以为汁。

萁在釜下燃，豆在釜中泣。

本自同根生，相煎何太急?

《世说新语》所载故事大都有根据，又距魏代不很久，此诗应该比较可靠。但不管此诗是不是确为曹植所写，其概括力之强，确令人叹服。天底下同根生而相煎急之事，不可胜数，所以此诗的广为流传，又是有其社会基础的。

另据《太平广记》，说魏文帝曹丕与曹植同辇出游，恰巧看见两牛在墙间相斗，一牛力不敌，坠井而死。曹丕下令曹植赋《死牛诗》，不得言牛、不得言井、不得言斗、不得言死，走马百步间，应咏成四十字，如百步尽后仍不成，便要杀头。于是曹植作诗云：

两肉齐道行，头上戴横骨。

行至凶土头，峰起相唐突。

二敌不俱刚，一肉卧土窟，

非是力不如，盛意不得泄!

曹植在刚封县王不久之后，又受到两次陷害。这两次陷害，在曹植的《黄初六年令》(又作《自诫令》)中，有明确记载：

令：今吾昔以信人之心，无忌于左右，深为东郡太守王机、防辅吏仓辑等枉所诬白，获罪圣朝。身轻于鸿毛，而谤重于泰山。赖蒙帝

主天地之仁，违百寮之典议，赦三千之首戾，反我旧居，袭我初服，云雨之施，焉有量哉！

反旋在国，捷门退扫，形影相守，出入二载，机等吹毛求瑕，千端万绪，然终无可言者，及到雍，又为监官所举，亦以纷若，于今夏三年矣！

这里可以看到，曹植此时过的是多么谨小慎微的日子。从这一时期曹植所写的一些诗作中，也可以体味到他的心情。例如，《当墙欲高行》：

> 龙欲升天须浮云，人之仕进待中人。
>
> 众口可以铄金，谗言三至，慈母不亲。
>
> 愤愤俗间，不辨伪真。
>
> 愿欲披心自说陈，君门以九重，道远河无津。

又如，《乐府歌》：

> 胶漆至坚，浸之则离。
>
> 皎皎素丝，溺色染移。
>
> 君不我弃，谗人所为。

此诗最后两句之间大概脱漏，但整篇看来，曹植担心被谗的意思是显而易见的，此诗和前一篇《黄初六年令》一样，对曹丕也是歌功颂德的态度，这自然是不得不讲的套话。唯有《当墙欲高行》，大约正好写于被诬受贬期间，所以其中没有任何歌功颂德的套话，比较难得。

黄初四年六月，曹丕的同母弟、曹植的同母兄任城王曹彰死于京都，《世说新语》说曹彰是被曹丕毒死的，此说或许可信，但不一定可靠。因为曹丕此时的皇帝权力已十分巩固，似乎没有毒死曹彰的必要。又据曹植《赠白马王诗序》中说：

"黄初四年五月，白马王（曹彪）、任城王（曹彰）与余俱朝京师，会节气。到，任城王薨。"那么，这一次是曹丕与几个弟弟相聚，曹丕若是只杀曹彰而放过曹植，也不合情理。

大约也是自此以后，曹丕对曹植的态度有所好转。所以曹植的《黄初六年令》中还有以下的一段话：

今皇帝遥过鄙国，旷然大赦，与孤更始。欣笑和乐以欢孤，陨涕咨嗟以悼孤。丰赐广厚，资重千金。损乘舆之副，竭中黄之府，名马充厩，驱牛塞路，孤以何德而当斯惠？孤以何功而纳斯贶？

令中所描写的，自然还是有一些说给他人听的套话，但曹丕对曹植的态度已发生了变化，还是易见的。不过，即使在此时，曹植也还是有战战兢兢的一面：

富而不吝，宠至不骄者，则周公其人也。孤小人尔，深更以荣为戚，何者？将恐简易之尤，出于细微，脱尔之愆，一朝复露也。故欲循吾往业，守吾初志，欲使皇帝恩在摩天，使孤心常存入地。将以全陛下厚德，究孤犬马之年。此难能也，然孤固欲行众人所难……

故为此令，著于宫门，欲使左右共观志焉！

这一段话，不但是曹植告诫、提醒自己的话，同时，或许也是写给那些曹丕派来监督自己的官员们看的。或者也可以说，整个《黄初六年令》全文均具有写给那些监督的人看的作用，前半篇说的是曹丕对自己态度已经转好，使这些人可以少说些自己的坏话，后半篇是特意提醒自己要谨慎、小心，让这些监督的人抄送京师，给曹丕看，表明自己心意。所以这一令文的背后，还是有些值得人们琢磨之处的。

抑郁而终

　　曹植生前虽享有很高的文名，且其政治见解也是高出周围人的，但他真正向往是在政治上有所作为。又由于其政治见解的高明，他还看出了曹魏政权的危机，可惜的是，他既不可能在政治上展露才华，这些十分深刻而又有预见性的看法，又不能为同宗的皇帝们所相信、采纳。在这种情况下，其内心的苦闷彷徨是可想而知的。所以，到魏明帝太和六年 (232 年) 十一月，曹植终于抑郁而终。《三国志》本传说他"汲汲无欢"，可以准确地说明他死前的心情。

　　由于他死前封陈王，谥曰"思"，所以后人又称他为陈思王，或称陈王。按，谥法："追悔前过曰思。"即使从谥号上，仍可看出曹植虽然死了，历史包袱也还是未能彻底放下来。

　　不过，曹植的文名，一直为后人所钦佩、折服，《文心雕龙》与《诗品》这两部经典理论著作，对曹植都有极高的评价。据说，南朝宋最有影响的文人谢灵运曾经说过："天下文才共一石，曹子建独得八斗，我得一斗，天下共分一斗。"所以李商隐《可叹》一诗云："宓妃 (洛神) 愁坐芝田馆，用尽陈王八斗才。"

　　有这样高的文名评价传于后世，曹植亦可以无憾矣！

第 四 章

浪漫飘逸，折翅大鹏
——李白

　　李白，号青莲居士，又号谪仙人，中国唐代伟大的浪漫主义诗人。他的诗雄奇飘逸，艺术成就极高。他讴歌祖国山河与美丽的自然风光，想象丰富，激昂奔放，富有浪漫主义精神，被贺知章称为"诗仙"，其诗大多以描写山水和抒发内心的情感为主。杜甫对其诗歌有"笔落惊风雨，诗成泣鬼神"之评，赞其"白也诗无敌，飘然思不群；清新庾开府，俊逸鲍参军"。

意气风发

李白，字太白，生于唐代武则天长安元年，即公元701年。

这个世纪的黎明到来之初，武则天已经是日薄西山。不管后世对她如何评价，这位女皇为大唐将近百年的太平天下所起到的承前启后的作用，是封建社会的史学家无法抹煞的。她的两个儿子相继即位，都碌碌无为。她的孙子李隆基却很有出息，堪称雄才大略。李隆基凭借他的铁腕登上了大唐天子的宝座，拉开了"开元之治"的帷幕。

前期的唐玄宗，不愧是一个英明的皇帝。他励精图治，任贤用能，又恰好有一批忠良，如姚崇、宋璟、张说、张九龄等竭忠尽智地辅佐，于是弊端渐除，德政频颁，更兼连年风调雨顺，人民得以安居乐业，国势随之蒸蒸日上。

"开元之治"如一轮红日从东方冉冉升起。它的金色光辉照耀着华夏神州的三山五岳，普照着大唐王朝的各道诸州，甚至连偏僻的剑南道绵州昌明县青莲乡也在一片明曦之中。

昌明县是一个四山环绕的小平原，其西北诸峰，林壑尤美，望之蔚然而深秀者，匡山也。以岷山为源头的涪江，自北而南，从东边抱着青莲乡；它的支流盘江，则从西边抱着青莲乡。青莲乡就在这山清水秀的平原中心，这里就是李白的故乡。

这时的李白是一个风华正茂的少年。他5岁入私塾开始识字读书，10岁上便已读完了《诗经》和《书经》。李白的父亲虽然是从西域经商回来的商人，但是家学渊源，能指导他学习辞赋。李白自己又在诸子百家中发现了奇妙的天地，而且对《庄子》和《楚辞》特别感兴趣。

开元八年，20 岁的李白来到成都府，并拜访了益州大都督府长史苏颋。苏颋不仅是三品大员，同时也是当时文章巨擘。他接见了李白，并在看了他的诗文以后，颇为赞许，但也只是说："文采可观，而风骨未成。还要继续努力，你可以和司马相如比肩。"至于向朝廷举荐，苏颋却看他太年轻，后来又听说是出身于商家，此事便无下文。李白再去拜访，便"侯门深似海"了。

李白干脆东下渝州，因为他听说另一位文坛前辈李邕正在渝州刺史任上，而且为人疏财仗义，广交天下士人。李白不远千里，正是来投奔他的。结果却连李邕的面都未见到，只见到一位小吏。据小吏说刺史正在赶写他的煌煌大文《孔子庙堂碑》，已谢客多日矣。

李白赌气便上了峨眉山，打算攀上峨眉山的顶峰去寻找那传说中的仙人，跟他修道炼丹去。实际上这不过是一时愤激所致，最终他还是回到了青莲乡，而且遵从苏颋的教导，在距青莲乡 30 里的匡山大明寺中专心致志地苦读了 3 年。他想：不怕人不识荆山玉，只恐胸无万卷书。然后出三峡，泛长江，登五岳，渡黄河，周览名山大川，遍访社会贤达。他相信少则三年五年，多则十年八年后，必能遇上能够提拔他这匹千里马的伯乐，把他举荐给开元天子。不鸣则已，一鸣惊人，不飞则已，一飞冲天。建立一番济苍生安社稷的大事业之后，就学那汉代的留侯张良功成隐退，终老林泉，或者学那三国时的诸葛亮鞠躬尽瘁，死而后已。李白一边在深山苦读诗书，一边编织他的辉煌美梦。

当时，在那千载难逢的盛世，整整一代士人，都受到朝廷"广开才路"的鼓舞，谁又不想大有作为呢？谁又没有一个或大或小的金色美梦呢？

鹏翅欲展

开元十二年的春天，24 岁的李白开始了他的万里之行。

临行之前，他对故乡充满依依不舍之情，对未来更充满了光明的憧憬，于是写下了《别匡山》一诗："晓峰如画碧参差，藤影摇风拂槛垂。野径来多将犬伴，人间归晚带樵随。看云客倚啼猿树，洗钵僧临失鹤池。莫谓无心恋清境，已将书剑许明时。"

李白经成都而南下嘉州 (今乐山)，又经嘉州而东下渝州 (今重庆)。一路行来，不仅山水佳胜使他处处流连忘返，而且蜀江的号子、巴地的山歌也使他时时驻脚。到了三峡之内，他又在古称白帝城的夔州奉节住了下来，几乎游遍了巫山十二峰，在次年早春二月才出了三峡。

李白在鄂州江夏 (今武汉) 期间，正值道教大师司马承祯要去南岳衡山途经此地。这位司马承祯不但道行高深，而且博学能文，从武后以来就已经屡次奉诏入京，封以官爵，屡辞不受。李白对此人早有崇敬之心，便特地前去拜访。司马承祯连日来客络绎不绝，宾客满座，但所求无非黄白之术，所谈无非俗套虚文，他只好勉强应付。正感疲倦之际，李白却给他带来一阵清风。他自然抬起半倚的身子，睁开半闭的眼睛，仔细打量着这位青年公子，风神特异，与众不同；身如清松，目若闪电；接谈之间，更觉此人天资聪颖，识见过人。便看定李白说："君家有仙风道骨，可与神游八极之表。"但又说，"观君眉宇之间英气勃勃，言谈之间，不忘苍生社稷，毕竟志在匡济。以你之才识，当此开元盛世，自是鹏程万里。待你事君之道成，荣亲之事毕，再到天台山来找我吧。"李白看着司马承祯的白须，现出不解的神色。司马承祯将麈尾一拂，笑道："岭上白云，松间明月，无往而不相

逢。"李白恍然大悟，说道："功成，名遂，身退——这正是晚生的素志。"便高高兴兴拜谢而去。

李白回到住处，一连数日回味着司马承祯对他的指点和赞扬，不禁飘然有凌云之概，于是胡思乱想。他一会儿想起《神异经》中所说的昆仑山有大鸟，名曰希有，南向张左翼覆东王公，右翼覆西王母；一会儿又想起《庄子·逍遥游》中所说的鲲鹏。他觉得司马承祯好像是希有鸟，自己则好像是鲲鹏。只有希有鸟能认识鲲鹏，也只有鲲鹏能认识希有鸟。因此李白便开始构思《大鹏遇希有鸟赋》，后来又干脆改为《大鹏赋》。

他迷茫中看见北冥天池中的巨鲲，随着大海的春流，迎着初升的朝阳，化为大鹏，展翅于空中。它一开始振动羽翅，便使五岳为之震荡，百川为之崩奔。接着它便在广袤的宇宙中翱翔，时而飞在九天之上，时而潜入九渊之下，更是"簸鸿蒙，扇雷霆，斗转而天动，山摇而海倾"。只见它"足系虹霓，目耀日月"；只见它"喷气则六合生云，洒羽则千里飞雪"。它一会儿飞向北荒，一会儿又折向南极。烛龙为它照明，霹雳为它开路。三山五岳在它眼中只是一些小小的泥丸，五湖四海在它眼中只是一些小小的杯盏。古代神话中善钓大鱼的任公子，曾经钓过一条大鱼让全国人民吃了一年，见了它也只能甘拜下风。夏朝的时候有穷氏之君后羿，曾经射落过九个太阳，见了它也不敢引弓，只能放下钓竿和弓箭，望之兴叹，甚至开天辟地的盘古打开天门一看，也目瞪口呆。至于海神、水伯、巨鳌、长鲸之类，更是纷纷逃避，连看也不敢看了……

李白写完《大鹏赋》，感到从少年时代以来，一直在心头汹涌澎湃而且越来越强烈的豪情，总算淋漓尽致地抒发出来了。

李白继续东下，终于到达了他憧憬已久的六朝古都——金陵。

金陵的六朝繁华虽已消歇，它在唐代的版图上只不过是江南道的润州江宁县，但毕竟曾经做过300多年的帝王之都。莽莽钟山如蟠龙卧城东，巍巍石头城如猛虎踞城西，云蒸霞蔚的玄武湖掩映在城北，莺歌燕舞的秦淮河萦绕在城南。回首西望，茫茫九派从遥远的天边向它滔滔而来。翘首东望，汇聚了众水的长江又向着大海滚滚而去。依旧是龙盘虎踞，依旧是气象万千，所以唐代的诗人们总是习惯称它为金陵。

李白来到金陵，照例带上他的作品去拜访当地官吏和社会名流，满以为其中必有伯乐。谁知一连奔走多日，却是"十谒朱门九不开"。原来是封禅大典在即，皇帝要在这年的十月率领文武百官、千军万马以及四方外宾登泰山，举行祭祀，告业绩于天地。这是百载难得一遇的头等重要大事，全国上下早已在进行准备，而现在正是至关重要的时刻。李白的干谒自然没人理睬。

于是，李白在金陵纵情登览，恣意行乐，享受大唐王朝治定功成的幸福。

李白在金陵玩够了，又去了扬州。扬州的名山大川、名胜古迹虽不如金陵，但它是淮南道大都督府所在之地，工商业之盛也远远超过金陵，更是无尽的繁荣富庶。

诗仙李白

李白在扬州也曾从事干谒，无奈未封泰山之前大家都忙于准备，既封泰山以后大家又忙于庆祝，李白仍是"十谒朱门九不开"，仍然只好"乐享太平"。

他每日里生活开支巨大，更兼他动辄千八百地接济落魄公子和风尘佳人，不到一年，腰间的"万贯"便花得一干二净，祸不单行的是，一场大病更使他潦倒于小客店中，幸好得到友人孟少府的接济，才免

于倒毙街头。

病愈之后，李白仍然走投无路，不得已听从孟少府的劝告，西往安州，给人家当了上门女婿。

入仕无门

安州和扬州均属淮南道，不过扬州在它的东头，安州则在它的西头。安州州治安陆，虽不及金陵的博大、扬州的繁庶，却也是一个中都督府所在之地。

安陆有一许姓人家，是世代簪缨的名家大族。曾祖许绍是唐高祖的同窗，祖父许圉师是唐高宗时的宰相，父亲在唐中宗时也曾当过员外郎。许相爷早已过世，许员外郎也已辞官归里。员外郎膝下单生一女，才貌双全、性格贤淑，只因为门第既高，不免择婿过苛，耽误了姑娘豆蔻年华。眼看女儿已经过了 25 岁，许员外郎才四处托人，宁愿降格以求，只图招郎上门。孟少府因受许家之托，看中了李白，觉得此人虽然有些浪荡习气，但为人正直、心地善良，而且才华过人，前途不可限量。许家认为孟少府所说可信，也就接受了李白入赘。

但在古代，这赘婿可是不好当的。亲族内的嫉妒、社会上的白眼，是不可避免的。何况李白又不习惯谨小慎微，更难以低三下四，还时不时流露风流不羁的派头，于是渐渐地便有人说三道四，蜚短流长。幸好岳丈大人和许氏夫人都厚待他，时时护着他。但李白毕竟不能永远依靠内室，图个温饱了事，他只不过是时当"初九"："潜龙勿用，阳在下也。"到了时当"九二"："飞龙在田，利见大人"，他即将去都督府上走走哩!

李白在安州的干谒活动没有成效，便起了上长安之心。开元十八

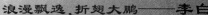
年初夏时节，李白从安陆出发，取道襄阳、高洛、蓝田，到了长安——大唐帝国的首都。

李白凭借许家世代簪缨的旧关系，最终进了右相府，但不巧张说却在病中，让他的二儿子张垍接待了李白。张垍是一位仪表非凡的贵公子，面如冠玉、唇红齿白，言谈文雅、举止风流。李白一看，就觉得他实在该当驸马；但他凭什么二十几岁就当上了三品卫尉卿呢？显然，凭他是宰相的儿子、天子的女婿了。两相对照，李白简直成了乡下佬。

在张垍心目中，李白也的确是个乡下佬，但他不敢违背父命，也恐有损他家举贤荐能的名声，因此对李白倒也客气。寒暄已毕，张垍便一本正经地说道："当今圣上，广开才路；家父爱才，天下共知。兄长之事，小弟自当尽力。兄长不远千里而来，想必鞍马劳顿，权且休息数日，待小弟请示家父以后，再行登门回拜。"说罢便示意家人送客，李白满心欢喜地去了。

过了三天，张垍果然屈尊回访，而且对李白越发礼敬有加。张垍说："皇上有位御妹，人称玉真公主，虔心奉道。皇上特地在城里给她建了一座玉真观，又在终南山楼观台给她建了一处玉真别馆。那别馆可谓是山清水秀的福地洞天，玉真公主时不时要到那里去住个十天半月。你若能得玉真公主赏识，待她向皇上推荐，你便是平地青云了。"李白一听，原来有这样终南捷径，便又心花怒放地去了。

终南山麓的玉真别馆确实清幽无比，但早已无人居住。院中榛莽杂生，窗户上尘土封积，连门上都牵满了蜘蛛网。李白在这里苦苦等待，十天半月过去了，小暑大暑也过去了，张垍那里毫无消息，玉真公主更不知仙踪何处。直到了立秋，李白正想进长安城去问个究竟，天却下起雨来。这雨一下就是半月，时大时小，山上山下泥泞不堪，甚至路都冲断了。李白谒见玉真公主的希望也断了，这玉真别馆竟成愁馆一座。他想起自己24岁那年，仗剑去国，辞亲远游；他想起这些年访遍诸侯，却无果而终；他想起他来长安之前所写的《安州应城玉女汤作》中的诗句："可以奉巡幸，奈何隔穷偏。独随朝宗水，赴海

输微涓。"这帝京长安似乎是一片大海：金碧辉煌的大海，山清水秀的大海，但这个大海却似乎没有他这涓滴的容身之处。他从少年时代起就无限崇敬的"圣主"，他的雄心壮志赖以实现的"明君"，虽已近在咫尺，仍然远似天涯。于是李白写下了《长相思》，借这首古乐府中的男女相思之情，表达他此时报国无门之苦：

长相思，在长安。络纬秋啼金井阑，微霜凄凄簟色寒。孤灯不明思欲绝，卷帷望月空长叹。美人如花隔云端，上有青冥之长天，下有绿水之波澜。天长路远魂飞苦，梦魂不到关山难。长相思，摧心肝！

于是，李白愤然离开，去往长安西的邠州 (今彬县) 和长安北的坊州 (今黄陵)，暂时寄食州县之门。

开元十九年春，李白冒着春雪回到了长安，仍然徘徊巍阙之下，不得其门而入。想起这一年来的遭遇，既感到十分气愤，又感到大惑不解："什么'广开才路'，路在何方？光明大道只在张垍等人的足下，只在'五陵豪'的脚下，我却是寸步难行！"于是李白写下了他的《行路难》："大道如青天，我独不得出……"

李白写了《行路难》一诗后，仍意犹未尽，又因送友人王炎入蜀，在饯别席上谈到古时蜀道的艰险，李白有感而发，猛然想起这次长安之行多么像古蜀道历险记啊！于是在当天夜里一气呵成了他名传千古的名篇《蜀道难》：

"噫吁嚱，危乎高哉！蜀道之难，难于上青天！蚕丛及鱼凫，开国何茫然！尔来四万八千岁，不与秦塞通人烟。西当太白有鸟道，可以横绝峨眉巅。地崩山摧壮士死，然后天梯石栈相钩连。上有六龙回日之高标，下有冲波逆折之回川。黄鹤之飞尚不得过，猿猱欲度愁攀援。青泥何盘盘，百步九折萦岩峦。扪参历井仰胁息，以手抚膺坐长叹。问君西游何时还？畏途巉岩不可攀。但见悲鸟号古木，雄飞雌从绕林间，又闻子规啼夜月，愁空山。蜀道之难，难于上青天！使人听此凋朱颜！连峰去天不盈尺，枯松倒挂倚绝壁。飞湍瀑流争喧豗，砯崖转石万壑雷。其险也若此，嗟尔远道之人胡为乎来哉！剑阁峥嵘而崔嵬，一夫当关，万夫莫开。所守或匪亲，化为狼与豺。朝避猛虎，夕避长蛇，磨牙吮血，杀人如麻。锦城虽云乐，不如早还家。蜀道之难，难于上青天！侧身西望长咨嗟！"

李白离开长安以后，没有脸面回家，乃从黄河浮舟东下，漫游梁宋(今开封、商丘)，在宋州梁园度过了整个夏天。说是访古，实际上是遣怀。

离开梁园，李白又西上嵩山，遍游嵩山三十六峰。口称寻仙，实则意欲避世。

游罢嵩山，李白便来到故人元丹丘的颍阳山居。其位于嵩山少室南麓，颍水北岸。北依马岭，连峰嵩丘；南瞻鹿台，极目汝海，云岩掩映，颇有佳致。李白看了丹丘的幽栖之所，心里非常向往，真想同他一道隐居，不想回归喧嚣的尘世。

但实际上只住了一个多月，李白便往洛阳去了。由嵩山往洛阳，必须经过龙门。虽然时节已是冬天，游人都几乎走光了，连最著名的奉先寺也寥无一人，只有寺僧。但李白却被无数的摩崖石刻迷住了，住了下来。数不清的石窟，看不完的佛像，从魏晋南北朝直到唐代，一处胜过一处。奉先寺后的卢舍那佛更是高大无比、精美绝伦，李白几乎每天到他跟前瞻仰徘徊、顶礼膜拜。

某日午夜，他忽然惊醒，再也无法入睡，索性起来点燃灯，在空旷的客堂里踱步。偌大一个客堂使他感到气闷，索性又推开窗子。窗外是冰天雪地，伊水变成了冰河，在暗夜中熠熠闪光。两岸的峭壁披上了白色的铠甲，背衬着黑暗的天穹清晰可辨。寒气袭来，冻得他瑟瑟发抖，更感到衣履的单薄和境遇的凄凉。夏天，在梁园用狂饮浇灭了的火焰，又在心头复燃。秋天，在嵩山让松风吹走了的凡心又回返体内："想那殷代傅说，本是一个泥工，殷高宗发现了他的才能，他一下就当了宰相。想那李斯原本不过是一个猎人，秦始皇发现了他的才能，他也一下就当了宰相。自己"十五好剑术，遍干诸侯；三十成文章，历抵卿相。"却一直不被重用，当此天寒岁暮还漂流在外，在这荒凉的佛寺中对着冰雪独自惆怅。别人都有冬尽春来的日子，我却一直在苦寒之中。"忽又转念一想："想那朝歌屠叟姜尚，到八十岁才遇到

周文王；想那高阳酒徒郦食其，也是游荡多年才遇到汉高祖。自己不过三十出头，来日方长，又何必自苦乃尔！何况当今仍是大唐盛世，皇帝毕竟是一代英主，怎么会让人才长期不得闻达，只不过是我的时机未到罢了！时机一至，直上青云，自然有路。我还是不要太急躁吧！"

于是，李白于开元二十年冬天在龙门奉先寺壁上，写下了《梁甫吟》一诗。

洛阳，大唐皇朝的东都。它的城郭宫殿，它的坊里阡陌，它的柳色花光，它的富庶繁华，都和长安相似。洛水上最大的一座桥名为天津桥，桥头有一酒楼叫做洛阳酒家。老板绰号董糟丘，虽是商人，却也不俗，喜欢与文人墨客交往，文人墨客也常到此聚饮。李白在这里又结识了一批朋友，其中最与元演趣味相合。元演是元丹丘的本家兄弟，对李白十分倾慕，为李白多次慷慨解囊，不惜一掷千金。因此李白虽然囊中羞涩，却在洛阳纵情游乐，度过一段"黄金白璧买歌笑，一醉累月轻王侯"的狂放生活。

直到开元二十年李白才返回安陆家中，竟在外飘流了3年。

李白倦游归来，一事无成，万念俱灰。为了避免家族中的纠纷，他们夫妇从安陆城中迁居城外20里的白兆山桃花岩，想要从此终老林下。但是，当春天来临，草木欣欣向荣，白云飘落在山间，鸟儿栖息在树上时，他不禁又产生了"彼物皆有托，吾生独无依"的感慨，因此他又跃跃欲试。他不相信朝廷多次的求贤诏会成为一纸空文，他不甘心守着几十亩薄田，伴着妻子，抱着孩子，就这样了此一生，何况"开元之治"的阳光在他心头依然灿烂。

当他听说朝廷新设置了十道采访使，荆州大都督府长史兼任山南东道采访使的，就是他久仰的韩朝宗。"生不愿封万户侯，但愿一识韩荆州。"这位有口皆碑的韩荆州如今近在咫尺，他怎能不动心呢？"也许使我颖脱而出的就是此人。"于是李白马上游历襄阳。"高冠佩雄剑，长揖韩荆州。"他10年以后写的一首诗里还在称许他这次的干谒活动，但就是他这副狂放不羁的样子，使韩荆州觉得自己采访使的池塘太小，怕盛不下这条大鱼；推荐给朝廷吧，又怕因

"谬举"而丢掉自己的乌纱帽，特别是在看了那篇文采飞扬的《与韩荆州书》以后。

李白这次干谒活动又无功而返，他把一腔牢骚都倾泄在他的《襄阳歌》里。

次年，友人元演来邀他同游太原。元演的父亲时任太原府尹，又兼着北方边防的要职。爱子的到来使他高兴异常，因此李白也受到热情款待。除在太原盘桓多日，又北游雁门关、登长城、望大漠，亲身领略了塞上风光，过了一段呼鹰逐兔、驰马射雁的生活。离开太原时元演的父亲给李白送了一匹五花马、一领千金裘，更使李白喜不自胜。

太原之行虽然使李白很高兴，但偶然发现头上已有几丝白发，也使他暗自惊心："真是光阴似箭啊，我已经三十六岁，始见二毛矣！"

李白在返家途中，经过洛阳时和刚游峨眉归来的元丹丘不期而遇，两人不忍离别，李白便应元丹丘之邀到颍阳山居小住。恰好南阳隐士岑勋也正于此时来到。三位好友置酒高会，开怀畅谈。他们干脆把酒肴搬到庭院之中，欣赏着月光。三人之中自然是李白酒兴最高，谈锋最健，谈到太原之行，他大侃了一番塞外风光，大赞了一通主人的盛情；谈到个人前途，他感到青春将逝而报国无门，又不免暗自神伤；转瞬间，他又觉得来日方长，终有得志之时。不待友人相劝，他已饮尽数盏。

酒过三巡，醉意渐生，也正是诗兴大发之时。李白说道："丹丘子，你来代笔，听我高咏一首。"

元丹丘刚握笔在手，李白头一抬，口一张，便喷薄出两句来："君不见，黄河之水天上来，奔流到海不复回！"元、岑二人一听，连声叫好。叫好之声未停，李白一把抹去了头巾，披散了头发，头发朝后一甩，又甩出两句来："君不见，高堂明镜悲白发，朝如青丝暮成雪！"元、岑二人以为李白酒入愁肠，恐怕要化作悲秋调了。谁知李白抓起酒壶，斟满一杯，一饮而尽，接着便一气呵成，如同宿构一般："人生得意须尽欢，莫使金樽空对月。天生我材必有用，千金散尽还复来。烹羊宰牛且为乐，会须一饮三百杯。"月光照着他，分明又是满面笑容。岑勋被这转换奇特的章法震惊，只听李白突然叫道："岑夫子，丹丘生，"同时给两人杯中斟上酒："将进酒，杯莫停。与君歌一曲，请君为我倾耳听。"丹丘说："敢不洗耳恭听？只是我这枝笔跟不上你那张嘴。"岑勋道："贤弟有何高见？"李白吟道："钟鼓馔玉不足贵，但愿长醉不愿醒。古来圣贤皆寂寞，唯有饮者留其名。"岑勋没有想到李白忽又颓废如此，最后两句尤为罕见，不觉问道："语出何典？"李白笑道："语出何典？若字字句句都要有来历，那六经都是杜撰。"丹丘正希望他们二人闲聊几句，自己好歇一歇手，不料李白诗如泉涌，说没典故，反而又用起典故来了："陈王昔时宴平乐，斗酒十千恣欢谑。"岑勋知道他用的是曹植的《名都篇》，便道："你我布衣怎能比陈思王？"丹丘也道："我这山居怎能比平乐宫？"李白却说："那曹植本有经国济世之才，怎奈被弃置不用，只有靠喝酒打发日子，我辈亦如此也！"丹丘又有意逗他："诗才逸兴比得，阿堵物可比不得。"李白便不假思索："主人何为言少钱，径须沽取对君酌。五花马，千金裘，呼儿将出换美酒，与尔同消万古愁！"岑勋正自惊叹：分明是借酒消愁，却又如此旷达、豪迈……只见李白一边大喊："拿酒来！"一边奋臂低昂，顿足起舞，但只摇摆了几步，便跌倒在丹丘院中的药栏边。

这便是李白的又一名篇《将进酒》。将，音锵，请也。"将进酒"就是请喝酒。虽是一首饮酒诗，却非同一般，它是李白半生的甜、酸、苦、辣所酿造。

开元二十八年 (740 年)，大概是因为许氏病逝，李白带着两个孩子离开了安陆，移家东鲁 (今山东兖州)，依然过着水中浮萍的生活。

从开元十三年辞家远游以来，李白一直怀着建功立业的壮志，一直做着君臣遇合的美梦，一直在大唐帝国的土地上东奔西走，直到开元二十九年 (亦即开元末年)，他依旧是"南徙莫从，北游失路"；"孤剑谁托，悲歌自怜"。但毕竟已经诗传天下，名噪京师了。

仕途坎坷

真个是否极泰来，喜从天降！天宝元年八月，李白突然接到朝廷诏书，皇上召他进京了！他把那大红诏书看了又看，摸了又摸，怀疑是在梦中。于是马上收拾起程。

此事说是突然，其实并非意外。头年，也就是开元二十九年秋天，李白的好友元丹丘以"道门龙凤"奉诏入京，随从玉真公主去王屋山天坛朝拜太上老君。元丹丘临行之时，李白特地拜托了他，他和李白情同手足，怎能不竭力提携他一把？于是在随行途中，丹丘先将李白推荐给玉真，玉真回朝以后便推荐给皇帝。皇帝对李白的诗名也早有所闻，此时也正需要一个著名文人，供朝廷应用，为大唐帝国的太平天下粉饰一番。所以，奔波了半生，潦倒了半生，已经42岁的李白，平步青云。

李白进京以后，又得到秘书监、老诗人，年已80的贺知章的保荐，竟蒙"主上隆恩"，廷见金銮，亲自赐宴宫中，亲自赐他御酒三杯，然后给他封了个翰林学士。

这一来，把李白感动得三天三夜都没睡着，一心考虑着如何报效国家，以回报皇上的殊遇。

很快就到了十月，一天，内侍来传旨，命李白侍从圣驾前往骊山温泉宫。

骊山在长安东40余里，是皇帝的离宫之一。从开元后期以来，几乎每年都要扩建修饰，不久前刚在山腰修了一座长生殿，又在山下修建了一座宜春汤，专供新近得宠的杨贵妃淋浴之用。到后第二天，圣旨传下，给侍从官员们赐浴；第三天，又传下旨来赐宴；第四天，又

传下旨来赐游山，这骊山使李白好像到了传说中的蓬莱。李白感到无比欣幸的同时，以为过几天再传下旨来，必定能够召他去问询国家大事了。谁知十天半月过去，杳无消息。只听得半山上的宫殿里，阵阵音乐随着清风飘下来，悠扬婉转，夜以继日。到了夜里，听得更是真切，甚至连歌词也隐约听到了几句：

……

伴洛妃，凌波神渚；动巫娥，行云高唐。音和态婉转修扬，更泠泠节奏应宫商。

……

步虚步虚瑶台上，飞觞引兴狂；弄玉弄玉秦台上，吹箫也自忙。凡情仙意两参详。

……

银蟾亮，玉漏长，千秋一曲舞霓裳。

……

这霓裳羽衣曲真是如琼浆玉液，任谁听了都会痴迷。

李白原本大可以沉醉在这仙境和仙乐里，他却偏惦记着皇帝说不定哪一天总会召见他问询国政，因此把自己早已准备好的《宣唐鸿》，揄扬大唐功德奉劝皇上慎始慎终的奏章，最后又做了一番修改。

大概是霓裳羽衣舞排练到了火候，内侍有一天传下旨来。李白以为皇上终于要和他商讨国事了，连忙弹冠整衣，俯伏阶下，结果却是叫他写一首驾幸温泉宫的诗。无法，他马上写了一首：

"羽林十二将，罗列应星文。霜仗悬秋月，霓旌卷夜云。严更千户肃，清乐九天闻。日出瞻佳气，葱葱绕圣君。"

内侍立即呈了上去，不一会儿，又降下旨来，说是皇上看了很高兴，称赞他诗写得快速、美妙，特赐宫锦袍一件。李白看着这件金线盘花的宫锦袍，更觉得皇上待他恩重如山。几句小诗怎能承受如此恩宠呢？他更想为大唐建功立业。

李白就在屡蒙恩宠，报效心切中，过完了他一生中最得意的一个冬天。

　　天宝二年的早春，冬寒还未退尽，地上的小草刚刚透出些许绿意，池边的杨柳刚吐出米粒大小的嫩芽。内廷歌舞，夜以继日。李白又奉诏作《宫中行乐词十首》。

　　未及半月，点点鹅黄变成了一抹新绿，刚出巢的雏莺在枝头歌唱。玄宗出游宜春宛。李白又奉诏作《龙池柳色初青，听新莺百啭歌》。

　　转眼到了暮春，兴庆宫中牡丹开了。玄宗陪着贵妃，在沉香亭观赏由洛阳新进贡来的名贵品种"姚黄""魏紫"。本已有李龟年率领的梨园子弟侍候，但玄宗说："对妃子，赏名花，何用旧词为!"于是李白又奉诏作《清平调》三首。

　　从开元后期以来，玄宗基本上不到大明宫去上朝，平日多在兴庆宫居住。由于差遣频繁，李白又奉命从大明宫的翰林院迁到兴庆宫，侍奉皇帝身边，以便随时应诏。也因此，上面派了两名宫女专门侍奉他。

　　李白这时真是衣来伸手、饭来张口，荣耀极了。不但翰林院中其他的人难以望其项背，就连正而八经的朝廷官员看了也很眼红，王公贵族常来请他听歌、观舞、赴宴会，还怕他不给面子! 10年前那个戏弄过他、欺负过他的张坦，这时也深恐巴结不上他了。

　　李白成了长安城中第一大红人，偏在这红得发紫的时候，李白感到厌倦起来。

　　他常常独自一人偷偷溜出翰林院，在长安城内外闲逛，几次醉倒在街头酒店里，害得手下的人掀开地皮找他，找他回去应诏作诗。即使找得回去也是烂醉如泥，呕吐狼藉。一次高力士便命小太监们用冷水浇头，硬把他弄醒，勉强架上龙舟，李白却仍然东倒西歪，酒气熏人。皇帝一见他如此模样，而贵妃早已紧捂口鼻，只好挥手作罢。

　　从此以后，李白就很少奉诏吟诗作赋了。他干脆遍游终南，尽登紫阁、太白诸峰，去和一些道士、隐士，寻幽访胜，谈经论道。

　　天宝三载春，李白经过多日犹豫以后，终于上书请求"还山"，玄宗即日"恩准"，还赏赐了一些金银，后世果然传为佳话，称之为"赐金还山"。李白显得十分荣耀，玄宗也显得皇恩浩荡。

　　但是只有后世的有心人，细细品味他离开朝廷前后写的一系列的诗歌，才知道他内心是多么痛苦！多么的悲愤！

　　尤其是他痛定思痛，写的《梦游天姥吟留别》一诗，实际上是一篇披上了"游仙"外衣的"入朝始末记"。李白三个年头待诏翰林的喜怒哀乐都凝聚于此了。

　　李白奉诏入朝好比是平步青云，被斥去朝则好比是攀龙堕天，这一大起大落，跌得他头破血流，跌成了多年不能痊愈的伤口。他借道教的符和丹药来治疗自己，但任何灵丹妙药都无济于事；他借烈酒来麻醉自己，但即使日夕沉醉也不顶用。只有借远游以消忧，他以为走得越远越好，这样就可以抛开往事，忘掉长安。

　　他从东鲁起身，南下扬州，又下金陵，东入会稽，又入剡中。一路上经过的都是青年时代的旧游之地，难免触景伤情，接连写下了感慨的诗篇："总为浮云能蔽日，长安不见使人愁。"

　　最后他到达了滨海的台州，登上了临海的天台。这座古人比之于蓬莱的名山，是他幻想中的忘忧之乡。一到山脚下的国清寺，那数里不见天日的万松径，就已使他精神为之一振。到了传说中的只须一濯即可消除一切尘烦的灵溪，他真的感到好像灵魂被洗净。到了石桥，那横跨两崖之间，下临飞瀑万丈的空中悬梁，其长数丈，其宽仅能容足，而又长满了青苔，谁要能跨过去，就能成仙。要不是有人劝阻，他真想去尝试一番。当他登上天台绝顶——华顶，天好近，地好远！这不是仙界是什么呢？东望大海，只见波涛翻腾，如同巨鳌出没，又见祥云笼罩，恍如蓬莱仙岛就在前方。当他早起观日出时，只见朝霞映在积雪的悬崖峭壁上，幻出五光十色的奇景，置身其间好像自己也变成了仙人。

　　但就在这高出尘表、远离人寰的高山之巅，他却想起秦皇、汉武派人入海求仙的故事："劳民伤财，耗时数十年之久，蓬莱仙山到底在哪里呢？骊山下的始皇陵和咸阳原上的武帝陵都被人盗了。假若他们的灵魂不死，为什么连自己的陵墓都无力保护呢？"他由秦皇、汉武自然又想到玄宗："一方面穷兵黩武，滥事征伐，一方面又妄想长生不死，成仙成佛——这是多么荒谬啊！"于是李白在天台山绝顶，写下了借古讽今的《登高丘而望远海》一诗。

李白努力忘掉长安，努力忘掉人世，然而走到天涯海角，他也未能忘掉。

天宝七载春，李白从越中返至金陵，他耳闻目睹的是一连串出人意料的事件：故人崔成甫被贬到洞庭湖以南的湘阴去了；故人王昌龄也被贬到夜郎以西的龙标去了；还有一个故人李邕，七十高龄的北海郡太守，竟被活活杖杀在刑庭之上！

还有骇人的事件：大唐帝国的塞上长城，北方四镇的节度使，玄宗曾把他当儿子看待的烈士之后，当时首屈一指的忠臣良将——王忠嗣竟然也被撤职了，贬黜了，不久就含冤而死。因为他主张持重安边，不愿意随便征战，违背了玄宗穷兵黩武的政策，遂以"阻挠军功"获罪。

这一系列冤案的造成者都是宰相李林甫。这个口蜜腹剑的奸贼，以逢迎和谄媚获得了玄宗的宠信，加以不断地结党营私、排除异己，终于坐到了一人之下，万人之上的位置。特别是杨贵妃的从兄杨国忠因裙带关系得宠以后，李林甫又和他朋比为奸，使之成为自己的内援，手下又网罗了一批酷吏，供他驱使。于是他们为所欲为，在玄宗面前任意弹劾忠良与无辜。凡他们嫉恨的人，皆罗织成罪，诬陷下狱，滥刑逼供，置之死地。数年之间，仅长安城中被整得家破人亡的，就达数百家。

接连不断的冤狱，牵四挂五的株连，使满朝文武噤若寒蝉，州县官吏更是重足而立。石堡一役死亡数万的噩耗传来，举国震动，但是大家都敢怒而不敢言。

李白呢？人们常见他带着歌妓舞姬到处游览山水，人们常见他和三朋四友在酒楼上觥筹交错，人们常见他和一伙游侠在钟山下呼鹰逐兔。人们还听说，有一次他约了几个酒客，雇了一只小舟，在秦淮河上玩月，然后又溯流而上，一直到50多里外的天门山，第二天才从天门山返回金陵。一路上又是饮酒，又是猜拳，更是吹拉弹唱，整整闹

腾了两天两夜。

再后来呢？人们就听说李白皈依了佛门，随一位天竺高僧上庐山东林寺参禅打坐去了。而就在这时，有一批诗歌在暗中流传。

一首是《白鸠拂舞辞》。

诗中的"霜衣雪襟诚可珍"的"白鸠"是指开元前期的贤相姚崇、宋璟、张九龄等人；诗中的"外洁其色心匪仁"的"白鹭"是指"口蜜腹剑"的李林甫；诗中"贪而好杀"的"鹰鹯雕鹗"是指屡兴大狱，诛逐忠良的奸臣和酷吏；诗中的"凤凰"自然是指皇帝。"是啊，百鸟之王的凤凰真不该以这些吃人心肝的猛禽为走狗。用它们为臣，也就算不得大圣了！"人们读后不禁纷纷议论。

再一首是《战城南》。

人们一看就想起天宝元年，朝廷用兵桑干，讨伐奚和契丹；又想起天宝六年，朝廷用兵西域，征伐吐蕃；更想起最近的青海石堡之役。"据说，石堡城下的石头都被人血染红了，树上到处挂着人肠子。真是拉命债啊！""是啊，战争本是不祥之事，古代圣君是不得已而为之。像如今这样穷兵黩武，把几万良家子弟视同蝼蚁，把无数民脂民膏当作粪土，真是到了丧心病狂的田地了！"人们读后都悲愤异常。

还有一首是《答王十二寒夜独酌有怀》：

……君不能狸膏金距学斗鸡，坐令鼻息吹虹霓。君不能学哥舒横行青海夜带刀，西屠石堡取紫袍。吟诗作赋北窗里，万言不直一杯水……

大家刚一读到这里，便议论纷纷："是啊，这些年来，只要有一套斗鸡术，马上就可以飞黄腾达；只要敢拉命债，立地就可以官运亨通。呕心沥血，吟诗作赋，任你才学再高，也得不到重视。怪不得有人气极了说反话，发牢骚，这反话说得真带劲！这牢骚发得真痛快！"

……鱼目亦笑我，请与明月同。骅骝拳踢不能食，寒驴得志鸣春风。折杨黄华合流俗，晋君听琴枉清角。巴人谁肯和阳春，楚地由来贱奇璞。

大家看到这里马上又体味一番："死鱼眼睛自比明月，还要讪笑

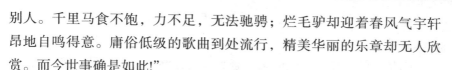

别人。千里马食不饱，力不足，无法驰骋；烂毛驴却迎着春风气宇轩昂地自鸣得意。庸俗低级的歌曲到处流行，精美华丽的乐章却无人欣赏。而今世事确是如此!"

……与君论心握君手，荣辱于余亦何有。孔圣犹闻伤凤麟，董龙更是何鸡狗! 一生傲岸苦不谐，恩疏媒劳志多乖。严陵高揖汉天子，何必长剑拄颐事玉阶!

大家看到这里，不觉仔细想来："'孔圣'一句自然是指孔子感慨'凤鸟不至，河不出图，吾已矣乎!'又感慨麒麟出非其时，徒遭网罗之灾。董龙呢? 哦，记起来了，董龙是前秦苻生的佞臣。"

……君不见李北海，英风豪气今何在；君不见裴尚书，土坟三尺蒿棘居。少年早欲五湖去，见此弥将钟鼎疏。

到了最后这几句，大家一看，一下都默默不语。悲愤在大家心头荡漾，又不约而同把这首诗从头到尾读了一遍，把诗中的警句反复在口头吟诵，好像它们是从自己心头喷发的一样。最后，不约而同爆发出一阵由衷的赞叹：

"像这样大胆抨击朝政的诗，还从来没见过。"

"真是言人所不敢言! 而且句句说在人心上!"

"整首诗气势，直如长虹贯日，彗星袭月，苍鹰击于殿上!"

"这首诗是谁写的呢? 还有先前的几首都是谁写的呢?"

大家猜来想去，终于猜到李白头上。可李白这两年不是只知狂醉于花月之间吗? 不是正热衷于奉佛吗?

当李林甫的爪牙赶到江东搜捕这批抨击朝政的诗的作者时，又有另一批抨击朝政的诗在两京流传。

一首题为《前出塞》，其中对天子已有幽怨之辞：

戚戚去故里，悠悠赴交河。公家有程期，亡命婴祸罗。君已富土境，开边一何多! 弃绝父母恩，吞声负行戈……

另一首题为《兵车行》，更是怨气冲天，竟写出这样的话来：

……边庭流血成海水，武皇开边意未已。君不闻汉家山东二百州，千村万落生荆杞。

……君不见，青海头，古来白骨无人收。新鬼烦冤旧鬼哭，天阴雨湿声啾啾。

李林甫的爪牙又赶到洛阳，赶到长安，终于没有结果。接连两年，关中大旱，原定的封禅大典也不得不废止。昏君奸臣恐遭天谴，暴政淫威才有所收敛，向昏君奸臣怒飞鸣镝的李白和杜甫也才幸免于难。

爱国忧虑

李白流落江湖，东奔西走，又是好几年过去。人生倏忽，他已年届知命。孔子曰："五十而知天命"，他想自己也该认命了。既然"立功"无望，"其次有立言"，那就退而"立言"吧。找个地方隐居下来，致力于诗歌创作算了。孔夫子一生周游列国，终无所遇，最后不也是放弃了从政之心，专门从事著述，删诗书，定礼乐，作春秋么？"孔子作春秋而乱臣贼子惧，我也要让那些乱臣贼子和昏君在我的诗歌中留下罪名。我的诗歌必定能芳名永存，让后人看看，皇皇大唐是怎么败坏在他们手中的，这不也是千秋不朽的功业么？"

李白主意已定，便去了南阳附近的石门山中，故人元丹丘新建的幽栖之地。丹丘的石门幽居比起先前的颍阳山居，其峰峦之秀、林壑之美，有过之而无不及。而且此地更是远离红尘，人迹罕至，真是个归隐的好地方。李白看了，羡慕不已，便也准备在附近修几间茅屋，把全家都搬来。所谓全家就是他刚续娶的宗氏夫人和他的两个孩子。

但当他回到宗氏所在的梁园讨论隐居之事时，宗氏倒是很同意，李白自己却动摇了，友人何昌浩来信邀他前赴幽州。何昌浩先前潦倒不堪，曾受过李白接济。谁知此人去了幽州节度使幕府之中，竟充任参赞军机的判官。来信字里行间充满了洋洋自得之情。信中最后写道：

"恩兄才兼文武，强弟十倍，倘来塞垣，何愁英雄无用武之地！即使无意入幕，何妨来此一游，题诗碣石之馆，纵酒黄金之台，亦人生快事也……"李白顿时思接千载，便想仗剑而起，奔赴边疆，学那班超立功异域，千载留名，"即使马革裹尸，也比老死深山强多了。焉能白首穷经，学那古时候的老儒生？"李白在热血沸腾的同时，自然也考虑到幽州节度使是安禄山，此人的骄横跋扈和杨贵妃的丑事，他也略有所闻，但此时安禄山"势已盛而逆未露"，李白只知朝廷对他的宠信和重用，不久以前他身兼四镇，最近又封了东平王，便以为他是国之干城。所以尽管宗氏夫人再三劝阻，也挡不住李白的幽州之行。直到李白亲自在幽州目睹了塞垣真相，发现了安禄山的种种反迹，才从"沙漠收奇勋"的迷梦中惊醒。李白趁着安禄山入朝未归，赶快逃离了幽州。

唐·李白《望庐山瀑布》

李白回到梁园家中，不顾人困马乏，也不听宗氏的劝告，便又去了长安。他要力挽狂澜，他要平弥大祸，他要向朝廷报告幽州真相、呈献济时之策。

天宝十二载早春二月，长安的杨柳吐出了鹅黄的嫩芽，把帝京装点得一片金黄，令人目眩。龙楼凤阙依然巍然耸峙，横跨三川；紫陌红尘依然朱轮往来，骏马驰骤；王侯们依然如星辰挂在天上；宾客们依然如云烟簇拥城中。长安城依然是一派歌舞升平的景象。"快140年了，这壮丽的帝京，这赫赫的王朝，有谁知道它已危若累卵，祸在眉睫？"李白面对长安的太平景象，心急如焚。

他总算记住了临行时妻子再三的嘱咐与叮咛："此事非同小可，必须慎之又慎。"他自己也知道安禄山正是备信宠爱之时，以一介布衣告发一个四镇节度使、新封的王爷谋反，无异于以卵击石。所以，他只能提心吊胆，秘密行事。

由于他去朝已有 10 年之久，朝廷内外，旧交难觅。密察暗访多日才找到两三个故人，一说此行来意，全部大惊失色，都劝李白赶快罢手，趁早离京，否则，非但奏疏递不上去，而且反遭杀身之祸。李白听了以后，虽然感到沮丧，但还在长安滞留。直到有一天，他在大街上看到一队羽林军押着两个五花大绑的犯人向东而去，并听行人议论纷纷："来诬告安王爷的，一律押回幽州让安王爷处置，更遭活剥皮、点天灯呢!"李白这才相信了友人的劝告，绝望而去。

李白在这年写的《远别离》一诗，就是他第三次入长安陈献济时之策失败的挽歌：

远别离，古有皇英之二女；乃在洞庭之南，潇湘之浦。海水直下万里深，谁人不言此离苦，日惨惨兮云冥冥，猩猩啼咽兮鬼啸雨，我纵言之将何补。皇穹窃恐不照余之忠诚，雷凭凭兮欲吼怒。尧舜当之亦禅禹，君失臣兮龙为鱼，权归臣兮鼠变虎。或云：尧幽囚，舜野死。九疑联绵皆相似，重瞳孤坟竟何是。帝子泣兮绿云间，随风波兮去无还。恸哭兮远望，见苍梧之深山。苍梧山崩湘水绝，竹上之泪乃可灭。

李白回到梁园后不久就南下宣城 (今皖南)，一则是解忧，二则是避祸。逃出龙潭虎穴以后的李白，实在需要一个"世外桃源"定一定他的惊魂。然而实际上，他游遍了宣城郡各县山水，却找不到一个能够寄托心灵的地方，他的心仍然挂在长安的树上，悬在大唐帝国的空中。

魂断异乡

　　长安、洛阳，这东西两京收复以后，朝廷以为天下大定，就忙着上尊号，封功臣，享九庙，祭山川……几乎全是虚文浮套，居然显现出一片中兴在运，一派太平景象。中书舍人贾至的《早朝大明宫》一诗以及王维、杜甫、岑参等人的和诗，特别是其中脍炙人口的佳句："九天阊阖开宫殿，万国衣冠拜冕旒。""共沐恩波凤池里，朝朝染翰伴君王。"……更把中兴幻影装点得煞有介事，更把太平假象渲染得富丽堂皇。

　　江夏，那时是南方的政治中心，自然也是熙熙攘攘、一片繁忙。忙的是欢庆中兴，歌舞升平；忙的是攀龙附凤，登朝入阁。竟至忙得忘记了并未完全平定叛乱，天下并未太平。安禄山死后，他的同党史思明又自为大燕皇帝。

　　当时朝野上下都做了一场中兴梦，李白也不能例外。他在江夏也大肆忙碌一番，到处参加庆祝活动，赶赴宴会，四下里求人，八方外张罗，连续不断写了不少诗送给这个、送给那个。满以为自己很快就会奉诏入朝，再次待诏翰林。结果却是自讨没趣，甚至自取其辱。

　　李白只好又到处流浪，顺长江而下，重游金陵。金陵虽然江山依旧，但却已物是人非，几乎没有人还记得他是"赐金还山"的翰林学士，只知道他是一个穷困潦倒的刑余之人。李白所遭的冷遇就不难想象了。

　　时光荏苒，又是一年。暮春的一天，李白在街头遇到从甥高镇。虽是远亲，但在这人情似纸的金陵，也觉得格外亲热。特别是听说高镇当了多年进士，未得一官半职，正准备到陇西去从军，李白越发动

了真情，便邀高镇到酒楼一叙。到了酒楼上，两人边谈边饮，边饮边谈，李白便将近年来受的窝囊气对着高镇款款道来，而且越说越上头："都说天下太平了，国家中兴了。可是你这个进士却长期赋闲，无事可干；我呢？又老又穷，几乎是乞讨为生。不仅你我，好多贤才仍然不得其所。假若廉、蔺复生，恐怕三尺儿童都可以随便唾他呢？我们戴着这顶头巾干什么，还不如把它烧了！"说着，一把抓下头巾就掷在地下，又一脚踢了开去。高镇连忙给他拾起来，安慰他半天。最后酒保前来算账，李白一摸身边，身无分文，只好把腰间的宝剑解下来抵了酒钱。又向店里讨了纸笔，写了一首《醉后赠从甥高镇》：

马上相逢揖马鞭，客中相见客中怜。欲邀击筑悲歌饮，正值倾家无酒钱。江东风光不借人，枉杀落花空自春。黄金逐手快意尽，昨日破产今朝贫。丈夫何事空啸傲，不如烧却头上巾！君为进士不得进，我被秋霜生旅鬓。时清不及英豪人，三尺童儿重廉蔺。匣中盘剑装鱼昔鱼，闲在腰间未用渠。且将换酒与君醉，醉归托宿吴专诸。

高镇看到最后一句，"醉归托宿吴专诸"，以为李白真要去结交游侠，找人来替他报仇雪恨。欲待劝他，又见他已酩酊大醉，只好扶他回去休息。第二天，高镇放心不下，又去看李白。此时李白酒已醒了，苦笑道："这不过是醉后写诗，你竟当了真！"高镇说："你不是说过诗以真为贵么？"李白说："诗中之真贵在情，而不必实有其事。"一会儿后，他又说道："即使专诸再生，聂政复活，一柄宝剑，或一把匕首，就能削尽世上的邪曲，消却我胸中的不平么？"

这年初秋，贼势复炽，睢阳再陷。天下兵马副元帅李光弼出镇临淮，准备去收复睢阳，防止贼军南下。睢阳（今商丘）是李白多年往来客居之地，特别是和宗氏结婚以后，这一带更成了他的家园。所以消息传来，他禁不住地热血沸腾起来，忘记了他已是年逾花甲的老人，竟决定立即赶往彭城行营，请缨杀敌。他想："李光弼军纪严明，战绩赫赫，不啻是汉代的周亚夫。若能在他帐下效力，哪怕把我这副老骨头抛在沙场也很痛快，总算偿了我报国的心愿，也雪了我蹭蹬一世的耻辱。"于是他把从酒店赎回来的宝剑擦了个锃亮，又把从古董店买来的戈矛上拴上一把红缨，还特地穿上待诏翰林时赐给他的宫锦袍，跨上从朋友处借来的一匹老马，就雄赳赳、气昂昂地从金陵出发了。他估计，到了彭城，李光弼一见他，一定会像汉代名将周亚夫得到大侠剧孟一样，兴奋地道："李太白已在我幕中，我料定敌人的末日不远了！"……谁知"亚夫未见顾"，"天夺壮士心"，李白走到半途，就连人带马都病倒了。

李白勉强挣扎着回到金陵，竟然无处可去。思来想去，只好就近投靠当涂县令李阳冰。李阳冰官虽不大，却以篆书名闻天下。李白和他非亲非故，但彼此都闻名已久，估计不会被拒绝。

李阳冰热情的款待，使李白在穷途末路之际感到莫大的欣慰。但潜伏已久的"腐胁疾"终于使李白卧床不起了。阳冰不惜重金延医诊治，但由于病入膏肓，一时难见速效。自秋至冬，李白奄卧病榻之上，眼看已快到年关，偏偏这时李阳冰任期已满，要离开当涂了。

李白自感不久于人世，便将后事托付给了李阳冰。李白唯一需要托付的后事就是他的诗稿，他希望阳冰为他编成集子，并代他作序。

李阳冰也觉得这是李白的临终嘱托了。他听了李白的身世，寄予深切的同情，他读了李白的诗稿，深受感动。他觉得李白的诗言浅意深，言近意远，言小指大，充分地继承和发扬了《诗》《骚》的优秀传统。这样的诗歌，不同凡响！所以他在序文的最后写道："论《关雎》之义，始愧卜商；明《春秋》之辞，终惭杜预。"显然是把李白的作品喻为当代的《诗经》和盛唐的《春秋》了。

李阳冰这篇序文最后标明的时间是："宝应元年十一月乙酉"，指的是序文定稿之日，并非李白逝世之期。

第二年春天，传来了安史之乱完全平定的消息，李白竟然战胜了病魔，从病床上起来了，而且接受了田家的邀约，拄着手杖，游历了城南的青山，还在归途中口吟小诗一首："沧老卧沧海，再欢天地清……"

天地再清，李白却面临绝境。他既无俸禄，又无恒产，李阳冰临走时给他留下的生活费也将用尽了。于是李白拖着衰病之躯又出游附

近郡县，借以维持他短促的残生。

李白究竟死于何年何月何日，至今难以确定。只知道唐代宗广德二年（764年）正月，朝廷下诏，命天下各州府县荐举人才时，他曾受到荐举，官拜左拾遗，但诏书下达之日，他已离世。范传正所撰写的《唐左拾遗翰林学士李公新墓碑》中有这样的记载："代宗之初，搜罗俊逸，拜公左拾遗。制下于彤庭，礼降于玄壤，生不及禄，殁而称官。呜呼，命欤！"据此推算，李白大概是在宝应元年（762年）十一月离世，终年61岁。

李白在他最后一首诗《临终歌》中写道：

大鹏飞兮振八裔，中天摧兮力不济，余风激兮万世，游扶桑兮挂左袂，后人得之传此，仲尼亡兮谁为出涕！

在这首绝命诗中，他仍以大鹏自比。虽然为自己的壮志未酬发出悲叹，却对自己的诗歌作了豪迈的预言，预言他的诗歌将永垂不朽。

如今，这预言已实现，李白已成为世界文化名人，他的诗歌已传诵全世界。

封建盛世使李白壮志凌云，才华盖世，又使他命运多舛，潦倒终生。历史似乎为了降大任于斯人，有意让他走遍了南北东西，让他到大风大浪中去搏击，让他尝尽了人生的甜酸苦辣，让他亲历了世事的盛衰治乱，从而他的多姿多彩的一生就成了时代的一面镜子，他的惊风雨、泣鬼神的诗歌就成了盛唐的《春秋》。他无愧是一位伟大的诗人，和杜甫一样："李杜文章在，光焰万丈长。"

第 五 章

草堂留世，诗著千秋
——杜甫

　　杜甫是我国唐代伟大的现实主义诗人，诗风沉郁顿挫。杜甫在中国古典诗歌发展中的影响非常深远，被后世尊称为"诗圣"，他的诗也被称为"诗史"。杜甫与李白合称"李杜"，韩愈曾这样评价："李杜文章在，光焰万丈长。"杜甫经历了唐代由盛到衰的过程，因此，与诗仙李白相比，杜甫更多的是对国家的忧虑及对老百姓的困苦生活的同情。

文采初显

公元 712 年，倚仗儿子李隆基发动兵变登基的睿宗李旦，于正月改元太极，五月改元延和。是年八月，睿宗传位于太子隆基，是为玄宗，改元先天。文坛上，宋之问自杀，王湾登进士第，苏颋袭封许国公，张九龄举道侔伊吕科、授左拾遗。开元盛世的一些至关重要人物陆续出场，一场雄壮的历史活剧就要拉开序幕。

这一年的正月，杜甫出生在河南府巩县东二里的瑶湾 (今河南巩义瑶湾村)。

瑶湾风景秀丽，三面环山，前有泗水和洛水交汇流过。村里有一座笔架山，山前有一个砚池窝。民间传说杜甫是天上文星典吏下凡，故当地人附会出大量神奇的故事和遗迹。

杜氏是一个奉儒守官的官宦世家。杜甫的远祖杜预是京兆 (今陕西西安) 杜陵人，多才善战，被人称为"杜武库"，他懂得法律、经济、历算、工程，又曾注解过《左传》，是杜甫最崇拜的家族人物。杜甫经常在诗文中提及他的这位十三世祖，并引以为豪。他自称"京兆杜甫""杜陵布衣""少陵野老"，都是因为杜预的缘故。杜甫的十世祖杜逊随晋室南渡迁到襄阳 (今属湖北)，所以史书上又说他是襄州襄阳人。他的曾祖父杜依艺任过巩县令，因此全家迁到巩县。

家族中对杜甫少年及后来产生影响的还有他的祖父杜审言。杜审言在武则天时做过膳部员外郎，后来任修文馆直学士，他与李峤、崔融、苏味道被称为"文章四友"，又与宋之问、沈佺期齐名，是五言律诗形式的奠基者。所以杜甫经常自豪地说："吾祖诗冠古" (《赠蜀僧闾邱师兄》) "诗是吾家事" (《宗武生日》)。

杜甫有一个叔父叫杜并，是杜审言的次子，十六岁时因父亲被人诬陷关押，他孤身杀了仇家，为父亲报仇雪恨，结果自己被人当场打死。这种极端的血亲复仇，在当时为人们所肯定和嘉许，称他为"孝童"，苏颋曾给杜并作墓志，刘允济作祭文。这一悲壮的义举，也一定会让杜甫有无尽的遐想。

杜甫的母亲出生于清河（今属河北），在杜甫幼年时就死去了。杜甫字子美，排行第二。哥哥早夭，弟弟杜疑、杜观、杜占、杜丰以及后来嫁给韦氏的妹妹都是继母卢氏所生。杜甫幼年时很长时间寄居在东都洛阳（今属河南）建春门仁风里二姑母家。他少小体弱多病，二姑母对他关爱备至。有一次，杜甫和表兄弟都染上时疫，二姑母总是先照顾失去生母的侄儿，然后照顾自己的孩子。结果杜甫的病一天天好了起来，而二姑母的儿子却病死了。杜甫长大后才听说这段故事，非常感动，还为这位"先人后己"的姑母写了一篇墓志。

杜甫少年时代长时间住在洛阳，洛阳为唐代东都，其政治、经济、文化地位并不亚于长安。洛阳的繁荣昌盛、物阜民安令杜甫激动，洛阳的声名文物也熏陶渐染着杜甫，他从小就亲身经历或耳闻目睹了许多盛况。

玄宗开元五年（717年），杜甫六岁时曾经在郾城（今属河南，在巩县东南）观看了著名舞蹈艺术家公孙大娘表演剑器浑脱舞，当时观众万人空巷，欢声雷动，演出非常精彩。杜甫晚年在夔州（今四川奉节）忆及当时情景，仍觉历历在目：

昔有佳人公孙氏，一舞剑器动四方。观者如山色沮丧，天地为之久低昂。霍如羿射九日落，矫如群帝骖龙翔。来如雷霆收震怒，罢如江海凝清光。（《观公孙大娘弟子舞剑器行》）

"剑器""浑脱"是西域传来的两种健舞，与南朝沿袭下来的"采莲曲""后庭花"等软舞不同，淋漓顿挫，紧张激烈，充满战斗气氛和生命活性。据说著名书法家张旭看了公孙大娘的西河剑器舞，顿悟了艺术的神韵，草书突飞猛进。杜甫诗歌沉郁顿挫而又气韵贯注，或许也是受公孙大娘舞蹈韵律的启迪。

随着年龄的增长，杜甫的身体逐渐强壮起来。十五岁的时候，结实得如同一头黄牛犊子，童性好动，天真活泼，手脚闲不住，八月梨枣成熟了，他与小伙伴一天无数次爬到树上摘果实。

杜甫发蒙读书很早，除经史著作外，屈原、宋玉、司马相如、扬雄、曹植、陶渊明、谢灵运、鲍照、何逊、阴铿、庾信等人的作品他都喜欢读，《诗经》《楚辞》《文选》等集子更是他的珍爱。他曾自许"读书破万卷，下笔如有神"，就阅读而言，恐怕主要是少年时代打下的基础。他七岁时便写出处女作《咏凤凰》（已失传）。凤凰是一种吉祥的灵鸟，为百鸟之王、羽族之尊美者，又具多种品德。从形象构成来说，属于以鸟为主兼具鸟兽特点的综合性虚构的动物，"凤凰至，河出图"一直被视为祥瑞之兆，诗文中出现凤鸟多应验预示着国家安危、天下兴亡的神异之事。杜甫提及自己最早的习作歌唱的是凤凰，并在后来屡次描绘这种灵鸟，一方面表现了他丰富的想象力，另一方面也灵动着他对政治兴衰的神秘体验。除

诗圣杜甫画像

写诗外，杜甫也开始习字，九岁时写满了一口袋大字，还曾临摹过唐初著名书法家虞世南的字，书法有了一定功力。后来不断努力，所以书法也相当出色。

杜甫在十四五岁时，已在洛阳文坛崭露头角，小有名气。大文豪李邕、诗人王翰、进士崔尚和魏启心等人都非常重视他，后二人还把他比作汉代的史学家班固和文学家扬雄。他还经常出入达官贵人的府第，结识了岐王李范和秘书监崔涤，并因此结识了大歌唱家李龟年。李龟年和公孙大娘都是梨园中的著名人物，歌唱优美动听，能倾倒万

人。杜甫回忆他当时的生活说：性豪业嗜酒，嫉恶怀刚肠。脱略小时辈，结交皆老苍。饮酣视八极，俗物都茫茫。（《壮游》）

年轻的杜二公子生性豪爽、桀骜不驯、嗜酒如狂、嫉恶如仇，经常臧否人物，褒贬是非。这是才高者的共同习性，也是才高者的共同悲剧。杜甫的这一性格特征，为他后来的困顿失意、颠沛流离埋下了伏笔。

为梦赴京

唐玄宗天宝五载 (746 年)，杜甫来到魂牵梦萦的长安。

长安是唐帝国政治、文化、军事、宗教的中心，也是当时的国际大都会，人口众多，建筑规整，名胜林立，繁华富庶。王维《和贾舍人早朝》诗："九天阊阖开宫殿，万国衣冠拜冕旒。"写出宫城中早朝场面和唐天子君临万邦的盛大气势。

杜甫来到长安是为了实现他的政治理想，"自谓颇挺出，立登要路津。致君尧舜上，再使风俗淳。"（《奉赠韦左丞丈二十二韵》）。天真的杜甫对肮脏的政治所知甚少，满以为才华超众者就能在竞争中取胜，能被委以重任，甚至成为群臣之首的宰相，辅佐圣明的君主安邦治国，大用天下。宰相梦不知毒害了多少读书人，杜甫也是为了圆这个梦才来长安的。

实现这一梦想的现实途径就是科举考试。天宝六载 (747 年)，唐玄宗诏令天下通一艺以上的士人来京就选，宰相李林甫忧惧士人对策揭发他的奸恶，所以建议首先由各郡县长官进行初选淘汰，再由尚书省长官试问。杜甫和元结都参加了这场应试，结果应试者全未通过。消息传出，朝野震动，舆论哗然，李林甫却上报称贺"野无遗贤"。这样一次"天子自诏"的制举，全国性的公开招贤考试，居然没有一人合格，这真是哗天下之大谬的咄咄怪事。李林甫身为宰辅大臣，却卑俗无学，写点书面东西，都要依靠手下人捉刀修改。有一次，他将《诗经》中《杕》篇中的"杕（dì）"误认为"杖"，声称不知"杖杜"是什么东西。他贺人生子，却把"弄璋"（生男孩子佩玉），写成"弄獐"（逗弄獐子）。他推荐引用的户部侍郎萧炅也把"伏腊"（夏天的伏日和冬天的腊日）读成"伏猎"，不禁让人失笑。但是这帮人玩弄权术、构陷忠良、欺上瞒下则是一般天真的读书人难以望其项背的。自命不凡的杜甫就这样被阴险狡诈的李林甫给玩弄了。

杜甫在长安感到很伤感，经常怀念李白，写了好几首思念李白的诗：

白也诗无敌，飘然思不群。清新庾开府，俊逸鲍参军。渭北春天树，江东日暮云。何时一尊酒，重与细论文。（《春日忆李白》）

李白一斗诗百篇，长安市上酒家眠。天子呼来不上船，自称臣是酒中仙。（《饮中八仙歌》）

太子宾客贺知章、汝阳王李璡（也有人写作李琎）、左丞相李适之、侍御史崔宗之、吏部侍郎苏晋、书法家张旭、诗人李白、布衣焦遂等嗜酒成癖，被人们戏称为"饮中八仙"，一个个是那样放浪形骸、狂放不羁，但现实却是那样污浊，官场上的人是那样的自私势利，所以他的奔走权贵、干谒有司就变得难如登天。他向尚书左丞韦济描绘自己凄惨处境时写道：

骑驴十三载，旅食京华春。朝扣富儿门，暮随肥马尘。残杯与冷炙，到处潜悲辛。（《奉赠韦左丞丈二十二韵》）

"纨绔不饿死，儒冠多误身"，一气之下，开始对自己的阶层表示怀疑。口口声声表示要做"王者师"，要致君尧舜，但现在连养家糊口都困难，出入权贵家门，饱尝世态炎凉、人情冷暖，几近沿街乞讨，对于心高气傲的杜甫来说，真是开了天大的玩笑，但命运就是这样不断地戏弄杜甫。低微的地位、贫困的生活，使杜甫不断接触社会下层，了解社会政治真相。所以他先后写了《兵车行》《前出塞》九首等诗

揭露穷兵黩武拓边战争带来的灾难。"边庭流血成海水，武皇开边意未已""杀人亦有限，列国自有疆。苟能制侵陵，岂在多杀伤"。这些议论表明杜甫的思想认识达到了一个新的高度。作为一个社会政治批判家，杜甫的文笔越来越犀利，攻击性越来越强烈。在《丽人行》中又把矛头对准了统治阶级集团的穷奢极欲和荒淫无耻，寓辛辣嘲讽于客观的描述之中。而《秋雨叹》三首则体现了他关注人民疾苦，杜甫高天厚地的仁学思想于此已形成体系。

天宝十三载 (752 年) 秋，天高云淡，鸿雁南飞，杜甫同高适、岑参、薛据、储光羲等人相会，同游长安东南进昌坊的大慈恩寺，五位诗人还登上寺里的大雁塔，极目远眺，只见："秋色从西来，苍然满关中。五陵北原上，万古青濛濛。" (岑参《与高适、薛据登慈恩寺浮图》) 于是，五人诗兴大发，各自即兴赋诗一首，其中杜甫写道：

高标跨苍天，烈风无时休。自非旷士怀，登兹翻百忧。方知象教力，足可追冥搜。抑穿龙蛇窟，始出枝撑幽。七星在北户，河汉声西流。羲和鞭白日，少昊行清秋。秦山忽破碎，泾渭不可求。俯视但一气，焉能辨皇州。回首叫虞舜，苍梧云正愁。惜哉瑶池饮，日晏昆仑丘。黄鹄去不息，哀鸣何所投。君看随阳雁，各有稻粱谋。(《同诸公登慈恩寺塔》)

杜甫一方面写登高所见关中景色，另一方面对唐玄宗与杨玉环的荒淫奢侈生活进行鞭挞。而且凭着一种诗人的敏感和直觉预测出大唐王朝已极盛而圮，如覆累卵，岌岌可危，大乱将即，险象环生。诸种征兆在一年后幽州范阳"安史之乱"爆发后，就得到了应验。

杜甫来长安本是为了仕途，但通过科举求仕屡遭失败，通过权门举荐入仕也无功而果。于是他又想效法汉代扬雄、司马相如，通过献赋来求仕。天宝十载 (751 年) 正月，玄宗举行了三大盛典：祭祀玄元皇帝 (老子)、祭祀太庙 (李唐王室宗庙)、祭祀天地。于是杜甫又趁机献三大礼赋：《朝献太清宫赋》《朝享太庙赋》和《有事于南郊赋》，希望能引起皇帝的重视。此次献赋后，玄宗果然命他待制集贤院，诏令宰相试文章，等待朝廷任命，但仅此而已。此后，杜甫还曾

向延恩匦投献《封西岳赋》《雕赋》等，但亦如泥牛入海，音信全无。

直到天宝十四载 (755 年) 十月，杜甫终于被任命为河西 (今陕西合阳附近) 县尉。县尉是一个从九品的小官，"分判众曹，收率课调"，于社稷苍生无补。另外，县尉还要经常榨取百姓膏脂，如高适所说："拜迎长官心欲碎，鞭挞黎庶令人悲"（《封丘作》）。对于鱼肉百姓、巧取豪夺者，这可能是一个肥缺，但对杜甫、高适等深受儒家仁爱思想熏陶渐染者，则是一件可悲的事。所以他干脆拒不赴职。后改授右卫率府兵曹参军，这是一个掌管兵甲器仗和门禁锁钥的小官，官阶是从八品下，略高于县尉，加上还在京城，杜甫哭笑不得，十年奔波，就获此微职。但如再不接受，就会让主政者难堪，迫于生计，他只好屈就，并作《官定后戏赠》自我解嘲：

不作河西尉，凄凉为折腰。老夫怕趋走，率府且逍遥。耽酒须微禄，狂歌托圣朝。故山归兴尽，回首向风飙。

不作河西尉是想到陶渊明的"不为五斗米折腰"，但生活又离不开禄米，即使是豪饮也得有酒资，所以他虽极不情愿而又无可奈何地接受了这一微职，并解释说仅仅是为了"耽酒"所需的"微禄"，且诸事清闲逍遥。但走马上任不久，就感到这个小小的官并不逍遥，必须奉承拍马、拜迎长官，而这又不是他的特长，于是他决定不干了，又写了一篇《去矣行》："君不见鞲上鹰，一饱即飞掣！焉能作堂上燕，衔泥附炎热。野人旷荡无覥颜，岂可久在王侯间。未试囊中餐玉法，明朝且入蓝田山。"蓝田产美玉，但那东西毕竟不能吃，所以他并没有到蓝田去。就在杜甫还为率府兵曹一事耿耿于怀，牢骚满腹时，东北边镇燃起熊熊烽火，渔阳鼙鼓动地而来，一场民族大灾难开始了。

颠沛流离

天宝十四载 (755 年) 十一月初一的晚上，寒风凛冽，天气阴沉，杜甫离开长安，去奉先县 (今陕西蒲城) 探亲，途中要经过骊山华清宫。此时是"安史之乱"的前夜，各种矛盾都变得非常剧烈，险象环生，但是唐明皇及其权臣、宠妃在华清宫仍然寻欢作乐：

中堂舞神仙，烟雾散玉质。煖客貂鼠裘，悲管逐清瑟。劝客驼蹄羹，霜橙压香橘。朱门酒肉臭，路有冻死骨！荣枯咫尺异，惆怅难再述。

宫墙内外，咫尺之隔，却是天壤之别的两个世界，怎能不让杜甫叹惋呢？又怎能让忠君爱国的杜甫说得明白呢？

杜甫向北渡河，直奔奉先。老妻弱子，寄居异县，自己流寓长安，残杯冷炙，俸禄微薄，这次探家，也没有带多少金银接济他们，只盼骨肉团聚，共度饥寒，也算是一点精神慰藉，然而更让他肝肠寸断的是："入门闻号啕，幼子饥已卒。吾宁舍一哀，里巷亦呜咽。所愧为人父，无食致夭折。"身为父亲，竟不能养儿糊口，还整日侈谈什么济苍生，安社稷，活国养民，这真是荒唐至极，真是可悲可叹。杜甫陷入深深的愧疚、自责之中。今年五谷丰收，仍然有人饿死，那么赶上灾荒年就更不得了；自己家庭还属于特权阶层，享有免租税和徭役的特权，尚且如此悲惨，那么其他社会下层人民的生活就更无法想象：

默思失业徒，因念远戍卒。忧端齐终南，澒洞不可掇。

杜甫的思想终于产生了一个新飞跃，从一己身处穷通的咏叹上升到对整个国家命运的担忧；从自己家庭的不幸推及到广大身处水深火热的黎民百姓；从奉儒守官的下层官员变成这个制度的鞭挞者。

就在杜甫写下他的宏篇巨制《自京赴奉先县咏怀五百字》，回到奉先与家人团聚时，安禄山、史思明发动了叛乱。他们以奉密旨入朝诛杨国忠为名，率领十五万人，号称二十万，浩浩荡荡，长驱直入，叛军所到之处，郡县长官或开门出迎，或弃城逃跑，或殉节就义。这年十二月，叛军攻陷了东都洛阳，第二年正月，安禄山在洛阳自称大燕皇帝，并气势汹汹开往长安，六月九日，潼关失守，白水沦陷。十二日玄宗仓皇奔蜀，行至马嵬，留太子李亨东向讨贼，长安很快也陷落了。

在这场大灾难开始时，杜甫把妻小从奉先带到白水，寄居在舅父家，后来因形势紧迫，又向北流亡，经过汉代的彭衙故城，过华原县(今陕西耀县东南)，到达三川县(今陕西富县南)，最后到鄜州。杜甫本欲穿过芦子关(今陕西靖边南)，投奔唐肃宗的行在灵武，但举家一齐行动既不方便又不安全，于是在鄜州城西三十里的羌村暂住下来。他独自一人投奔灵武。他先来到延州(今陕西延安)，在城南七里的小河(后改名杜甫川)稍作停顿，在从延州往灵武途中，被安史乱军俘获，又押解回到长安。

大劫难后的长安，满目疮痍，遍地狼藉，叛军滥杀无辜，到处是血腥味。此时一己的委屈与痛苦早已置之度外，关键是国家民族的存亡。在敌占区的长安，杜甫不断听到唐军队惨败的消息，先后写了《悲陈陶》《悲青坂》等诗，记录陈陶斜战役和青坂战役的境况。"焉得附书与我军，忍待明年莫仓卒"(《悲青坂》)。"焉得一万人，疾驱塞芦子……谁能叫帝阍，胡行速如鬼"(《塞芦子》)。

一天晚上，月高风清，杜甫在被囚的城中却心乱如麻，与家人离别后，迄今杳无音信，妻子和孩子究竟怎么样，是否会有什么不测。过去他与家人虽也经常分居两地，没法照顾他们，但那毕竟还是和平时期，现在则是战乱，看到长安城中血流成河的惨状，叛军们的暴虐行径，令人发指，不由得让他为妻儿的安危担心。于是他写了《月夜》一诗，心驰神飞到了鄜州羌村：

今夜鄜州月，闺中只独看。遥怜小儿女，未解忆长安。香雾云鬟

湿，清辉玉臂寒。何时倚虚幌，双照泪痕干。

至德二载 (757 年) 正月，叛军发生内讧。安禄山被其子安庆绪与严庄、李猪儿合谋杀掉。消息传来，杜甫非常高兴，认为这是罪有应得。春天到了，在沦陷的长安，到处是鸟语花香，春光明媚，但杜甫却忧心忡忡：

国破山河在，城春草木深。感时花溅泪，恨别鸟惊心。烽火连三月，家书抵万金。白头搔更短，浑欲不胜簪。（《春望》）

杜甫虽然被关押在城中，但因其官职低微，当时又没有多少知名度，故还是可以在城中自由活动。一天傍晚，他来到曲江池，看到昔日美丽、繁华的名胜之地，今日残破凋敝，一种黍离之悲涌上心头，他不禁老泪纵横，失声恸哭，写出《哀江头》一诗：

少陵野老吞声哭，春日潜行曲江曲。江头宫殿锁千门，细柳新蒲为谁绿？忆昔霓旌下南苑，苑中万物生颜色。昭阳殿里第一人，同辇随君侍君侧。辇前才人带弓箭，白马嚼啮黄金勒。翻身向天仰射云，一笑正坠双飞翼。明眸皓齿今何在？血污游魂归不得。清渭东流剑阁深，去住彼此无消息。人生有情泪沾臆，江水江花岂终极！黄昏胡骑尘满城，欲往城南望城北。

抚古惜今，百感交集。今日的残损衰败，不正是当年荒淫骄纵者种下的必然结果吗？

这一年的二月，唐肃宗由彭原进驻凤翔，形势发生对叛军不利的变化，许多被押解到洛阳的官吏潜逃到长安，如郑虔就是其中一位。还有长安城中的人投奔到凤翔。杜甫也决定逃走。他来到怀远坊大云寺，找到寺主赞公和尚，赞公和尚帮他出谋划策，赠给他盘缠和衣服，杜甫潜出金光门，朝肃宗皇帝的行在凤翔奔去。

心系天下

乾元二年末，杜甫一家终于到了成都，暂住在成都西郊浣花溪边的草堂寺。草堂寺历史悠久，是南齐时的一座古刹，殿阁俨然，古木遮天蔽日。浣花溪有三丈多宽，波光粼粼，清澈如镜，弯弯曲曲从西流向东，一年四季碧水常流，春夏时水势高，还可撑船往来。沿着溪岸散落着一些人家，杜甫的南邻有朱山人、斛斯融，北邻有县令某。另外，黄四娘家也在附近。这里林塘幽胜，风景秀丽。

上元元年（760年）开春，杜甫在浣花溪附近选了一块长满楠木和茂竹的幽静之地，破土动工，营建草堂。他修建草堂，许多亲友如彭州刺史高适、他的表弟王司马等都给予帮助。两年后草堂建成。杜甫后来在《寄题江外草堂》诗中追叙了经营草堂的过程：

……诛茅初一亩，广地方连延。经营上元始，断手宝应年。敢谋土木丽，自觉面势坚。台亭随高下，敞豁当清川。虽有会心侣，数能同钓船。

院内的主体建筑为用白茅草覆顶的草堂，建在临浣花溪一株古楠树的旁边。"依江楠树草堂前，故老相传二百年。诛茅卜居总为此，五月仿佛闻寒蝉"（《楠树为风雨所拔叹》）。院中原本花木很少，因主人无力购买，不得不向亲友讨要寻觅果苗、楠木、绵竹等移栽其中。草堂附近的环境极其幽雅，"舍南舍北皆春水，但见群鸥日日来"（《客至》），"城中十万户，此地两三家"（《水槛遣心》）。经过杜甫及家人的苦心经营，这里变得愈加清丽可人。草堂落成后，杜甫又作《堂成》一诗表达闲适心情：

背郭堂成荫白茅，缘江路熟俯青郊。楠林碍日吟风叶，笼竹和烟

滴露梢。暂止飞鸟将数子，频来语燕定新巢。旁人错比扬雄宅，懒惰无心作。（解嘲）

宝应元年（762年）正月，严武以成都尹兼剑南节度使来成都。夏天到了，严武忙完公务时常携酒至草堂与杜甫诗酒酬唱。在严武的资助下，草堂又进行了扩建整修，杜甫养殖了鸡、鸭、鹅，种植了药材、蔬菜、竹子、松树和桃树。他整天忙于料理草堂，除草整木，"独绕虚斋径，常持小斧柯。幽阴成颇杂，恶木剪还多"（《恶树》）。"新松恨不高千尺，恶竹应须斩万竿"（《将赴成都草堂》）。

杜甫与妻子杨氏结发成婚后，伉俪情深，但过去长期两地分居，寓无定所，心情也不好。现在总算有一个安定舒适的环境，杜甫得以享受了天伦之乐："清江一曲抱村流，长夏江村事事幽。自去自来梁上燕，相亲相近水中鸥。老妻画纸为棋局，稚子敲针作钓钩。但有故人供禄米，微躯此外更何求"（《江村》）。

妻子在纸上画棋盘对弈，儿女们敲针作钩钓鱼，相亲相近，无忧无虑。有时他与妻子撑着小艇，看孩子们在江中嬉水玩闹，采莲捕鱼，奔走呼号，天真烂漫，充溢着田家乐趣，杜甫也暂时忘却了政治失意带来的痛苦。除了童年读书和青年漫游外，这是他一生中难得的一段"快意"生活。

杜甫在成都欣赏了著名画家王宰的山水画，他给王宰所画山水图题诗说："尤工远势古莫比，咫尺应须论万里。焉得并州快剪刀，翦取吴松半江水。"他还鉴赏了韦偃画的双松图，对画出屈曲老松的韦偃说："我有一匹好东绢，重之不减锦绣缎。已令拂拭光凌乱，请公放笔为直干。"

杜甫还去了蜀州新津，与诗人裴迪会面，然后又折回成都。裴迪在天宝年间因与王维在辋川别业饮酒赋诗，各成二十首描写辋川风景的山水小诗而闻名。冬天，裴迪登蜀州东亭逢梅花初开，回忆起杜甫，写了一首诗寄来，遗憾地说没有折一枝梅花。杜甫和诗一首说：

东阁官梅动诗兴，还如何逊在扬州。此时对雪遥相忆，送客逢春可自由。幸不折来伤岁暮，若为看去乱乡愁。江边一树垂垂发，朝夕

催人自白头。(《和裴迪登蜀州东亭送客逢早梅相忆见寄》)

　　成都是西南枢纽，文化古城，名胜古迹很多，杜甫多去游览，石笋街、碧鸡坊、果园坊、先主庙、武侯祠、石镜、琴台、万里桥、青城山、都江堰……都曾留下了杜甫的足迹，这些古迹也因为他留下题咏诗篇而更加名闻天下。春日，他去成都南郊瞻仰武侯祠，写了七律《蜀相》：

　　丞相祠堂何处寻，锦官城外柏森森。映阶碧草自春色，隔叶黄鹂空好音。三顾频烦天下计，两朝开济老臣心。出师未捷身先死，长使英雄泪满襟。

　　杜甫在夔州期间还写了《咏怀古迹五首》，也是咏诸葛亮的："诸葛大名垂宇宙，宗臣遗像肃清高。三分割据纡筹策，万古云霄一羽毛。伯仲之间见伊吕，指挥若定失萧曹。运移汉祚终难复，志决身殒军务劳。"杜甫心仪诸葛孔明，一生之中再三致意，一方面是对这位政治家的凭吊纪念，另一方面也是借古讽今，呼唤孔明式的政治家来安邦定国、造福于民。

　　上元二年 (761 年) 的八月，秋风怒号，大雨倾盆，草堂的茅屋被狂风吹破，茅草飘飞，雨脚如麻，茅屋湿透，杜甫长夜难眠，感慨万千，写了感人至深的《茅屋为秋风所破歌》，结尾云：

　　安得广厦千万间，大庇天下寒士俱欢颜，风雨不动安如山。呜呼！何时眼前突兀见此屋，吾庐独破受冻死亦足！

　　杜甫并没有仅仅停留在对个人痛苦的悲切慨叹上，而是由自家的茅屋破损，思通万里，联想到天下寒士的茅屋都可能被秋风所破，所以愿以自己庐破冻死为代价，换取天下寒士都有坚固安稳的广厦千万间，充分表明了杜甫全副仁学境界的博爱。后来白居易写了"争得大裘长万丈，与君都盖洛阳城"(《新制绫袄成感而有怀》)，"安得万里裘，盖裹周四垠。稳暖皆如我，天下无寒人"(《新制布裘》)，不仅是模仿杜诗的句式，而且是继承了杜甫的仁爱精神。宋代王安石《子美画像》诗中称颂杜甫："宁令吾庐独破受冻死，不忍四海赤子寒。"真算是搔到了杜诗的痒处，捕捉到了杜甫的真精神。

宝应元年 (762 年) 四月，肃宗驾崩，代宗即位。七月召严武入朝，杜甫依依惜别，一直远送至绵州，并赠诗给严武说："此生那老蜀，不死会归秦。公若登台辅，临危莫爱身"（《奉送严公入朝十韵》）。一方面表明自己仍寄情朝廷，时刻想重返长安，另一方面期望严武要以国事为重，要能临危不惧，仗节死义。严武走后，成都少尹兼剑南兵马使徐知道叛乱，占据剑阁，使南北交通断绝，杜甫不能回成都，便到梓州 (今四川三台) 避难，依靠梓州刺史李某，后依附东川节度留后章彝，章彝还能善待杜甫，杜甫便把妻子儿女接到梓州来，只留三弟杜占看守草堂。

梓州属县射洪 (今属四川)，是初唐诗人陈子昂的故乡，陈子昂是唐代诗文革故鼎新的倡导者，对盛唐诗风的形成作出了很大贡献。杜甫参观了射洪金华山陈子昂的读书堂，又到武东山礼瞻了陈子昂的故居。他还去通泉县 (今射洪东南) 看了郭元振做县尉时的故室。

广德元年 (763 年) 春天，杜甫在梓州听说唐军大败安史叛军，史朝义兵败自刎，叛将纷纷投降，延续八年之久的"安史之乱"终于结束了。捷报传来，杜甫喜不自胜，老泪纵横，手舞足蹈，纵酒放歌：

剑外忽传收蓟北，初闻涕泪满衣裳。却看妻子愁何在，漫卷诗书喜欲狂。白日放歌须纵酒，青春作伴好还乡。即从巴峡穿巫峡，便下襄阳向洛阳。(《闻官军收河南河北》)

杜诗多诉战乱之苦、身世之叹、羁旅之愁、老病之怨，形成了忧愤悲伤的情调，而此篇一反旧作，节奏明快，确实是杜甫生平第一首快诗。

其实杜甫并没有即刻还乡，而是在梓州盐亭县、绵州、汉州 (今四川广汉) 和阆州 (今四川阆中) 等地流寓，持续一年零九个月。这时，朝廷任命杜甫为京兆府功曹参军，但因吐蕃侵扰，北上交通阻断，京兆功曹微职，与杜甫理想距离很远，足见朝廷并非诚心重用他。所以杜甫拒不赴召，而是又回到了成都。

原来，严武重新出任剑南东西川节度使，又几次寄信挽留杜甫，所以杜甫举家迁回浣花溪草堂。严武不同意杜甫隐居，拉他出来到节度使幕府任职。广德二年 (764 年) 六月，严武又表奏杜甫为节度参谋、检校工部员外郎、赐绯鱼袋，故被后人称为杜工部。

初回成都不久，杜甫登高远眺，触目伤怀，写了《登楼》一诗：

花近高楼伤客心，万方多难此登临。锦江春色来天地，玉垒浮云变古今。北极朝廷终不改，西山寇盗莫相侵。可怜后主还祠庙，日暮聊为梁甫吟。

杜甫其实并非单纯怀古，也在讽喻现实，不同之处在于，当今只有如刘后主那样的昏君，却没有如诸葛亮那样的贤相。这首诗感慨非常，潜藏着三分无奈、二分伤感、一分象征。不可徒以语壮境阔等空壳套话视之。

杜甫在幕府供职半年多，心情很不舒畅，他体衰多病，对同僚间的互相排挤、尔虞吾诈，幕府生活的严格枯燥很不习惯，"白头趋幕府，深觉负平生"（《正月三日归溪上有作》）。于是，在永泰元年 (765 年) 的春天，干脆辞官回到了草堂。

这年正月，散骑常侍高适在长安病逝，杜甫很悲伤："独步诗名在，只令故旧伤"（《闻高常侍亡》）。四月，严武又病卒于成都。他在蜀中的亲友或离任、或病逝，一时灰飞烟灭。"豪俊何人在，文章扫地无"（《哭台州郑司户苏少监》）。杜甫感到自己无所依靠，只好举家东下，计划第一步先到夔州，再到荆州 (今湖北江陵)。他把成都草堂留给杜占，自己携妻带子乘舟出发，临行前写了《去蜀》一诗：

五载客蜀郡，一年居梓州。如何关塞阻，转作潇湘游。世事已黄发，残生随白鸥。安危大臣在，不必泪长流。

概括自己漂泊西南，流寓两川的经历。末尾两句似乎是自我慰藉，但实际上是一种自欺欺人，辅弼大臣要么亡故，要么被贬谪，社稷安危何托？自己是一介书生，地位卑微，虽忧心如焚，又有何用？看来除了"泪长流"，也只能"随白鸥"了。

寄情于诗

行行重行行。杜甫离开成都后，经嘉州 (今四川乐山)、戎州 (今四川宜宾)、渝州 (今四川重庆)、忠州 (今四川忠县)、云安 (今四川云阳)，于大历元年 (766 年) 春末到达夔州 (今四川奉节)。夔州依山傍水，气势雄壮，是长江三峡的起点。"白帝高为三峡镇，瞿塘险过百牢关" (《夔州歌》)，历史上闻名的白帝城雄峙江岸，瞿塘峡也高踞江腹。夔州在唐代属山南东道，设有都督府，州治就在鱼腹浦和西陵峡之间，瞿塘峡周围，与白帝城相连。由于夔州都督柏茂琳的关照，杜甫在这里寓居一年零八个月。他刚到时住在山腰的客堂，入秋后搬到城里的西客舍，第二年年初移居赤甲山，三月又搬到西草堂，秋天移到东屯，先后搬迁了五次。

杜甫在夔州饱览了名胜古迹，用他的如椽巨笔绘出一幅幅雄奇壮美的山水画卷。如描写滟滪堆："巨积水中央，江寒出水长……天意存倾覆，神功接混茫" (《滟滪堆》)。写瞿塘峡："西南万壑注，勍敌两崖开。地与山根裂，江从月窟来" (《瞿塘怀古》)。秋天来临，江风吹来，寒意袭人，杜甫独自登高远眺，高峡急湍，声如洪雷，在强劲的秋风催动下，变成了浓郁的秋思：

风急天高猿啸哀，渚清沙白鸟飞回。无边落木萧萧下，不尽长江滚滚来。万里悲秋常作客，百年多病独登台。艰难苦恨繁霜鬓，潦倒新停浊酒杯。(《登高》)

满眼风光，触引起成万千思绪。从前秋日登高，重阳节赏菊，诗酒集会，有一大帮好友，现在风流云散，多已谢世。其中王维于上元二年 (761 年) 死去，李白在宝应元年 (762 年) 病逝，秘书少监苏源明

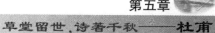

广德二年 (764 年) 在长安饿死，郑虔贬台州病死，高适和严武皆于永泰元年 (765 年) 死去。现在就剩他一个糟老头了。他自己也疾病缠身：疟疾、肺病、风痹、消渴 (糖尿病)，时好时坏，缠身不愈，耳朵聋了，老眼昏花，头发不断脱落……致君济民的理想和抱负早如肥皂泡似的，被这强劲、猛烈的西风吹得无影无踪。于是杜甫将漂泊之叹、思乡之情、多病之怨、家国之感等情思罗织在一起，蕴含在《登高》的诗句中。前人说这是一首豪迈雄壮的悲歌，其中颈联十四字中便含有八九层可悲的意思，明代胡应麟认为此诗不仅是杜集七言律诗第一，而且是"古今七言律第一"（《诗薮》）。

夔州时期的杜甫诗艺炉火纯青，出神入化，或者说叫"老成"，正如评价庾信所说："庾信文章老更成，凌云健笔意纵横。"在内容上也具老年人的心态，抚古惜今。或为个人生活经历的自叙传，或为王朝兴衰谱写实录，或对历史指点评说。如《壮游》《昔游》和《遣怀》是个人生活的传记式作品，

杜甫草堂

《八哀诗》纪念王思礼、李光弼、严武、李璡、李邕、苏源明、郑虔、张九龄八位他崇敬或交好的人物，《观公孙大娘弟子舞剑器行》也是回忆开元全盛气象的。《咏怀古迹五首》则凭吊庾信、宋玉、王昭君、刘备、诸葛亮五位历史人物。而《秋兴八首》则如一部气势恢宏的交响乐，或记朝暮晦明，或写夔州长安，但主旋律是"故国之思""孤舟一系故园心""每依北斗望京华""故国平居有所思""秦中自古帝王州"云云，则是若隐若现的诗脉红线，是主题的展开和变奏，气韵流畅，令人回肠荡气。杜甫的故国情结，对政治的单相思，欲说还休，呜咽吞吐，千载以下，仍能撼人心魄，摧人心肝。

杜甫在夔州期间还写了许多反映当地风俗和人民生活的诗。如《负薪行》写劳动妇女的悲惨命运：

夔州处女发半华，四十五十无夫家。更遭丧乱嫁不售，一生抱恨长咨嗟。土风坐男使女立，应当门户女出入。十犹八九负薪归，卖薪得钱应供给。至老双鬟只垂颈，野花山叶银钗并。筋力登危集市门，死生射利兼盐井。面妆首饰杂啼痕，地褊衣寒困石根。若道巫山女粗丑，何得此有昭君村？

又有《最能行》写夔州男子的生活："峡中丈夫绝轻死，少在公门多在水"，"若道士无英俊才，何得山有屈原宅。"看来造成旷男怨女、贫困失学的原因并非地理因素，而是社会因素。

杜甫在东屯居住时，还写了一首《又呈吴郎》的七律，以诗代书信，通过扑枣和寡妇的哭诉，既表现了兵戎不断给人民带来了灾难，又体现了杜甫仁爱精神的精细入微。

杜甫在夔州期间种菜、养鸡、经营果园、种植水稻。他的西草堂有四十亩果园，园内有红橘、黄柑、桃树、李树、栀子、花椒等。他在东屯管理一百顷公田，自己也租了一些田，他当主管，还有些助手。如"行官"张望，家臣（仆人）阿段、信行、伯夷、辛秀，女仆阿稽。杜甫对这些被统治阶级视为残民和禽兽的奴婢，都能一视同仁。

杜甫在夔州前后不到两年，但作诗四百三十多首，占现有诗集的三分之一左右，"他乡悦迟暮，不敢废诗篇"（《归》），杜甫的创作进入了他的最后一个高峰期。

大历三年（768 年）正月中旬，杜甫把西草堂的四十亩果园赠送给一位朋友，全家人乘坐木船决定北归，从白帝城出瞿塘峡，下江陵，顺流而东下，开始了他一生的最后漂泊。

孤凄而死

江陵是荆南节度使治所，又是东南西北的交通中心。北上襄阳可达长安、洛阳两京地区，南下岳阳可抵桂林、广州，东西连接吴蜀，是出峡入峡必经之地，水陆两路极其便利。杜甫在潇潇春雨中抵达江陵。他是应杜观的邀约出峡的，到江陵便拜见了荆南节度使卫伯玉，还与礼部尚书改太子宾客李之芳、江陵少尹郑审游宴酬唱。但是卫伯玉并没有举荐他，江陵府衙中的小吏也因他老病轻视他。吐蕃作乱，京城戒严，杜甫又不能北归，只好在这一年的秋天南迁到公安（今属湖北）。但是，公安也并不安定太平，"入邑豺狼斗，伤弓鸟雀饥"（《移居公安敬赠卫大郎》），"崩腾戎马际，往往杀长吏"（《送顾八分文学适洪吉州》）。于是杜甫不得不继续南行，船经洞庭湖时，又写下《岁晏行》：

岁云暮矣多北风，潇湘洞庭白雪中。渔父天寒网罟冻，莫徭射雁鸣桑弓。去年米贵阙军食，今年米贱大伤农。高马达官厌酒肉，此辈杼轴茅茨空。楚人重鱼不重鸟，汝休枉杀南飞鸿。况闻处处鬻男女，割慈忍爱还租庸。往日用钱捉私铸，今许铅锡和青铜。刻泥为之最易得，好恶不合长相蒙。万国城头吹画角，此曲哀怨何时终？

已是年关了，杜甫来到了岳州，登上城西门的岳阳楼，俯览壮阔的洞庭波涛，心潮澎湃。著名诗人孟浩然、李白都曾在这里留下他们的诗作。孟浩然的诗写道："八月湖水平，涵虚混太清。气蒸云梦泽，波撼岳阳城"（《临洞庭湖赠张丞相》）。李白诗则说："楼观岳阳尽，川迥洞庭开。雁引愁心去，山衔好月来"（《与夏十二登岳阳楼》）。杜甫此刻凭栏远眺壮丽水景，写下了自己不亚李孟的名作：

昔闻洞庭水，今上岳阳楼。吴楚东南坼，乾坤日夜浮。亲朋无一字，老病有孤舟。戎马关山北，凭轩涕泗流。（《登岳阳楼》）

后人多说此诗前半幅写景波澜壮阔，后半幅诉说身世诗境转狭。其实说得并不全面，前四句写景固然壮阔，五六句写身世确实狭窄，七八句推己及人，充类至尽，又联想到戎马关山，万方多难，故所忧非只一身，胸怀并不局限，而是宽广深沉。杜甫秉性难移，任何时候都不会忘记国计民生，这种执着和强烈，甚至到了可悲可叹可笑的地步。比起他的凝重深沉，孟诗似乎有些功利，李诗则有些轻狂。

看来岳州的裴使君并没有热诚照顾杜甫一家，所以在大历四年（769 年）春，杜甫进洞庭，到衡州（今湖南衡阳）投靠衡州刺史韦之晋。等他到了衡州，却遇韦之晋调往潭州（今湖南长沙），杜甫又折回潭州。韦之晋对杜甫还能以礼相待，并拟信引荐他。却想不到韦之晋在这年夏天突然病故，杜甫无所依托，只好再作北归的谋划。他写了《江汉》一诗来抒发当时的心境：

江汉思归客，乾坤一腐儒。片云天共远，永夜月同孤。落日心犹壮，秋风病欲疏。古来存老马，不必取长途。

尾联说自己虽然老病，但仍想为国效力。首联"腐儒"有人说是个反语，其实是杜甫的自嘲和自责，面对君王昏聩无能、群臣蝇营狗苟、武夫征战杀戮，一介书生能有何作为，万言不值一杯水，数行诗句又怎能消弭这些战乱。何况年轻时都碌碌无为，今已老病，又能如何呢？伟大心灵的深处，纠缠翻腾着许多矛盾，理知其不可而又不能自制。杜甫太为难自己了，太苛求自己了。

杜甫在潭州游览了岳麓山，访问过岳麓寺和道林寺，鸟语花香确实使人耳目一新，心旷神怡："一重一掩吾肺腑，山鸟山花吾友于"（《岳麓山道林二寺行》）。但杜甫最关注的仍然是现实："万姓疮痍合，群凶嗜欲肥"（《送卢侍御二十四韵》）。"上请减兵甲，下请安井田"（《湘江宴饯裴二端公赴道州》）。"焉得铸甲作农器，一寸荒田牛得耕"（《蚕谷行》）。可惜他的这种铸剑为犁的和平主义倡导，不会打动拥兵自重、割据为王的藩镇节帅，只能是一个不切实际的幻想。

这年夏天，潭州也发生了兵乱，兵马使臧玠杀死刺史兼观察使崔瓘，城内一片混乱。杜甫赶忙带上妻子儿女，准备去郴州投奔任录事参军的舅父崔伟。行到耒阳，遇到洪水，停泊在方田驿，耒阳县令聂某获悉，专门派人送来牛肉、白酒，解救了陷于饥寒交迫中的杜甫一家。

耒阳距郴州，要逆水行二百多里，现在洪水不退，郴州是去不了了，只好回舟北上，过洞庭，准备到汉阳，再回京洛。大约是这年的冬天，杜甫病死在由潭州到岳州的小船上。《风疾舟中伏枕书怀三十六韵奉呈湖南亲友》就成了他的绝笔：

公孙仍恃险，侯景未生擒。书信中原阔，干戈北斗深……战血流依旧，军声动至今。

杜甫临终时仍挂念着社稷民生。他死得寂寞凄凉、无声无息，以致人们不能确切地知道他的死因和地点。他一生忧国忧民，希望成为"王者师"，辅佐皇上，效用天下，结果连自己一家的生计都解决不了，潦倒一生，抱恨而死。他曾为朋友们真诚地唱过许多挽歌，但当时很少有人写诗文悼念他。

传说虞舜死后，他的两个妃子娥皇和女英哭死于江湘之间，成为湘水之神。约一千一百年前，楚国三闾大夫屈原也在这一带的汨罗江投水而死。屈原和杜甫萧条异代不同时，却都不被他们的朝廷和君王容纳，倘若湘水真有灵，想必也会为他们的贞刚、忠烈溅湿竹筠，留下斑斑泪痕。

第 六 章

独善保和，乐天诗王
——白居易

　　白居易不仅是我国唐代伟大的现实主义诗人，而且是新乐府运动的倡导者，主张"文章合为时而著，歌诗合为事而作"，写下了不少感叹时世、反映人民疾苦的诗篇，对后世颇有影响，是我国文学史上相当重要的诗人。与元稹合称"元白"。白居易的诗歌题材广泛，形式多样，语言平易通俗，有"诗魔"和"诗王"之称。

出游入仕

唐代宗大历七年 (772 年) 正月二十日，白居易出生于河南郑州新郑的一个"世敦儒业"的中小官僚家庭。父母为他取名白居易，字乐天，排行第二。他有一个哥哥幼文，在他之后，又添了弟弟行简和幼美，兄弟共四人。白居易祖籍太原，曾祖白温，移家下邽 (今陕西渭南)。祖父白锽因在河南做官，便又在河南新郑安居下来。他的祖父白锽和父亲白季庚都是明经出身。其父白季庚做过萧山县尉、左武卫兵曹参军、宋州司户参军一类的小官，且长年在外。白居易的童年是随外祖母和母亲一起度过的。他的母亲除了操持家务外，还亲自执诗书、昼夜教导，培养白居易、行简成人。

白居易天生聪颖，不同常人，据说，他六七个月时，乳母抱弄他于书屏下，有人指"无"字和"之"字给他看，他虽口不能言，但心已默识。这些传言虽有些夸张，却说明了他具有不同凡响的先天秉赋。

他的祖父白锽好学并善属文，工五言诗，有文集十卷。他的父亲白季庚为人刚正不阿，嫉恶如仇，意欲报效国家。祖、父两辈都官阶不高、正直好文。家庭环境的熏陶渐染，使白居易从小就好学苦读，熟知儒家学说。再加上比较接近社会下层的生活，对他以后思想的成长，起到了决定性的作用。从少年时代起，"达则兼济天下，穷则独善其身"，就成为他世界观的主要内容。

德宗建中元年，白季庚授彭城令。安史之乱以后，唐王朝政权风雨飘摇，藩镇割据之势愈演愈烈，此起彼伏，两河藩镇多叛唐独立，危及朝廷。这时，身为彭城令的白季庚劝说徐州刺史李洧归顺了朝廷，平庐留后李纳率军围攻徐州。徐州无兵，白季庚聚集吏民千余人，支

援徐州与李洧坚守城池，亲挡矢石，历经四十二天，救兵方至。深得德宗嘉许，被授为朝散大夫，拜本州别驾，充徐泗观察判官。

但逆党仍暗中勾结，继续为乱，攻汝州，陷汴州，使江淮大乱。离汴州较近的新郑也受到殃及，白季庚的家人被迫迁往他的任所徐州。这一年，白居易十二岁。

到了唐德宗兴元元年，僭立称王的藩镇又去掉王号，复受唐职。徐州归顺朝廷后，江淮得到了暂时的局部安定，白季庚受命连任。十四岁的白居易想要开阔视野、增长知识，便只身前往江南漫游。这时白家的族人也多居官江南，为他漫游提供了物质基础。第二年他写了一首《江南送北客因凭寄徐州兄弟书》的诗，表达他羁旅思乡之情，此首诗也是现今存世白氏最早的诗作。

白居易首次离家，旅途生活不惯，且思乡心切。恰好白季庚改除大理少卿兼衢州别驾。而当时白居易正在浙江，父亲来了，他感到有了依靠，便在这里尽情游览，沿着衢江、兰江到达桐庐；又由桐庐沿富春江来到风景秀丽的杭州和江南雄郡苏州。杭州刺史房孺复，为人狂傲放纵，年少而有浮名；苏州刺史就是善写五言诗的韦应物。他们周围人才汇聚，如顾况、李泌、柳浑、丘丹等，大家常常在一起饮酒赋诗，互相唱和，风流儒雅，名噪当时。十五岁的白居易对此十分欣羡，暗立誓言，将来一定要为一郡之主。他也渐渐明白读书、应考、中进士的事，更加苦读诗书，以为进身之阶。

贞元五年，白居易到了长安，正月十二日，诏定"自今宜以二月一日为中和节"，获悉此讯后，他便试作了一篇《中和节颂》。白居易又带着自己的诗作去见著作郎顾况。顾况见他年纪轻轻，乳臭未干，便指着他的名字"白居易"二字笑道："长安米贵，居大不易!"但是翻阅他的诗稿，读到《赋得古草原送别》中的"野火烧不尽，春风吹又生"之句时，才感叹地说："有句如此，居天下有甚难，老夫前言戏之耳!"

时光荏苒，白居易离家已经六年，经过六年的漫游见识增加了，阅历丰富了。贞元六年的年底，十九岁的白居易回到徐州符离桥家中。

符离是个清幽恬静的小城，比起秀丽的江南，别有一番宜人的情趣，尤其是小城附近的陴湖，夏季一到，碧波粼粼，白鸥翩翩，使白居易心如止水。

看到过苏杭刺史韦应物、房孺复的风流儒雅、荣耀体面，他深知要步入仕途，出人头地，只有奋发图强。于是他埋头读起书来。白天读，晚上读，焚膏继晷、废寝忘食，以至于口舌生疮，手肘成胝，人也消瘦了，乌发中出现了少许的白丝。但是苦读也有苦读的乐趣，因为有一个理想在顽强地支撑着他，而且他和张彻、张复兄弟及比他小五岁的弟弟行简等五人一起读书，生活并不寂寞。

贞元八年，白季庚由衢州别驾改除襄州别驾。这一年，小弟弟幼美病亡，符离家中一片凄凉，白居易陪着伤心的母亲来到襄阳父亲的任所，在那里继续攻读。可是只过了两年，父亲也病故了，享年六十六岁。他只好护送家人返回符离，开始了长达三年的丁忧守孝生活。这些时候，他心情沉重、忧心忡忡，弟兄们守礼在家，母子们孤苦伶仃，只能靠做浮梁县主簿的长兄幼文一点微薄的俸禄养家糊口。自己已经二十出头了，仍然没有功名，是个白丁，前途未卜，他的心情凄苦、焦急又彷徨。

在符离，白居易继续发奋苦读，他把希望寄托在考取功名上。在心情重新平静之后，他与东邻的一个姑娘相爱了。青梅竹马，墙头马上，二人互相倾慕，两心相许，情真意切。他在《长相思》中写道：

"妾住洛桥北，君住洛桥南。十五即相识，今年二十三……愿作远方兽，步步比肩行。愿作深山林，枝枝连理生。"

《长相思》虽是古乐府名，但这里却非泛指，而是他俩爱情生活的真实记录。

姑娘芳名湘灵，白居易有《寄湘灵》诗云："泪眼凌寒冻不流，每经高处即回头。遥知别后西楼上，应凭栏干独自愁。"另有一首《冬至夜怀湘灵》："艳质无由见，寒衾不可亲。何堪最长夜，俱作独眠人。"姑娘的温柔美丽让他倾倒，缠绵热烈的爱情使他陶醉在幸福之中。但是为了生活，也为了前程，他不能与之日夜相守。守父亲丁忧

除服之后，他不得不离家出游，离开湘灵。

他先把母亲送到洛阳，然后南下，去看望居官溧水的叔父白季康，在那里参加了乡试，这是他仕途的第一步。中第之后，获得了参加州试的资格，他赶紧到浮梁探望长兄幼文。幼文官位卑微，俸禄微薄，念老母在堂，令白居易负米还乡，归养老母幼弟。

白居易负米还乡后，不顾鞍马劳顿，又匆匆奔往宣州，参加州试。他深感漂泊之苦，写诗感叹："时难年荒世业空，弟兄羁旅各西东。田园寥落干戈后，骨肉流离道路中。吊影分为千里雁，辞根散作九秋蓬。共看明月应垂泪，一夜乡心五处同。"他抓住"离散"这个关键，叙写了战乱给人们带来的痛苦，也抒发了家庭的不幸给他带来的沧桑之感。

白居易画像

州试的试题是一赋一诗，赋题是《射中正鹄赋》，诗题是《窗中列远岫》，都是一些文字游戏。在这次参加考试的人中，他认识了后来牛党的重要人物杨虞卿。

白居易被宣州刺史崔衍录取，州试通过了也就获得了参加考取进士的资格。考试一结束他便前往洛阳探望老母，然后奔赴长安。从贞元十五年初冬到贞元十六年春天，他在长安等候参加进士考试。考试在即，他心情紧张，唯恐落第。因为从少年时期起就深藏在心中的理想，成败与否，就在此一举了。怀着忐忑不安、疑虑重重的心情，他参加了进士考试。后来白居易写诗叹道："此生知负少年春，不展愁眉欲三十。"

这时候，他正值二十九岁。

二十九岁之前，白居易走过了漫长的、困顿曲折的生活道路，经历了无数的坎坷，也忍受了难以名状的痛苦，漂泊流离，无以为家。苦难的经历使他能够深入下层社会，了解民间的疾苦和朝政的弊端，而且清醒地认识到朝政的弊端正是人民痛苦的根源，满腹经纶使他领会到了儒家的先王之道，加上他刚正不阿的品格和他自幼所受到的文化熏陶，使他形成了以儒家思想为核心的世界观。他热切地期望通过科举跻身仕宦之途，从而实现自己"兼济天下"的抱负。

情遗长恨

当白居易正在焦急地等待放榜之际，终于传来了好消息，他得中第四名进士，同榜十七人，不少都是他日后的好友或同僚。这次考试是科举考试中最难也最关键的一级考试，从全国各地来参加考试的举人有数千名，而录取的名额只有十七名。他的中举，关系到家族的兴衰，所以他非常高兴。当时习俗是，新科进士先到杏园举行探花宴，再齐集大雁塔下题名留念。白居易题诗："慈恩塔下留名处，十七人中最少年。"之后，就匆匆回洛阳向母亲报喜，以告慰多病的老人。

从这时起到贞元十九年参加书判拔萃科考试，有近两年的时间。他在洛阳没有久留，而是先到宣城去拜谢崔衍的"贡举"之恩，顺便到当涂去凭吊了李白之墓，再到浮梁长兄幼文的任所住到九月，才回到符离。唐代有规定，进士及第后还须再经吏部考试，试判三条，叫作拔萃，考试合格，才能授官。为了迎接书判拔萃科考试，白居易不敢有丝毫懈怠，抓紧时间，埋头读书。

这期间，他目睹了发生在符离城外，刚刚结束的一场争权夺利的战争，残留的战场痕迹使他感慨良多，写下了《哀二良》，以表达他对这场战争中遇难忠良的同情和愤愤不平。

白居易在符离埋头读书，一住就是十个月，应当说湘灵也是他住在这里的重要原因。他想和她在一起多待一些时间，寻找机会，欲成姻缘。可在当时的社会环境里，他们怎能公开恋爱关系呢？只能是秘密交往，且不露痕迹。白居易苦闷、彷徨，感到人生迷茫。

现实残酷地打破了他们编织的爱的幻梦，湘灵没有能够成为他正式的妻子。虽然他的家庭不是什么高门望族，但是他的前代都做过中央或地方的中下级官员，地位不算很低。这对一个出身于普通老百姓家庭的姑娘来说，可以说是高门大族了。而当时的社会，十分重视门第与等级，强大的舆论压力，使他们不得不望而却步。白居易在《长相思》中写道："有如女萝草，生在松之侧；蔓短枝苦高，萦回上不得。"由于不是门当户对，一对深爱着的情侣难以终成眷属。白居易经常写诗回忆这段痛苦的往事，如《花非花》："花非花，雾非雾。夜半来，天明去。来如春梦几多时，去似朝云无觅处。"这是他们爱情生活的真实写照，饱含着甜蜜，也充满了惆怅。

秋天将尽，白居易为了参加书判拔萃科考试，又要离家远行，最痛苦的是与湘灵的离别，他写了一首《生别离》，流露了他对湘灵的无限不舍。最后几句写道："生别离，生别离，忧从何来无断绝。忧极心劳血气衰，未年三十生白发。"

眼看已经三十岁了，因为对湘灵的深情眷恋，他还没有成家，总希望有朝一日，有情人终成眷属，但是希望在哪里呢？

忍痛离开湘灵后，辗转来到长安。第二年三月，白居易参加了书判拔萃科考试。由吏部侍郎郑瑜领选部，裴考词判。这次考试的考官公正无私，唯才是择，白居易与元稹等八人同时及第，同授秘书省校书郎。对白居易来说，使他最高兴的是结识了许多朋友，特别是志同道合的元稹。他在常乐里租了一所房屋住下来，开始了平凡朴实的生活，直到秋天，一切都稳定下来之后，他决定回符离，并探望湘灵。

在符离家中，他一直住到第二年二月才举家离开，迁往长安，实现了他企盼多年步入仕途、在朝为官的愿望。但这次离开符离也意味着永远离开湘灵。此地一别，相见遥遥无期，有什么能比永远离开心爱的人更令人伤心呢？而他们只能把痛苦深藏在心里，不能让别人看出丝毫痕迹。

他悄悄地向湘灵告别，两人都清楚这是最后的相聚，也都强忍着悲痛，鼓励爱人珍重前途。分开时，湘灵送给他一双亲手做的鞋子，作为纪念，二人挥泪而别。后来白居易具体地描写了二人被迫分离的情形。他在《潜别离》中写道：

"不得哭，潜别离；不得语，暗相思；两心之外无人知。深笼夜锁独栖鸟，利剑春断连理枝。河水虽浊有清日，乌头虽黑有白时。唯有潜离与暗别，彼此甘心无后期。"

悄悄地相识，悄悄地相恋，悄悄地相别。眼泪和苦楚都强咽在肚里，白居易带着满腹愁肠、遗憾和悲痛，永远地离开了湘灵。

这次恋爱的悲剧结局，在白居易的心里留下了长久的创伤，他把对湘灵的爱深深地埋藏在心里，从这时起到三十六岁前漫长的岁月中，他不仅没有再属意于其他女子，而且也无意于婚姻之事。

白居易把全家迁到长安后，却没有财力在长安租赁较大的住宅，便把家人送到下邽 (今渭南) 故里，自己不时从长安乘船回家探望。

在长安任校书郎的日子，他的交游渐广，结识了不少朋友，除了同时登第的元稹等友人外，还有李建、柳宗元、刘禹锡、李绅等。这些人在他以后的生活道路上和诗歌创作中，都产生过深远的影响。

贞元二十一年，德宗皇帝病故，太子李诵继位，是为顺宗，改元永贞。顺宗得了风疾，不能讲话。王伾、王叔文用事，结纳有志之士如刘禹锡、柳宗元、韩泰等进行改革，打击藩镇割据势力，夺回宦官兵权，这就是闻名的"永贞革新"。但士族官僚势力也很快地结合起来，压制了这场历久弥新的革新运动。

白居易官职低微，没能够参与这场变革，不过支持革新的态度是鲜明的。

八月，太子李纯即皇帝位，是为宪宗，改元元和。王叔文党皆遭贬黜，先后不到八个月的革新运动就偃旗息鼓了。

元和元年三月末，白居易任校书郎期满，决定应制举考试。制举

就是皇帝亲自考问，考试的科目是试策。所谓"策"就是回答皇帝的"问"。皇帝所问的都是当时的时政问题，通过"策"可以看出被试人的才干。因此，白居易迁到永崇里的华阳观，与元稹一道，闭户累月，琢磨当代之事。那里绿苔侵阶、环境幽雅，在此期间，他二人不仅思想上、学识上都有所增进，而且建立了深厚的友谊。白居易著成"策林"七十五篇。

他回想起自己在漂泊、穷困、苦闷中度过的青少年时代。父亲为官清正，两袖清风。家庭生活贫困，经常衣食不充、冻馁并至。他在《秋暮西归途中抒情》中写道："马瘦衣裳破，别家已三年。忆归复愁归，归无一囊钱。"这一段生活使他接近了人民，真实而具体地了解了民间的疾苦，感情上与他们产生了强烈的共鸣。多年来，在数不清的事件中，他逐渐明白了一个道理：百姓太苦，做官的太贪，而且麻木不仁、穷奢极欲，这是一个应当改变的不合理现象。要使百姓得以温饱，只有皇帝，只有至高无上的皇帝才有无限的威力和权力，可以改变这一切。他很同意杜甫"致君尧舜上，再使风俗淳"的主张，所以在"策林"里，他对政治、刑罚、外交、军制、吏治、经济、风俗各个方面都阐释了自己的意见，希望通过皇帝来实现自己的政治理想。他常说："教无常兴，亦无常废；人无常理，亦无常乱；盖兴废理乱，在君上所教而已。故君之所为，为教兴废之木，君之所措，为人理乱之源。若一出善言，则天下之人获其福；一违善道，则天下之人罹其殃；若一肆其心，而事有以阶于乱；一念于德，而邦有以阶于兴。""达则兼济天下"，是他自幼读书立下的志向，一个人不能为自己的国家和百姓做点好事，空有满腹经纶，徒抱济世之才，只不过是虚度年华而已。他想，有朝一日，自己能在朝为官，一定要协助皇帝治理好天下，解救受苦的苍生。

考试结束了，他和元稹同时中选。元稹被任命为左拾遗；而他，由于出言无忌，被任命为京兆府的辖县周至县尉。

周至县在长安西南130余里处，县城就在终南山下，设县尉二人，为正九品下。具体的事务是"分判众曹，收率课调"就是皇帝派出的差科头，向人民征讨赋税，只要老百姓缴不上赋税，就可以用刑具鞭打。

白居易希望跻身仕途能大展宏图，从而兼济天下，没想到县尉的公务是如此残暴，这使他异常厌恶。催讨赋税和鞭挞百姓的痛苦常常充溢于心头，使他无法忍受。但是身负王命，亦无回天之力。

到周至县之后，他结交了一些新朋友：隐居在终南山下蔷薇涧的王质夫，寓居于周至的前进士陈鸿，还有尹公亮、穆三十六等人，他们常常一起游玩、饮酒、赋诗。周至境内有很多名胜古迹，在县城南面30里处有个仙游潭，此潭周围不远，便是隋文帝避暑的仙游宫，后人亦称仙游寺。这一年冬天，天气颇寒，白居易与陈鸿、王质夫等同游仙游寺，他们一边浏览冬景一边畅谈。当他们谈起了前朝皇帝玄宗与杨贵妃的逸事时，大家都感慨良多。那时白居易已颇有诗名了，陈鸿、王质夫都希望他能把这个故事写成长句，以记其事。白居易也感慨万千，诗情澎湃，李杨故事的一幕一幕历历在目，一个个人物在他脑海里栩栩如生。在陈、王二人的力促和鼓励下，他思接前朝，视通万里，一气呵成，写下了情文并茂的不朽诗篇《长恨歌》。陈鸿又在诗前写了内容翔实的《长恨歌传》，一歌一传，珠联璧合。

这是白居易的第一首长诗，是在民间传说的基础上进行再创造和艺术加工而成的，不仅辞彩华美、音律和谐，而且塑造了生动饱满的人物形象：唐明皇和杨贵妃。对他们生离死别的爱情悲剧寄寓了深切的同情，更重要的是，他表达了自己的政治见解，对先朝皇帝的荒淫误国进行了毫不留情的批判。诗歌一写好，就在白居易的好友中广为传诵，受到文人雅士的交口称赞，不久就上自宫廷，下至民间，妇孺皆知。一时之间，街头巷尾、楼馆壁挂，人们口吟、书写、传抄，宫中上下齐呼白居易为白才子。甚而至于，连那馆楼中的歌妓也纷纷学唱。据说有一个节度使高霞寓，想聘某歌妓到其府中唱歌，那歌妓道："我诵得白学士长恨歌，怎么能同其他歌妓一样看待呢？"结果，她的演唱价格就一路飚升了。

白居易的朋友们对《长恨歌》除了给予很高的评价外，对它的主

题也各抒己见、众说纷纭。他的好友杨虞卿则认为他笔下的明皇与杨妃坚定执着的爱情，寄寓了他本人的爱情理想。

整个春天，白居易来往于周至和长安之间。在长安，他就住在杨虞卿家里。杨家的花园桃李迎风、碧波荡漾，枝头是莺啼燕语，脚下是清清流水。白居易在这里一边散步一边清理头脑中千丝情愫。朋友们一致认为对明皇的谴责和对李杨二人生死深情的褒扬是《长恨歌》交织的两个主题。可杨虞卿却说其中寄寓了白居易的爱情理想。那么，自己的爱情理想是什么呢？坚贞不渝、生死相许。正如诗中所说："但教心似金钿坚，天上人间会相见……在天愿作比翼鸟，在地愿为连理枝。"他惆怅了，沉闷、烦恼与痛苦一齐向他袭来。他对与湘灵的婚事已完全绝望了，去年秋天曾托人带给她一首诗："佳节与芳岁，牢落两成空"，表达了自己的无可奈何。歉疚、抱愧、失望和无奈折磨得他心灰意冷。转眼他已三十六岁了，将至不惑之年，仍像一片风中的落叶飘来飘去，形影相吊，有时他深深地感到孤独与寂寞。春天到了，面对新栽的蔷薇，他吟道：

移根易地莫憔悴，野外庭前一种春。

少府无妻春寂寞，花开将尔当夫人。

他想结束这漂泊不定的生活，他需要有个家，在精神上有个港湾。杨虞卿与他相交多年，十分欣赏他的才华、学识，也很了解他现在的心事，便牵了红线，把自己的堂妹、杨汝士的妹妹许配给白居易。白居易在杨家久住，也早已注意到这个美丽端庄的姑娘，一经提议，便定下亲来。

泪湿青衫

白居易的司马官邸，位于浔阳城西门外，离湓浦口很近，北临大江，背倚溢水。庭院的北面，是一个绵亘不断，长约数千尺的土冈，冈上修竹郁郁青青，树木葱葱茏茏。宅后有个园子，里面也植满了各种树木。这里环境幽静，景色宜人。他知道这次谪居，时间不会太短，便在公余之暇，按照自己的喜好重新修葺了整个官舍和庭院。把山樱桃树移栽到院子里，从宅后的园子里把十八株石榴花移到厅前，又在院内装饰性地点缀了许多杜鹃花，"亦知官舍非吾宅，且劚山樱满院栽"，一方面是因为他有爱花的喜好，另一方面也是借此抒散自己的郁闷心怀。

与杨虞卿、李建分别后的第二天，他才来到蓝桥驿。他想起在那里他看到元稹题诗的惆怅；他想起在商州驿馆会齐了杨夫人后，来到商山最高最美的仙娥峰，举目俯眺时的感慨；他想起到达襄阳后，看到少年时代住过的院落，人事已非的愁思和在暮霭沉沉的傍晚，他登上城郭凭楼四望时的抑郁。他记得改行水路，沿汉水顺流而下时，经常在朦胧的月色中行船，两岸猿声不绝如缕，杨夫人黯然神伤。为了劝慰她，他写诗道："三声猿后垂乡泪，一叶舟中载病身。莫凭水窗南北望，月明月暗总愁人。"他还记得深秋始到鄂州，朋友们的盛情款待，歌酒之后曾登楼远眺苍茫的云水；他还记得他一路上逐渐坚定了信念，快到江州时他给元稹写了一首《放言》：

> 赠君一法决狐疑，不用钻龟与祝蓍。
>
> 试玉要烧三日满，辨材须待七年期。
>
> 周公恐惧流言日，王莽谦恭未篡时。
>
> 向使当初身便死，一生真伪复谁知。

在诗中他表达了坚持到底的决心。

刚到江州，白居易的思想很不稳定，江南的生活，他不习惯，但他努力使自己适应新的环境。逐渐地，他表现出一种超脱和平静，只有杨夫人了解他内心的苦闷和彷徨。

不久，他接到元稹的《叙事寄乐天书》，引发了他对诗歌理论的思考。在这年冬天的一个苦寒之夜，他给元稹写了一封长达三千二百六十七字的长信，从古代诗歌发展的历程，结合自己的创作实践，对诗

歌与现实的关系、内容和形式的关系，进行了鞭辟入里的探讨。他认为诗歌的基础是"事"，即客观社会现实，所以诗歌应当反映现实生活。第一，他主张"文章合为时而著，歌诗合为事而作"，即一方面要为现实而作，另一方面要反映现实，并要具有时代精神。这一著名的论断是前无古人的，为后代诗人指出了明确的现实主义方向。第二，他论述了内容和形式的关系，提出"根情、苗言、华声、实意"。如果把诗歌比作一枝花的话，"根情、实意"是内容，"苗言、华声"是形式，二者不可或缺。他畅论诗歌当继承国风、陈子昂、杜甫的传统，以揭露民生疾苦为主旨，而不以风花雪月、奇花异草为能事。他把这些在心中考虑了多年，却因无暇而未说出来的看法——诉诸笔端，这就是有名的文艺理论著作《与元九书》。

尽管心情平和了，但是在受谤遭贬的境遇里，他也未曾忘记前方的战局，他时刻挂念着淮西前线的士卒，更念念不忘沦落在战区的百姓，唯愿早息战火，百姓得以安居乐业，为他们写下了一篇又一篇的诗章。当然，在这时，于白居易而言，最主要的是要忘记现实带给他的烦恼，一心一意地寄情于山水。

白居易到江州的第二年，即元和十一年，一个秋天的傍晚，落日的余晖洒在江面上，江水浮光跃金，火红的枫叶和紫色的荻花被秋风吹得翩然起舞、瑟瑟作响，整个江面都笼罩在萧索、寂寥之中。

岸边的一棵飘落将尽的枫树上，系着一匹白马，暮色苍茫，水阔云低，一只简陋的官船久久地停在江边的水面上。船窗里闪着烛光，舱内人声寂寂，不断传来长吁短叹的声音。

面色忧郁的白居易穿着司马的青衫坐在桌边，他来送特意来探望他的好友、东林寺的住持满上人回寺。满上人上船后，他也随了上来，二人有许多话要说，但一言难尽，便又停船江面，摆上酒筵，边饮边谈。就这样，白居易谈起归隐，满上人不以为然，只是说他"尘缘未断"难以超脱。夜色已经降临了，二人还没有分别的意思。

满上人所说的"尘缘"和"超脱"是指白居易所关心的国事、民事。近来，他们经常谈及此事。

白居易往游庐山，在东林寺一住就是好几天。满上人陪他欣赏了北塘的三百茎莲花，游览了宝称寺，观看了弄客呼人的野猿山鸟，又徘徊于壮观的香炉峰和幽静的遗爱寺。那介于峰寺之间的云水泉石、胜绝天下的湖光山色，引动了他辞官归隐的念头。

满上人与白居易相识时间不长，却一见如故，似有夙缘。他了解白居易的处境，钦佩他的抱负和刚直不阿的秉性，特别是他超绝常人的诗才，更使他赞叹不已。对他的贬谪，老和尚很同情，有心劝他归隐，不希望他再在仕途上摸爬滚打，但看到他一心为民请愿、为国报效，又不好说。

白居易端起一杯酒，一饮而尽，酒的余沥沾在他已有几根白丝的短须上，他用手捋了几下，扫了一眼窗外，情绪有点激动："师父，你看江州左匡庐，右江湖，天高气清，富有佳境。刺史守土臣，不可远行观游；群吏执事官，不敢稍有懈怠。唯有我这个司马绰绰，可以从容于山水诗酒之间。那郡南楼、山北楼、水溢亭、百花亭、风篁石岩、瀑布庐宫、源潭洞、东西二林寺、泉石松月，我都游过了。我秩五品，岁廪数百石，月俸六七万，官足以庇身，食足以给家。州民康，非司马功；郡政坏，非司马罪。无言责，无事忧……师父。"他猛地抓住满上人的手，几乎落泪，"这种不愁吃、不愁喝，不参与民事国事的笼鸟槛猿，难道是我白居易的归宿吗？可怜我那受苦受难的苍生百姓啊……我怎样才能为他们做点好事呢？"他声音颤抖起来。

满上人很想安慰他，但又感到无言可讲，白居易的痛苦，也感染了这位超脱尘世的老和尚。许久，白居易才平静下来，灯光摇曳，白居易又从窗口望了望夜空。时光飞逝，太阳早已收回了它最后的一抹光线，月亮升了上来。他长叹了一声："唉，国事难问啊！归隐又不是我的心愿，可不归隐又何去何从呢？"他回头凝视满上人，闷闷地说："记得我那首诗吧！'名宦心已矣，林泉计何如，拟近东林寺，溪边结一庐。'"

"是啊，还是你说的'胸中壮气犹须遣'，我看，你要归隐，也是陶潜式的归隐吧！"

　　白居易笑了一下，给满上人斟满了酒。满上人举杯："来来来，再痛饮几杯，'即须行醉放狂歌'嘛!"老和尚非常喜欢白居易的诗，时不时在谈话中引用他的诗句。

　　"这地方，"说到歌，白居易想起他素来喜爱的音乐，"一年多了，听不到丝竹管弦之音，真烦闷啊!"他说着又饮了一杯酒。

　　"到这里只能因陋就简了，你要入乡随俗啊!"

　　窗外，高挂在深蓝的夜幕上越来越明亮的月亮，倒映在一片茫茫的江水中，显得冷落、凄清。

　　忽然江上传来一阵悠扬的音乐，好像琵琶的声音。白居易疑惑地聆听一会儿。"啊呀，真是琵琶，在这夜深人静，地处偏僻的江上，哪里来的琵琶?"他感到惊喜非常。

　　他们让船夫把船划到传出琵琶乐声的那只船边，停下船，白居易出舱站在船头，彬彬有礼地轻声问道："请问，是哪位高师在弹琵琶?"

　　没有人答话，琵琶声停了下来。

　　白居易小心翼翼地又问了一遍，还是没有人答话。

　　"师傅弹得实在高明，能否一见，以慰渴慕之心。"

　　在他的再三邀请下，那人终于走出舱来，原来是一位女子。月光下，只见她穿着朴素、平凡的蓝布衣裙，头上挽了一个大髻子，没有插戴任何装饰物，手中抱着的琵琶遮住了半个面孔。她向白居易和满上人弯腰行礼。白居易见是女子，犹豫了一下，但因为机会太难得了，还是把那女子邀请到官船上来。一面命人换了残灯，一面请那女子入座，重开筵席。

　　那女子没有说话，默默地坐在离席面不远的一个凳子上开始演奏。只见她先扭紧了轴子，拨了几下丝弦。在这寂静的夜里，琵琶的乐声在江上显得特别清远。她开始弹奏，一弦一指，速度舒缓，音调低沉。每一弦都像是在幽咽，在诉说她的不幸，每一声都像是在倾述她那伤心的往事。

　　琵琶的乐声在夜空中轻轻地飘扬，白居易、满上人和船上的其他人都凝神谛听。

那女子轻轻地拨动琴弦，慢慢地，又抹又挑。精通音律的白居易一下就听出来她开始弹的是《霓裳羽衣曲》，后来弹的是《绿腰》。粗弦嘈嘈的声音像是狂风暴雨，细弦切切的声音又像小儿女的窃窃细语。两种弦嘈嘈切切地乐声杂成一片，清脆悦耳，像是一阵大大小小的珍珠叮叮咚咚地洒落在玉盘之上。渐渐地，她舒缓下来，弹得又细又柔，一会儿，像那花丛下流利的莺语间间关关；一会儿，又像那严冰下艰难的流泉幽幽咽咽。清泉冻结了，琵琶女的弦子也好像冻结了、凝固了，乐声停止了。那女子垂着头，脸靠琵琶，似乎陷入沉思，脸上流露出一种潜藏在内心深处的愁苦和幽怨。一片沉默一片寂静，反倒比弹奏时更为扣人心弦……

白居易完全沉浸在琵琶弹奏的音乐境界中去了……突然一声响亮惊人的声音，像是银瓶爆破、水浆迸出。白居易从沉思中被惊醒了，他抬起头，注视着那女子，满上人和座中的其他人也抬起头来惊望着那女子。只听见琵琶又骤然爆发出急切而热烈的声音，简直像杀出了一队刀枪齐鸣的铁骑兵，气势雄壮、铿锵有力。

在紧张而热烈的情绪中，曲子弹完了，那女子收回拨子从丝弦中一划而过，四根弦同时发出好像裂帛般的声音。东西两只船寂静得没有一点儿声响，只有天空中的秋月孤独地照耀着，倒映在水中的月亮使江面变得更加惨白苍茫。

人们还沉浸在音乐激起的情绪之中，白居易更是受到了极大的震撼和感染，琵琶女技艺的高超，情感的深沉，都是离开长安到江州后的一年多来从未领略过的，他没有立即称赞，只是陷入深深的沉思里。

琵琶女见一片沉默，便迟疑地把拨子插入弦中，放下琵琶，站起来整了整衣服，态度严肃地说："见笑了，我的技艺拙劣，大约有污尊听。"

白居易和满上人连忙请她坐下。白居易道："太高明了，太高明了！像仙乐一样……听你的口音不像本地人，倒像长安人氏。你是怎么来到这里的？"

那女子见白居易平易近人，又十分欣赏自己的技艺，稍微皱了一下眉头，便缓缓地诉说了自己的遭遇。原来她在长安是首屈一指的歌妓，曾经赢得多少王公弟子、达官贵人的喝彩，名噪京师、红极一时，她在灯红酒绿的生活中度过了她的青春年华，无情的岁月流走了她的青春和红艳。人们不需要她了，门前再也没有那流水般的车辆和拥挤的人马了。她被长安冷落了、遗弃了。徐娘半老，只好嫁给一个商人来到这荒僻的地方。

说到这里，琵琶女怅然若失，愁云笼罩了她的面孔。白居易在一旁为她叹惋，满上人也同情地不住摇头。

"那商人只顾赚钱，对我没有什么情意。上个月他到浮梁买茶去了，把我一个人留在这孤舟里，凄凉度日。当我看到像江水一样冰冷的月光时，往事就像刀子一样剐割着我的心；在夜里，我常常梦见年轻时的往事，常常痛哭而醒……"大滴的眼泪从她的眼眶中滚落，她呜咽着，肩膀随着她的哭泣不断地颤抖。命运竟是这样戏弄人生，一个出色的女子，经受过多少凌辱，在凌辱中强颜欢笑，最后只落得沦落天涯、流浪他乡。白居易叹息着站起来，这个女子的遭遇和眼泪不仅引起他的同情，而且使他产生了强烈的共鸣。他想起了自己被贬谪的遭遇，便宽慰她道："你不必过于难过，和你遭遇一样的，也大有人在啊！"他做了一个手势，指了指自己："我和你一样，也是沦落天涯的人啊！我从去年离开长安……"

"老爷是从京城里来的？"琵琶女惊奇地问，脸上流露出亲切的神情。

白居易没有回答。一年多来，他强迫自己不去回忆那使他感到理想、抱负全部沉沦的贬谪，他强迫自己忘记自己无端遭受的诬陷和皇帝的昏聩、糊涂。他固执地要自己相信，徜徉于山水比在朝为官更使他如鱼得水，并且他还做着归隐的打算，他似乎完全解脱了，以"饱谙荣辱事，无意恋人间"自嘲。可是今晚这位琵琶女充满哀怨的音乐，她漂泊、憔悴、空船独守的寂寞生活，转徙江湖为世所弃的不幸遭遇，都像一只无情的手在掀动他内心的伤疤，在揭示他的痛苦和屈辱，使他那自认为已经愈合的创伤又重新如此强烈地噬啮他的心。

满上人见白居易没有答话，便对琵琶女笑道："你还不认识这位老爷吧，他就是作《长恨歌》的白学士呀!"

那女子听说是白学士，更加吃惊，连忙站起来："白学士？您就是作《长恨歌》的白学士吗?"

白居易从沉思中醒来，但已无法驱散萦绕在心头的万千惆怅。他惘然地问："怎么，你认识我吗?"

"不，我怎么能高攀认识您呀! 不过，在京城，谁人不知道白学士的大名。我们歌女，谁要能唱好《长恨歌》，那可要大大地抬高身价。"她站起来，放下琵琶，向白居易毕恭毕敬地拜了几拜，真诚地说："别看我们是歌女，整天迎送客人、弹琵琶、唱曲子，我们可最能分清是非好坏了，您白学士不仅写了《长恨歌》，还写了《秦中吟》《新乐府》和别的诗歌，那都是为老百姓说话的。像我这样出身贫苦的歌女哪个不感激您呀。要是朝廷的官，都能像您这样心里有百姓，我们就不会受苦了，我也不会沦落为歌女了。唉! 可惜皇帝不听您的话。"

白居易听了琵琶女这一番坦率而又撩拨他心弦的谈话，不禁更加悲伤起来，满腹的话，到了唇边又咽了下去。看到重新摆上桌来的酒菜，他请琵琶女入席同饮，她谢绝说自己没有资格和白学士同席饮酒。白居易笑道："何必如此拘泥! 你我同是沦落天涯之人。听你刚才那一番话，倒是一个知己呢! 蒙你为我们弹琵琶，让我敬你三杯，聊表谢意。"琵琶女爽朗地饮了白居易递给她的三杯酒道："多谢白学士。回想在长安时，要能认识白学士，那可不是一件寻常的事啊! 今天能够如此亲近，也是三生有幸!"

白居易又向她介绍了满上人："这是我的好友满上人师父，在我这一年多的贬谪生活中，他可是个难得的良师益友。我们都很欣赏你弹奏的琵琶。回去以后，我要把你的事写成一篇《琵琶行》。"

听白居易介绍满上人，琵琶女忙站起来向他行了礼;又听白居易要为自己写一篇《琵琶行》，她万分感激。她知道白学士的诗一字千金，不仅文人雅士喜欢吟诵，那妾妇、牛童、马夫等下层百姓也交相

习读，甚至于传到外国，那鸡林国宰相，常以百金换一篇，高价相求。她激动地默立，待到心情平静后，没有在席前就座，依然坐到弹琵琶时坐的那个凳子上，抬起早已湿润的眼睛，看了看白居易和满上人，就拨动琴弦，急促地弹奏起来。

清越、响亮、凄恻动人的琵琶声在夜空中回荡着，在这久久停在江面上的官船里，人们不断地用袖子揩去激动的泪水，白居易的司马青衫，随着琵琶的乐声，已湿透了好大的一片……

白居易送客归来，久久不能入睡，他在书房里踱来踱去，不断地叹息，又不断地自言自语，他那饱蘸墨汁的笔几次都滤干了。眼看窗外已近黎明，他才坐到桌前，把杨夫人给他准备好的一杯酒一饮而尽，先写下了"琵琶行"三个大字，然后奋笔疾书。

笔落纸上，如行云流水，如珠玑滚滚，不一会儿，便把送客遇琵琶女及她弹奏的经过都一一写下。写到"同是天涯沦落人，相逢何必曾相识"时，手下的笔突然放慢了，再往下："我从去年辞帝京，谪居卧病浔阳城"，写到"谪居"二字，他又陷入沉思，久久不能下笔，往事一幕幕地涌上心头。半晌，落下泪来，竟不知轻手蹑脚的杨夫人早已悄悄地站在他的身后了。

杨夫人轻轻地安抚他，他才注意到她站在自己的身后，并且和他一样，神色憔悴。她也一夜没有合眼，在卧室里谛听他的动静。

这时白居易就像一个独自走过了一大段曲折萦回的道路，才看到人烟的旅者一样，感到有了依靠。他拉过衣衫单薄冷得瑟瑟发抖的杨夫人，把头伏在她的胸前，暂时歇息一会儿，他真想把这几个时辰里他内心经历的波澜起伏和无穷无尽的烦恼向她倾吐。

他感到她身体的温热和心房的跳动，看到她的关切和担忧，也看到她的含蓄鼓舞。慢慢地，他又心气和平了，杨夫人站到桌前为他磨墨，他又拿起笔来。

天色大亮，他终于写完了最后一句：

座中泣下谁最多，江州司马青衫湿。

白居易从头到尾给杨夫人读了一遍。成亲以来，受白居易的影响，她也喜欢诗歌并具有一定的鉴赏能力，听完之后，她称赞道："好极了，相公，自然流畅，全无雕琢痕迹，正是你一贯的风格。通篇看来，情致曲尽，跌宕开阔，起伏多姿，浑然一体。无一多余之字，无一冗赘之句，天衣无缝。且音韵优美，琅琅上口，真乃千古之绝唱啊!"她兴奋至极，竟然滔滔不绝。"特别是这一段描写音乐的文字，真是绘声绘色，美妙绝伦，前无古人……"

话音未落，白居易用指头在她脸上一划，羞她："你知道你在夸谁吗?"

杨夫人微微涨红了脸，嗔道："我在评价一件艺术品，不管它是谁作的。"

夫妻二人又一边吟诵，一边略加修改。中国诗歌史上描写音乐最精彩的名篇《琵琶行》就这样诞生了。

在江州，白居易越来越感到命运的力量是那样强大，人没有力量与命运抗衡。他无力回天，最后只能归之于命运。他内心绵绵无尽的矛盾和斗争慢慢地停歇了下来，既然不能兼济天下，那就只好独善其身了，"安时顺命"的情绪占据了他，他不想再与命运分庭抗礼了。

到江州后的第二年他在环境优美的庐山营建了草堂，打算终老斯地。他已经四十六岁了，前途迷茫，也许在佛门能得到精神上的解脱，向佛之心越来越强烈，便开始在东林寺学禅了。

白居易草堂

到江州的第三年，他又添了一个女儿，取名阿罗，夫妻二人甚感欣慰。但也是在这一年，他的长兄白幼文辞世了，又使他非常难过。

这一时期，他的诗歌创作却转入了低谷，由于被贬谪的苦闷及现

实生活中的重重哀愁，他只写了一些描写个人身边生活琐事的诗篇，流露出怨艾的情绪。

好在朝廷的局势又发生了变化，吴元济伏法，淮西战乱平定，朝廷威望日隆。裴度、崔群等人入相，崔群和他是老朋友，形势对他是有利的。

不久，由于崔群等友人的援助，元和十三年的十二月，白居易终于等到了盼望几年的消息：奉诏任忠州刺史。贬谪之官得到呈移，而且升了格，就任刺史，使他十分激动。元和十四年二月，他带着全家，包括他聪慧可爱的小女儿阿罗离开了江州。

独善保和

忠州离长安 2222 里，接近南方边境，城在长江北岸，居民傍山筑室而居。街道狭窄，人烟稀少，常有虎豹出没，十分荒凉。

白居易在长江逆水行舟往忠州进发时，又久久地思考着自己今后的前途，他感到必须改变自己为人处世的方式方法。他太累了，个人的力量也太微不足道，他没有力量再应付现实生活给予他的打击，没有力量再和那些邪恶势力分庭抗礼，也不想再成为这种斗争的牺牲品了。知足保和，随遇而安，应当是自己今后奉行的为官处世哲学，当然自己绝不会同流合污，随波逐流。这个决定，标志着他思想的重大改变，虽然与"兼济天下"是矛盾的，但却符合"独善其身"的愿望，可以说是他精神上的最好出路。

虽然没有了雄心勃勃和嫉恶如仇，代之以心平气和与洁身自好，但对老百姓的一片爱心却一如既往，他要在自己力所能及的职权范围内，为民造福。要知道，再过两年，他就到"知天命"之年了。

　　在忠州,他决心"下安涧察,上副忧勤"。所谓"下安涧察"就是解除百姓的痛苦。每到深夜,他难以入眠的时候,听到百姓们齐唱竹枝词,倾诉他们的苦难,白居易就内心不安,为不能替他们解除痛苦而内疚。但个人力量有限,怎能改变那么多人的命运呢?他只能尽自己的力量改革地方吏治,劝农均租,省事宽刑。他还能做的就是:常常周济一些贫穷的无所依靠的老人或流离失所的不幸的人们。

　　在忠州,他发现了城东的一片坡地,把它称之为东坡。利用闲暇时间,大量栽种花木,又在东涧种了许多柳树。写了《步东坡》和《东涧种柳》各一首,以记其事。在离城十里的山中,有一条名叫玉溪的小溪,源头有潭,溪旁古木森森。其中有一种木兰树,花大如盆,北方无此佳木,白居易喜爱非常,请人为之作画并亲为题诗三首记述木兰之大概。

　　忠州的荔枝,色香味俱佳,堪称极品。白居易在州治的西南隅,营造了一座荔枝楼,又称西楼,也请人画了荔枝图,并写了一篇序,就是有名的《荔枝图序》。

　　一年过去了,他在忠州度过了一个无雪的冬天。冬去春回,春暖花开,白居易心情随天气变暖,便在刺史府的大院里,开了一个"与民同乐"的宴会。当地的巴蜀儿女,纷纷前来赴会。庭院里放着许多酒坛子,坛子又插着许多藤枝,人们可以随意吸酒。偌大的院子,人声嘈杂,鼓声隆隆,一片欢声笑语,有人引吭高歌,有人婆娑起舞,亦可与刺史闲话家常。白居易的属吏、幕客也都杂坐百姓之中,官民同乐,白居易特写诗以记其事。

　　元和十五年正月二十七日,宪宗暴卒于长安大明宫的中和殿。新君继位,是为穆宗。宪宗在位十五年,诛除群盗,睿智英断,尽管任用宦官,有时忠奸不辨,但仍不失为一个有作为的好皇帝。白居易在宪宗时期虽不太得志,但他毕竟是宪宗提拔起来的,心中感念其知遇之恩。现在宪宗暴卒,他很伤心,新君如何,谁又能预料呢?他估计自己在忠州至少要待三年。没想到,这一年的九月,他就接到敕命,拜为尚书司门员外郎,自忠州召回。

白居易感到意外欣喜，历时六年的外官生活，终于可以结束了。虽然在忠州只待了两年，要离开时，又感到万千留恋。城东开元寺，他新栽的柳树还没有垂条；在东坡，他手植的桃李也将成林。这一切都使他留恋，使他萦怀。他写诗道：

三年留滞在江城，草树禽鱼尽有情。

何处殷勤重回首，东坡桃李种新成。

他想到他可能永远不会再到这里来了，他想到他曾生活过两年的地方虽然地处蛮荒，却也四面春色，特别是巴蜀儿女对他的深情眷恋，使他不忍心骤然离去，每想及此，不禁黯然神伤。但对于敕命归京还是由衷地欣喜。在做好了一切准备后，他带着全家人登上官船，沿长江顺流而下，穿过白狗峡，路过黄牛峡，来到洞庭湖口，折转向北，直奔鄂州，入汉水，溯流而上，到了襄阳，弃舟登岸，走上商於大路。来到这里，他百感交集，六年前贬往江州时的情景还历历在目，而他自己已经历了人生的重大转折。

他又回到帝都长安了，朝廷发生了重大的变化。宰相萧俛是进士集团的代表，倾向革新，另一宰相虽属旧官僚集团，但为人公正豁达，所以白居易的友人都纷纷重新被启用入朝为官。元稹迁为祠部郎中、知制诰，钱徽、李宗闵、李绅、李德裕、李绛、崔群、韩愈、杨虞卿、杨汝士、张籍等都改官升迁。白居易官阶较低，感到不得意，一度又产生退隐的想法。可是不久，就被授为主客郎中、知制诰。这是一个比较权重显要的职务，可以参与朝廷大计，接近皇帝，实际上就是中书舍人的工作。

他在新昌坊买了一所住宅，实现了他的夙愿，在长安城里总算有了自己的住宅。

穆宗长庆元年以进士考试为导火线，爆发了李德裕与李宗闵的"两李党争"。二李各自树党，互相倾轧，达四十年之久，实际上就是新旧官僚集团之争。白居易不赞成朋党之争，也回避党争，但因曾为李宗闵、牛僧孺等辩护，所以李德裕视他为政敌。

白居易迁入新居不久，就与元宗简同制加朝散大夫，从五品下，这才脱去青衫,穿上绯衣。到了十月,又诏除白居易为中书舍人,正五品下,跻身高官的行列。一年连升三级,政治上可以说是一帆风顺了。杨夫人也因夫得贵,得到了弘农君的诰命。他写诗玩笑地对夫人说:"我转官阶常自愧,君加邑号有何功?"白居易既满足又不自安,常常警示自己知足保和。

他与杨夫人成婚十几年来,夫妻恩爱,伉俪情深,但是白居易并未忘情湘灵,只是把对她的爱深深地埋藏心底,是"还将旧时意,怜取眼前人"之意。有时暗暗地思念湘灵,心情就变得极为郁闷。在江州时,他把她送给自己的一双鞋带在身边,怕九江梅雨蚀坏了,不时放在阳光下晒晾,把玩、凝思,还写下一首《感情》诗。现在他的权势更显要了,对湘灵的怀念也更深了,他写了一首《寄远》以抒情怀,有句云:"欲忘忘未得,欲去去无由。两腋不生翅,二毛空满头。"正是他自始至终未能忘情湘灵的写照,也是他有时黯然神伤的原因。

白居易虽然知足保和,但他行在"独善",对自己的行为品格持正极严,在公务上一贯坚持奉公守法,为人刚正不阿。长庆二年(822年)八月,他奉诏去田布家,宣谕田布拜为魏博节度使,田布赠绢五百匹,白居易不受却还。穆宗出面,派中使第五文岑,到府上相劝,白居易还是坚持不受,并写了《让绢状》,力矫恶习,坚持廉洁奉公。另外,白居易在朝廷上依然敢于秉持正义,决不随波逐流,他的言行,赢得了士林的敬重。

长庆二年,元稹入朝为相,有意解除裴度兵权,怂恿穆宗罢兵。穆宗听信元稹,诏除裴度为东都留守,判东都尚书事。白居易坚决反对元稹的这种做法,不顾二人私人的友情,上《论请不用奸臣表》,揭露元稹之非。

白居易在朝廉洁、正直、不以私害公的品格,深为时人褒扬。但是人心叵测,君心易变,他虽然知足保和,不涉党争,并与同朝多数官员关系融洽,但世事难料,长庆二年(822年)七月份,朝廷竟罢去白居易的中书舍人,诏除他为杭州刺史。

淡出官场

白居易少年时的理想就是做官。那时他从心底里欣羡韦应物、房孺复为苏杭刺史的风流潇洒，希望有朝一日也能就任苏杭刺史，领一郡之事，为一方之主，现在梦想成真了，他感到异常欣慰。

杭州山清水秀，是东南大郡，他深感责任重大，对待公务兢兢业业，不敢有丝毫懈怠。

夏天，杭州酷暑，江南干旱，白居易到处祈雨，写祈文，拜伍相庙、城隍祠、皋亭庙，可就是不见下雨。又去祭北方的黑龙，眼看着农田枯悴，百姓干渴，他忧心如焚、一筹莫展。客观现实使他认识到仅仅祈求神灵是无济于事的，还必须依靠人力。于是他决定疏浚六井，增修湖堤，大量蓄水，以备不时之需。他查明城中六井与湖水相通，决定整修井壁，使井水常足。浚井增堤的工程，在城内和湖上同时进行，白居易常常亲临工地去督促检查，了解工程情况，就地处理问题。长庆四年（824 年）二月底，湖堤增筑竣工，蓄水可灌田千余顷，白居易写了一篇《钱塘湖石记》，记录了管理灌溉的细节，刻于石上，告知后来的刺史。从文中可以看出他体恤百姓疾苦，做了大量的工作。百姓们安居乐业了，不再受干旱之苦了，当他看到杭州百姓欢度元宵的盛况时，感到由衷的欣慰，他为自己为民造福而欣慰，也为自己颇有政绩而感到充实、愉快。

在公务之余，他常在湖上泛舟饮酒，欣赏西湖的湖光山色，并且写下了不少诗歌，他说自己"新篇日日成""旧句时时改"，并且在斟字斟句上下了很大的功夫，写诗技巧也不断地提高。不过，他已消磨了早年在政治上的锐气，反映现实生活，具有强烈现实意义的诗作已经凤毛麟角。他主要写自己的生活和日常琐事，描写自然风光，流露了颓废、感伤、知足、感叹光阴易逝的避世情绪。当然,那些情致优美、风景如画的写景诗,在杭州也广为传诵,深受百姓的喜爱。

在杭州的日子里,他越来越喜欢清静安闲,迷恋道教,也时时坐禅,进行斋戒,而且自此以后,斋戒成了他生活中不可或缺的内容。

女儿阿罗很可爱,他珍视这唯一的女儿,但他已经五十二岁了,却膝下无子,这是他心灵深处的遗憾,他常为此事焦虑却又无可奈何。

同年五月,他在杭州任满,诏除太子右庶子。他对生活过三年的州郡又感到无法割舍。动身前,他重游了杭州所有的名胜,最后还去看了天竺寺的桂子树和灵隐寺的海石榴花。这里的人们对他更是眷恋,每每提及刺史离郡就情感激动,神色悲怆。临行那天,前来相送的市民携老抱雏、泣不成声,白居易内心也很难过。他感到为百姓做的事太少了,而百姓对自己却如此深情,他对不起百姓啊! 而写诗道:

耆老遮归路,壶浆满别筵。

甘棠无一树,那得泪潸然。

税重多贫户,农饥足旱田。

唯留一湖水,与汝救凶年。

满载着杭州人民的深情厚意,他告别了杭州,这是长庆四年。

在白居易离开长安的三年里,宫廷里也发生了翻天覆地的变化,穆宗李恒因服金石之药中毒而死,太子李湛即位,是为敬宗,年号宝历。这个年仅十六岁的皇帝年幼无知,嬉戏无度,不理朝政。导致大权旁落,宰相李逢吉乘机专权,又与宦官勾结,做了不少坏事。

李逢吉与元稹、裴度等有深层次的矛盾,而白居易又与元、裴交往甚密,李逢吉会介意吗?白居易疑虑重重地回到洛阳,对未来的抉择,无所适从,他不想去长安,很想退居渭村,但洛阳的友人劝他分司东都,留在洛阳。他很喜欢洛阳的清幽雅静。认为分司是个好主意,便写信给另一宰相牛僧孺,很快就获准分司,如其所愿。于是他买了履道里故散骑常侍杨凭之的旧宅,其中竹木池馆、有林泉之致,他很快意,有时春池泛舟、有时道里漫步,每事必有新诗,每诗必饮酒满觞,他感到自己简直就是诗中之仙了。

宝历元年（825 年）三月四日，白居易又接到苏州刺史的敕命，和做杭州刺史一样，这也是他青少年时代的梦想，多年以来梦寐以求，所以他十分高兴。很快，他便带着全家坐上官船离开洛阳，直奔淮上了。

唐代的苏州，是东南大郡，版图十万户，周遭四十七里，西有姑苏山，西南有太湖，名胜古迹，遍于境内，物华天宝，人杰地灵，白居易不胜欣喜，大遂平生之愿。

在苏州任上，白居易公务繁忙，不敢有丝毫懈怠，宵旰勤劳，尽于职守。他先修建了从阊门到虎丘的道路，以利游人行走，这就是山塘路，又称白公堤。堤下有一条宽渠，直通运河，又在渠里栽种了桃树、李树、荷花数千棵，红男绿女，游人络绎。白居易写诗道："自开山寺路，水陆往来频。"因为他勤政爱民，政绩卓著，深受苏州百姓爱戴。公余之暇，他便畅游山水，饮酒赋诗，其中与和州刺史刘禹锡唱酬颇多。

白居易虽然游兴极高，但体力日渐不支，心绪也开始不佳。宝历二年（826 年），在游完灵岩寺归家的途中，不幸堕马，摔伤腰脚，伤势严重，卧床一个多月，才能起来行走，而且他原本就有的眼疾，也愈加严重，眼前总是雾蒙蒙地看不清东西，于是萌发了辞官的念头。他告了一百天的长假，一直休息到八月底，假满之后，因眼病的原因，免去了他的刺史职务。他一面准备北归，一面游山玩水，凭吊古迹。那灵岩寺的钟声，太湖的烟水，小西湖的绮丽，白云寺的缥缈，都使他流连其中。特别是州民对他的深情厚意，更使他感到难以割舍。动身的那一天，属吏、州民抬着酒席，吹奏着乐器随船相送，依依数十里，不肯离去，使他受到感染。他叹道："还多信有兴，去郡能无情。"

可喜的是，行到扬州时，与刘禹锡不期而遇，二人都喜出望外，一起在扬州到处游赏，有时对酒联吟，有时引吭高歌，写下了不少动人的诗篇。刘禹锡写了《白太守行》，白居易写了《答刘禹锡白太守行》，白居易又在一次酒筵上写了《扬州初逢席上见赠》，刘禹锡又写了《酬乐天扬州初逢席上见赠》。在扬州盘桓半月之久，才离开扬州沿运河北上，经过楚州，来到汴州，二人依依不舍地离别。

文宗大和元年正月底，白居易回到洛阳，使他伤心的是，弟弟行简已于去年冬天逝世了。这时他刚过了五十六岁，许多友人如王质夫、李建、元宗简等都已相继辞世，但弟弟的逝世确实使他震惊之余又悲痛万分，心绪更加惆怅。加上敬宗为宦官刘克明所杀，文宗即位改元的政局变动，都使他感到世事难料，人生无常，他欲远离仕途，只想以诗酒自娱。但新上任的裴度和韦处厚都与他交好，坚决不同意他在家赋闲，于是三月，白居易又征拜为三品秘书监，并赐金紫。他只好回到长安新昌坊。

秘书监这个职务既清闲，又远离政治上的纷繁扰攘，白居易较为满意。他的许多老友都在长安，如崔群、杨汝士、庾敬休、张籍、王建等，生活都很充实。十月份，文宗诞节，诏白居易与安国寺沙门怀义、太清宫道士扬弘元，在麟德殿论儒释道三教教义，并写了《三教论衡》之文。在这两年里，他编辑了两本诗集：与元稹唱和的《因继集》和与刘禹锡唱和的《刘白唱和集》。大和一年十一月，他奉使去洛阳，刚过了年，就诏除他为刑部侍郎，三月初，他又动身回长安。刑部侍郎是个权官，正四品下，掌管天下刑法及徒隶、关禁之政令。他也感到欣喜，便写信告诉元稹。

任职不到一年，好友宰相韦处厚暴病而亡，他的精神又受到很大的打击，加上身衰体弱，杨夫人和女儿阿罗都劝他分司洛阳，回家休养，他心里也极希望避开政治纷扰，尽管所任的官职权势颇高，但他对名利已越来越失去兴趣，便又一次开始了"百日长告"。假满之后免去刑部侍郎，诏授太子宾客，分司东都。他不留恋这显赫的官职，为能离开政治漩涡而暗自高兴。当然，要永远离开政治舞台，不能说他没有一点伤感。

如果说在杭州、苏州刺史任上，为老百姓办了一些好事，解除了他们的部分危困，是他早年"兼济天下"之志留下的遗光余烈的话，那么这一点遗光余烈所闪现的火花现在已经逐渐冷却了。

寄情山水

　　五十八岁的白居易，如释重负地离开了长安，在回洛阳的路上，他寄情山水，访友吟诗，走了十三天才到洛阳。

　　白居易在洛阳的朋友也很多，如东都留守令狐楚、河南尹冯宿、挚友崔玄亮等，他和他们游山玩水，饮酒赋诗，既不寂寞，又不繁忙；既无党争之虞，又无俸禄之缺，能这样安享晚年，还有什么不满足呢？他真正体会到分司的妙处，便在《中隐》这首诗中很直率地表明了自己知足的思想：

　　　　大隐住朝市，小隐入丘樊。

　　　　丘樊太冷落，朝市太嚣喧。

　　　　不如作中隐，隐在留司官。

　　　　似出复似处，非忙亦非闲。

　　　　不劳心与力，又免饥与寒。

　　　　终岁无公事，随月有俸钱。

　　　　君若好登临，城南有秋山。

　　　　君若爱游荡，城东有春园。

　　　　君若欲一醉，时出赴宾筵。

　　　　洛中多君子，可以恣欢言。

　　　　君若欲高卧，但自深掩关。

　　　　亦无车马客，造次到门前。

　　　　人生处一世，其道难两全。

　　　　贱即苦冻馁，贵则多忧患。

　　　　唯此中隐士，致身吉且安。

　　　　穷通与丰约，正在四者间。

在宦官专权，党争激烈的浑浊风气里，一般朝臣，无不陷入牛李党争，白居易能超然物外、远离喧嚣，这与他淡泊名利、洁身自好的品格不无关系。

他的挚友元稹早年也和他一样刚直不阿、嫉恶如仇，但却晚节不保。一是勾结宦官以求升迁，二是在浙东七年，素无俭德，以渎货闻于时，从浙东回到长安，腰缠万贯。白居易虽然与他有深情厚谊，但对他的这些做法不以为然。

多年以来，白居易遵从自己"独善其身"的原则，绝不同流合污。虽然不能"兼济天下"，可是他心里却时常心系老百姓，同情他们的疾苦。他说"中人百户税，宾客一年禄"，他为自己的享乐生活十分内疚，尽管他不能改变和摆脱这种生活，却时常为此不安。在放浪形骸之外，他并没有忘记关心社会现实。作为一个封建社会的官吏，他又能为百姓做些什么呢？能从内心同情百姓，其精神境界已经很高尚了。

从诗歌创作来看，白居易这一时期的作品，反映社会现实的不多，主要是描述个人生活和抒发个人感情。除了知足保和的思想外，还表达了消极、颓废、人生无常的情绪，无法与他早年反映社会现实、充满朝气和战斗性的诗篇相提并论。

在洛阳生活了两年，最令他高兴的是，五十八岁的他，居然添了一个儿子，取名阿崔。这使他早已破灭了多年的愿望又实现了，老年得子，使他喜不自胜，兴奋不已。同时又得知元稹也生了一个儿子，二人互相写诗祝贺，庆幸终于有后。

整整过了两年的闲适生活，李宗闵入朝用事，又引荐牛僧孺同朝为相。他们顾念白居易，诏除他为河南尹，以代韦弘景。白居易就任河南尹时，年届六十，他已失去了昔日的雄心壮志，难再励精图治了，只是例行公事，所喜好的就是与友人、道士结伴而游。香山寺、龙门、王屋山、少林寺，将及游遍。万没料到，在他刚刚调整好新的生活秩序，不幸却向他袭来，儿子阿崔忽染暴病夭亡，这给了他沉重的一击。人生之痛，莫过于老年丧子，他几乎被击得失去了生活的勇气，写信告诉元稹、刘禹锡、崔玄亮，为此他几乎罄尽眼泪。

太和五年（831年）七月，元稹暴病身亡。白居易万分悲恸，亲临坟前，为文祭之，痛陈二人之情谊。第二年，元稹大葬，白居易又为他撰写墓志铭。元家赠润笔之资六七十万钱，白居易不受，全部布施香山寺，以为香火之资。

朋友们相继谢世，白居易倍增伤感，他已毫无为官的心绪，打算辞去河南尹。另外，朝廷里党争愈益激烈，李德裕入相，又排斥了李宗闵、牛僧孺等，政治空气极为紧张，白居易开始请长假，不久，就诏除严休复为河南尹了。

白居易罢河南尹，回到自己的旧宅，以后再授太子宾客、分司东都的诏书就到了，这正合他的心愿。多少次的政治风浪基本上没有危及到白居易，是他奉行"避祸全身"之道的结果。这时他已经是一个六十二岁、饱经沧桑的老人了。

佛门辞世

白居易这次分司东都，下定决心永居洛阳了。他的年事渐高，朋友们一个个先后弃世，在世的朋友们的往来也逐渐减少，与他过从较密的只是一些僧人，如神照禅师、清闲上人、宗实上人等，他彻底与世无争了。

朝廷上，文宗厌弃朋党之争，也痛恨宦官专权，一心想为敬宗报仇。宰相李训、舒元舆及郑注等也想清除宦党，设计诈言金吾仗舍石榴树上有甘露，请文宗前去观赏，趁机把陪文宗前来的宦官仇士良、鱼弘志就地正法。不想走漏风声，仇士良等命神策将军将宰相李训、王涯、贾餗、舒元舆全部杀死，其他如王璠、郑注等族诛，长安大乱，过了十多天才慢慢安定下来，这就是有名的"甘露之变"，从此宦官专权更为严重。

白居易得知这个消息后，十分震惊，局势动荡如迅雷，使他庆幸自己力避党争，远离是非，才能保住这样安定的生活。此前，朝廷诏除他为同州刺史，但他借口患病，辞而不拜；紧接着，朝廷又诏授他为太子少傅分司。这件事情做得好，他心里充满喜悦。另外，女儿阿罗与谈弘漠成了婚，了结了一桩大事，也使他宽慰，他在许多诗篇中都提及此事。他开始安度晚年了，在履道里他自己的家中，每至池风春，池月秋，水香莲开之日，露清鹤唳之夕，拂杨石，举陈酒，授崔琴，弹《秋思》，怡然自得，不知其他。酒酣琴罢，又命乐童登中岛亭，合奏《霓裳羽衣曲》，声随风飘，或凝或散，悠扬于竹烟波月之际；或命家妓樊素、蛮子等，轻歌曼舞，其乐融融。家里妻孥熙熙，鸡犬相顾。他常常独酌赋咏于舟中，并作《池上篇》以记其事。他自号醉吟先生，又模仿陶渊明《五柳先生传》作《醉吟先生传》以自况。白居易还在闲暇之余，了却了另一桩心愿，他把自己所写诗歌两千九百六十四首，编成六十卷，赠给庐山东林寺，规定"不借外客，不出寺门"。不久他又整理出一部诗文集，送往洛阳圣善寺，希望能留传于世。寺僧非常重视此事，把他写的记文刻在石头上以资留念。他把自己的诗分作讽喻、闲适、感伤、杂律四类，认为最有价值的是讽喻诗。

　　他又趁着自己身体还比较康健，频频出游。有时冬雪才融就上山，常常一住数日；有时同刘禹锡等人去东城看花，往往数日不归。尤其是洛阳的香山寺，是他最喜欢去的地方。

　　苏州南禅院千佛堂转轮经藏落成，白居易写了题记并刻石记之；同时，白居易又写了《苏州南禅院白氏文集记》，这是他把文集送往佛寺保存的第三部，随着时间的推移，这部集子存诗为三千四百八十七首，较前有所丰富。他把自己的诗集一共分抄四部，除了存藏三寺之外，另有一部藏于家中。开成四年（839年）十月，他得了风痹之疾，于是放妓卖马，准备安排后事。

　　白居易之诗，力求简洁易懂，使老幼皆解。他常常在诗写成之后，读给一些普通老太太听，听取她们的意见，有意形成自己通俗易懂的

诗风。其实用高深的话讲高深的道理是不难的，而用浅显的话讲高深的道理却是难能可贵的，所谓深入浅出，就是如此。在这一点上，白居易要比其他诗人高明得多。到了晚年，白居易诗风又逐渐变化，开始向民歌学习，写了《杨柳枝》二十首、《浪淘沙》六首，都是新声，词意隽永喜人。他在香山游览时，想起江南美景，又作《忆江南》词三首，触景生情，巧妙地抒发了情景交融的独特感受，大有民歌之风，清新可人，引起人们强烈的共鸣，历来脍炙人口，传唱不衰。

晚年的白居易，饮酒赋诗，访友闲游是他生活中的重要内容，年已七十高龄，官居太子少傅，人闲俸丰，虽然膝下无子，但女儿为他添了一个外孙女引珠，夫人健在，可以安享天伦之乐。

白居易晚年生活的另一重要内容就是笃信佛教，自命为佛门弟子，许多时间都在佛寺中度过。他早年不信佛道，但自贬官江州后，深知仕途艰险，除寄情山水诗酒、借旷达以自遣之外，转而学道炼丹，继而皈依佛门，现在他与香山僧如满结香火社，每肩舆往来，白衣鸠杖，自称"香山居士"。

他接触佛教时间很长，受影响也很深，和许多名僧都过交往。早年他曾"求心要"于洛阳圣善寺凝公法师，据说凝公曾经授他八个字："观、觉、定、慧、明、通、济、舍。"他依据这八个字创作了"八渐偈"。

白居易曾问禅于鸟窠禅师。那禅师常在松树上栖止修行，故名"鸟窠"。有一天白居易来到树下拜访禅师，看见禅师端坐在摇摇欲坠的鹊窠边上，便惊呼："禅师太危险了！"那禅师却道："我坐在树上一点儿也不危险，倒是你的处境很危险！"白居易不解，禅师道："薪火相交，纵性不停，怎能说不危险。"他意指宦海沉浮、钩心斗角、尔虞吾诈，危险难测。白居易略有领悟，又问佛法大意。禅师道："诸恶莫作，众善奉行。"白居易又作一偈请教禅师：

特入空门问苦空，敢将禅事问禅翁。

为当梦是浮生事，为复浮生是梦中。

禅师作偈回答：

来时无迹去无踪，来与去时事一同。

何须更问浮生事，只此浮生是梦中。

说的是人生本身就是梦、是幻，无须对梦与人生强加区别。白居易心悦诚服，遂拜禅师为师。到了晚年，感到此生将尽，又无子嗣，产生了一种强烈的皈依西方弥陀净土的愿望，佛教成了他晚年的精神支柱，他也用佛教来陶冶情操，崇佛之心愈加强烈，既归心南宗，又信仰净土。他祈愿今生能摆脱苦难，获得解脱，对于死后要去的地方，并不在意。他舍自己的住宅为"香山寺"，醉心念佛，并把佛理融入诗篇，他在《香山寺》诗中写道：

空门寂静老夫闲，伴鸟随云往复还。

家酝满瓶书满架，半移生计入香山。

又道：

爱风岩上攀松盖，恋月潭边坐石棱。

且共云泉结缘境，他生当作此山僧。

诗境悠闲飘逸，心静泰宁，完全是一个超凡脱俗的佛家弟子了。

他虽然有着浓厚的"人生如梦""万事虚幻"的心态，但更重要的是他的乐天知命。"人生七十古来稀"，他已年届七十，全无冻馁之苦，安享天伦之乐，他还有什么奢求呢？该满足了！到七十一岁时，他要急流勇退，又开始了"百日长告"。他想彻底退出政坛，假满官停，暂时没有了俸禄，对此他表现出淡漠的态度。在《达哉乐天行》中他表示，死生对自己已是无所谓，生计还算什么问题呢？他可以变卖自己微薄的家产以维持生计。他的挚友崔玄亮、裴度、杨虞卿相继去世了，除了使他倍感孤寂之外，更使他正视自己的日子也不多了。他为自己画了像，想要留给后人。当然，他的俗念并没有完全消失殆尽。他想，做了一辈子官，最后总得有个致仕的名分吧，他给牛僧孺写了信，在《戏问牛司徒》一诗中委婉地表达了自己的这一想法。牛僧孺接受了他的要求，向朝廷呈报了他的情况，遂即奉诏，以刑部尚书致仕。白居易由衷地欣喜，用不着变卖家产了，他彻底地退出了政治漩涡，连原来分司官每月参加一次的"拜表行香"的活动也不用参加了。

朝廷的党争越来越残酷，越来越无情，他为自己能远避党争而欣慰。他感到自己是有先见之明的，不恋官、不贪财，清心寡欲，随遇而安，晚景的安适使他十分满足。

但是话说回来，其实，他又何尝能真正解脱呢？他虽远离政治，却又关心着朝廷的波澜起伏，表面上的游山玩水、饮酒赋诗，却无法冲淡他内心的紧张和焦虑。曾经那样勇敢地站出来为民请命的白居易，他内心的热情是不可能真正灰飞烟灭的，直到年老力衰，他还在关心着百姓疾苦，只是自己力不能及罢了。不过，他还要做一些力所能及的事。会昌四年，已经七十三岁的白居易，又拿出自己的家财疏浚开凿了伊河、龙门潭以南的八节石滩和九峭石，为过往的舟子减轻了痛苦，使他们从此不必在寒冷的夜晚，赤脚泡在水中，推舟拉纤。他说："我身虽殁心长在，暗施慈悲与后人。"白居易已经竭尽全力了。

会昌五年，他在履道里宅做东道主，举行了一次"尚齿之会"，连他一共七个老人，加起来五百七十岁，他与张浑最年轻，同为七十四岁，这是他生前最后一次大型聚会了。

会昌六年三月，武宗因服丹药中毒而亡，宪宗十三子李忱继位，是为宣宗。宣宗敬仰白居易的人品，敬重他的诗才，想要拜他为相，后因他年事已高，且又多病，只好作罢。五月，拜白居易的堂弟——白敏中为相。白居易这时身弱体衰，已不能执笔写诗了，所以家族中这样的大事，他竟未能写诗记之。

这一年八月，白居易溘然辞世，享年七十五岁，遗命薄葬。朝廷赠尚书右仆射，谥曰"文"，葬于洛阳龙门。宣宗大中三年，由李商隐为他题写了墓碑铭。

后人张南山的《白香山》诗云：

广大诗家推教主，泽民遗爱至今传。

天怀坦白天机乐，不愧人称白乐天。

第 七 章

词开豪放，文坛全才
——苏轼

　　苏轼，北宋著名散文家、书画家、词人、诗人，是豪放词派的代表。字子瞻，又字和仲，号东坡居士。与父苏洵、弟苏辙合称"三苏"。他在文学艺术方面堪称全才，曾有人评价："东坡词，胸有万卷，笔无点尘。其阔大处，不在能作豪放语，而在其襟怀有涵盖一切气象。若徒袭其外貌，何异东施效颦。东坡小令，清丽纤徐，雅人深致，另辟一境。设非胸襟高旷，焉能有此吐属。"苏轼的《饮湖上初晴后雨》，更是描写西湖的古诗中无人能超越的。

初入仕途

宋仁宗嘉祐四年（1059 年）深秋，一叶轻舟沿岷江入长江，向下游飞驰而去。江水流经三峡时，因河床狭窄，流速大增，惊涛拍岸，激起雪白浪花，颇有些惊心动魄。江两岸，连绵的群山已是落木萧萧。山径上，三三两两的农人樵夫，匆匆赶路，他们并不知道，自己的身影，已被普通客船上的文学臣擘摄入诗中。

船上看山如走马，倏忽过去数百群。前山槎牙忽变态，后岭杂沓如惊奔。仰看微径斜缭绕，上有行人高缥缈。舟中举手欲与言，孤帆南去如飞鸟。

站在船头的诗人刚吟毕，他身后的高个子青年便拍手称好。船侧那位长者微笑着唤来书童，命他速进舱内备好纸墨，以便录下这首新诗。

长者姓苏名洵，字明允，号老泉。高个子是他的次子，名辙，字子由。而吟诗的便是他的长子，名轼，字子瞻，即后来成为北宋文坛霸主的苏东坡先生。在唐宋八大家文章魁首中，苏家父子就占去三席，其余五位分别是韩愈、柳宗元、欧阳修、王安石、曾巩。苏轼是位旷世奇才，人品学问均为世人称颂，诗、词、文、书、画诸艺均有极深造诣。现在，他刚刚步入仕途，与父亲弟弟相伴进京受命。

到达京城开封后，苏轼被任命为河南福昌县主簿，苏辙被任命为渑池县主簿，均为九品小官，但二人都未去赴任，原因是欧阳修惜才如命，推荐他们参加秘阁制科考试。这是一项临时性考试。苏轼参加的是"极言直谏科"。试前，他写了二十五篇《进策》，考试时，又作了六篇文章，最后，宋仁宗又亲自出题，苏轼当殿作《御试制科策》

一篇，被评为三等。这项殊荣在整个北宋时代获得的人数也只是凤毛麟角。

苏轼这一系列文章比较系统地表达了这位青年学子的基本政治观点和治国韬略，对时政的针砭鞭辟入里，因此，朝廷中不论是保守派还是激进派，都嫌他过于锋芒毕露，因而对他心怀芥蒂。也许正是从这个时候起，苏轼在仕途上的艰辛曲折和命运多舛，就已埋下了祸根。宋仁宗却十分赏识他的敏锐和忠心，认为他直言正谏，针砭时弊，对巩固宋王朝的根本地位是有益的，对他大加褒扬。不久，便任命他为大理评事签判凤翔府，这意味着职务的升迁。弟弟苏辙送他到郑州西门外，兄弟二人自幼一同读书，形影相随，此次远别，实属无奈。紧接着，苏辙也到商州做官去了。

凤翔府地处陕西关中，距京兆 (长安) 很近，既是军事重镇，又拥有大量历史文化遗迹。在签判凤翔府的两年多时间里，苏轼饱览了周秦汉唐古迹，先后写下了《骊山》《骊山三绝句》《凤翔八观》《坞》等许多咏怀的壮丽诗篇。当然，他更多的精力是用在公务上边，努力实践着他在《进策》中提出的政治主张。

在《到凤翔任谢表》中，苏轼便提出减轻老百姓负担的问题。凤翔老百姓最怕的是服"衙前役"。所谓衙前之役，便是官府随时抽派人力去做苦工，不仅干粮自备，还要包赔损坏、丢失的物品。比如将终南山的木材茅竹砍伐下来，扎成排筏顺渭水黄河运送到京城，以做建筑材料。每逢秋季暴雨成灾，山洪暴发，把竹木筏子冲垮流失，为了包赔这些损失，老百姓往往倾家荡产。赔不起就得蹲大牢，只要一进监牢，不贿赂官吏就休想出来。真是民怨沸腾，民不聊生。苏轼一方面寻找机会，搭救受害民众，另一方面出谋划策，选择春季枯水期运送木料，以减少事故损失。他的主张局部地解决了一些问题，但到了嘉祐八年 (1063 年)，宋仁宗驾崩，为修建陵墓，朝廷专门指派重臣韩琦担任山陵使。修陵需要大量竹木，也就顾不得许多了。

凤翔地方自然灾害比较严重，经常困扰农民的是旱灾，祈雨成了地方官的一门必修课。苏轼深怀一颗为民造福之心虔诚地去做这件事，在他这一时期的作品中多有表现。如："我来秋日午，旱久石床温。安得云如盖，能令雨泻盆。""安得梦随霹雳驾，马上倾倒天瓢翻。"有一次，久旱逢甘霖，百姓们在田野间欢呼庆祝，苏轼见了喜形于色，便将官舍中新建的一座小亭命名为"喜雨亭"。又欣然提笔，写了一篇纪念文章，这就是有名的《喜雨亭记》。

他担任的签判职务，主要是掌管州府文书，并协助太守处理日常公务。刚到凤翔时，太守是宋选，苏轼与他配合得十分协调。后来，陈公弼接任太守。陈公弼是四川青神人，与苏轼算半个老乡，他为官严厉，处世寡合，一般下属都很敬畏。苏轼年轻气盛，有学识有辩才，遇事见解独到，因此引起陈太守反感，两人经常发生争执，关系一度十分紧张。这种状况到苏轼快要离开凤翔时才有所缓和。陈太守有个小儿子，名叫陈慥，字季常，倒是与苏轼情趣相投，二人经常一同骑马出猎，他们此时结下的友谊一直持续到晚年。多年后，苏轼写了一篇《方山子传》，就是为这位朋友而作的。

宋仁宗驾崩后，英宗继位，改号治平。第二年，英宗因久慕苏轼才名，将他调回京城，一心想提拔重用他。据说，英宗有意让他进翰林院，却遭到宰相韩琦的力主反对。理由是苏轼年纪太轻，资历太浅，晋升过快会遭到众人非议，不如给他低一些的职位，待他有了政绩再重用不迟。不管韩琦内心如何想的，他的这些理由还是颇有道理的，苏轼不仅不因此仇视韩琦，而且终生都很感激他。

正当此时，苏轼年轻的妻子王弗突然因病去世，享年二十七岁。

王弗不仅受到过良好的家庭教育，是位才女，而且性情温淑，姿色万千。苏轼与她的感情一直融洽。在凤翔任上，每当有客人来访，她总是站在屏风后边，仔细听主客之间的谈话，待客人走后，她便发表自己的看法。她常说，凡是那些过分急着要交友的人，往往是别有所图，这种人背叛起朋友来也是很快的。她由此提醒初入仕途的丈夫谨慎择友。她的话往往会被事实所验证，苏轼对她识人的能力由衷地钦佩。

王弗的去世，使苏轼万分悲痛，以致十年以后，他做密州太守时，

为了悼念王弗，还填了一首《江城子》。词曰：

十年生死两茫茫，不思量，自难忘。千里孤坟，无处话凄凉。纵使相逢应不识，尘满面，鬓如霜。

夜来幽梦忽还乡，小轩窗，正梳妆。相顾无言，惟有泪千行。料得年年肠断处，明月夜，短松冈。

显然，他对王弗的思念是绵绵无绝期的。他与王弗生有一子，名迈，字伯达，此时才六岁。

不幸的事接踵而至。王弗死后不到一年，父亲苏洵也撒手人寰了。苏洵虽然文名誉满京师，却还是一介平民。所以，当英宗和朝臣们赠送银两给苏轼时，他委婉拒绝，唯一的要求，就是为父亲求得一个官职，也就是给死者争取一个光彩的名分。这在那个时代是十分正常的，也是孝的一种体现。英宗满足了苏轼的一片孝心，他赐给苏洵的官衔是光禄寺丞。

苏家兄弟在京城会齐，共同扶苏洵和王弗的灵柩，仍循水路回到家乡四川眉县。苏洵和王弗被葬于安镇乡可龙里程老夫人墓旁。

又是长达二十七个月的"丁忧"。苏轼和苏辙远离京师官场，重又过上恬适安然的田园生活。在服丧期满时，王弗的弟弟为姐夫提亲，女方也是王姓亲戚，她便是王弗的堂妹王闰之，人称二十八娘。闰之比王弗小六岁，早年也常见苏轼，不过那时她还是位羞答答的小姑娘，做梦也想不到自己会成为苏轼的继室。她才学虽不及王弗，性情却更加温柔可人。婚后她对堂姐的儿子苏迈非常好，视同己出。

宋英宗在位仅四年就病逝了。他的儿子神宗继位时刚满二十岁，改号熙宁。当苏轼兄弟拖家带口第三次出川时，已是熙宁元年（1068年）的七月了。这次出川后，苏家兄弟浪迹天涯，再也没能回到这富饶、美丽的家乡来。

反新遭贬

宋神宗继位前后，朝廷中正酝酿着一场疾风暴雨式的政治改革，史称"王安石变法"。

宋朝自开国以来，上自宫廷，下至各级官僚，骄淫奢侈之风日甚一日，开支极大，加上连年水旱虫灾，农业歉收，北方西夏、契丹等少数民族屡犯边境，积贫积弱的状况长期难以改变，国力从未达到过强盛。宋仁宗在世时，曾启用范仲淹、富弼、韩琦等人着手改革，历史上称作"庆历新政"。由于保守派势力强大，这次革新运动不到三年就流产了。

宋神宗登基时年轻有为，很想大展宏图，让赵家的江山在自己手中重振旗鼓。他很快将改革家王安石请出来，为自己出谋划策。

人们当时对王安石的评价或褒或贬，莫衷一是。反对他的人称其为"拗相公"，据说，他性格孤僻，不修边幅，野史上有不少相关记载。早年他在韩琦府上做幕僚，常常读书思考通宵达旦，黎明时才打个盹儿，然后顾不上梳头洗脸，就匆忙赶去见韩琦。韩琦见他蓬头垢面、不修边幅，以为他刚刚宿妓归来，对他印象很坏，后来见他文章越做越出色，才刮目相看。有一次，王安石的朋友对王安石的夫人说："你丈夫最爱吃兔肉丝。"夫人很感惊讶，因为她观察多年，也不知道丈夫的特别嗜好，王安石对吃饭向来马马虎虎。朋友说："昨天宴席上，他独自将一盘兔肉丝吃光了，还不能说明问题吗？"王安石的夫人笑了，说："你们下次试着把别的菜放在他的面前。"当朋友把别的菜挪到他面前时，他照吃不误。他只吃离自己最近的一盘菜。还有一桩轶闻则令人无法相信。说是宋仁宗宴请大臣们吃饭，发给每人一个钓

竿，令大臣们自钓一尾鲜鱼做下酒菜。当太监将一盘鱼饵端上来时，王安石竟把鱼饵当做菜看全部吞进肚子。宋仁宗就犯了疑：误吃了一粒鱼饵尚可理解，吃了那么多还未发现就有些做作了，因此对他有了成见。

宋英宗当政时，王安石消沉了几年。据说他曾反对过英宗继承皇位，因此自觉回避了。但他却有机会接近太子，向太子推销自己的改革主张，深为太子器重。这位太子就是后来的宋神宗。

宋神宗先任命王安石为江宁知府，不久又擢升他为翰林学士。王安石虽接受了这一任命，却故意拖延不到神宗面前报到。人们疑惑他是在考验皇上，看他是否真心想进行改革。熙宁元年（1068年）四月，王安石终于来到开封，神宗皇帝大悦，特许他自由出入宫廷。王安石将自己多年来观察、思考策划的成果在神宗面前和盘托出，为大宋王朝的前景设计好一整套新的蓝图。王安石变法涉及到国家政治、军事、经济、财政、贸易的各个方面，归纳为青苗法、免役法、均输法、市易法、方田均税法、农田水利法、将兵法、保马法、保甲法等。在吏制上，则力主改革科举制度。客观地说，王安石制定的一系列新法虽含有一定的空想成分，但王安石不失为一名有胆识、有见识的政治家，他制定的限制豪门巨富，帮助农民发展生产的政策是有积极性的。

出于各种复杂的原因，王安石的新法受到多数朝廷重臣的顽强抵制，其中包括"庆历新政"时期的一些改革派。

苏轼兄弟就是在这样一种政治风云变换、疾风暴雨即将来临的背景下重返朝廷，不可避免地立即被卷入这场纷争中去。

按照苏轼的一贯主张，他并不是一位保守人物。早在他青少年时期，对范仲淹等的"庆历新政"就寄予了极大的热情。他参加科举考试所做的二十五篇《进策》，和在凤翔任上写的《思治论》，无不贯穿着革故鼎新、富国强兵的精神。但面对新法，他却站在了保守派一边。

总括起来，苏轼反对王安石变法的原因大致有四。其一，他主张渐变，反对王安石的骤变；其二，他主张通过严格的选拔制度任用人才,反对以是否拥护新法为界限,"招来新进勇锐之人";其三,他所信赖并与之有紧密联系的老臣如欧阳修等,坚决反对新法;其四,他对王安石的印象不好。这也许是受了父亲苏洵的影响。

当时有一篇激烈抨击王安石的文章《辨奸论》,就是以苏洵的署名出现的。虽然后世学者考证这篇文章是别人冒充苏洵之名而作,但也有人认为并非空穴来风。在这篇文章里,王安石被描写为"衣臣虏之衣,食犬彘之食,囚首丧面谈诗书"的人,其作者认为"凡事不近人情者"肯定是大奸大邪。《辨奸论》流传极广,以至于被学堂用做范文,不论其作者是谁,此文的观点还是对苏轼产生了深远影响。

苏轼试图用自己的观点去影响神宗,但又不知神宗能否赞同自己的意见。恰好朝廷准备下一道诏书,在江南一带减价购买花灯四千盏,以做上元节皇宫灯会之用。苏轼便写了一篇《谏买浙灯状》,劝皇帝体恤百姓疾苦,不要因享乐去加重百姓负担。神宗采纳了他的意见。苏轼进而写了《议学校贡举状》,反对新法中对考试制度的改革。他还接连上书,批评议论新法的弊端。

这种直言不讳反对变法的举动,很快引起新派人物的不满。他们联合起来,共同主张让苏轼去当开封府的推官。开封府推官是个忙职,如果让苏轼陷到琐碎芜杂的公务堆里不可自拔,他不是就没工夫在皇帝面前直言进谏吗!这就是新派人物们的如意算盘。谁知苏轼处理公务惊人地迅速,不仅将分内的事做得井井有条,还利用出乡试考题的机会,策动青年学子反对新政。

苏轼很快被罢免了开封府推官的职务。王安石的亲戚兼随从谢景温趁机告了他一状,无中生有地说他在扶苏洵灵柩回乡时,利用官船贩运私盐。这种诬陷自然是无证可查的,却大大激怒了一贯光明磊落的苏轼,他自知在京城待下去已没有什么意义了,便请求到外地去。神宗很认真地考虑了他的请求,派人对他进行考察,结果是他可出任太守,但因新派政敌从中作梗,神宗只得给了他一个杭州通判的职位。苏轼并不太看重官职大小,他早已羡慕杭州的湖光山色,也就痛痛快快带着家眷赴任去了。

在此前后，为了使新法得以顺利实行，宋神宗批准所有因反对王安石变法，而申请离开朝廷的官员的请求，他们当中包括欧阳修、司马光、曾巩、张方平等，还有苏轼的弟弟苏辙。

旖旎钱塘

苏辙早苏轼一年离开京师，随张方平到陈州，做的是陈州学官。苏轼于熙宁四年 (1071 年) 七月赴杭州任，绕道陈州看望弟弟，在那里住了两个多月。后来两人一同探望住在颍州的恩师欧阳修。

欧阳修此时已彻底脱离政治纷争，归隐山林。他原来有号醉翁，此时又自称六一居士。据说"六一"指的是"一个老翁、集古一千卷、藏书一万卷、琴一张、棋一盘、酒一壶"。可见其晚年悠闲自在的生活。欧阳修用美酒佳肴款待两位平生最得意的门生，与他们谈论时事，讲究文章，十分快意。席间，苏家兄弟插花起舞，儿童般地唱起祝寿歌，欧阳修对自己的长寿也信心十足。他们万没料到，此一番聚会竟成永诀。苏轼到杭州的第二年，欧阳修便与世长辞。噩耗传来，苏轼挥泪如雨，来不及奔丧，只得面北焚香，遥祭一番。

苏轼南行路过镇江，曾在金山寺逗留。那天夜晚，他登高远眺，俯望长江之水浩浩荡荡，天上星光与江中渔火明明灭灭，偶尔传来几声水鸟尖锐的鸣叫，令人心悸。他不由想起远在长江上游的家乡，想起当年与父亲和弟弟出三峡时的情景，那时是何等踌躇满志，一腔报国热忱，却不料十年后的今天，会落得遭人诽谤，被迫离开朝廷的下场。想到此，不免有些伤感。

但是，当他率领全家来到杭州城时，一切旅愁和乡思便消失殆尽。杭州的湖光山色使他陶醉了、倾倒了。

美丽如画的西湖，绕湖的青翠群山，如烟的柳丝，还有历朝胜迹，深深震撼着才子敏感的心灵。不论春夏秋冬、阴晴雨雪，苏轼一有闲暇，便忘情地漫游在湖岸山野，他的足迹印满了杭州的每一条山径。在通判杭州的三年多时间里，他的咏景诗取得丰硕的成果，除了那首脍炙人口的《饮湖上，初晴后雨》的咏西子湖第一诗外，还有许多流传千古的名句，至今仍脍炙人口，可说是妇孺皆知。

大自然变幻多姿的神韵从苏轼笔端汩汩而出。"天欲雪，云满湖，楼台明灭山有无。水清出石鱼可数，林深无人鸟相呼。""黑云翻墨未遮山，白雨跳珠乱入船。""游人脚底一声雷，满座顽云拨不开。天外黑风吹海立，浙东飞雨过江来。""夏潦涨湖深更幽，西风落木芙蓉秋。飞雪暗天云拂地，新蒲出水柳映洲。"……

在杭州这座举世闻名的山水窟中，苏轼的文学活动离不开两类处在特殊社会阶层的人，其一是有学问的僧人，其二是才艺双全的歌妓。

西湖周围的山岭中，零星分散着一些寺庙古刹，如灵隐寺、西菩提寺、海会寺、普安院、净慈寺等，均是天下名僧出没的场所。居住在孤山的诗僧惠勤，早年追随欧阳修，深得欧阳公的称赞，苏轼当然对他心驰神往，所以刚到杭州就去拜访他，同时还结识了另一僧人惠思。他们一见如故，很快成为好朋友，经常在一起谈诗论禅。还有一位道潜（即参寥子）和尚也与苏轼频频交往，日后他在苏轼遭难时，陪伴他度过了一段漫长岁月。

道潜居住在西湖寿星寺，传说苏轼第一次拜访他时，曾说他平生第一次进寿星寺，可觉得寺中景致屋宇特别熟悉，他当场说出从方丈室到忏堂间有92级台阶。道潜派人一数，毫厘不爽。苏轼就疑心自己前世是这个庙里的和尚。另有一次，时逢三伏，苏轼游庙疲惫，便光膀子在竹林中的长凳上睡熟，一位小和尚偶然路过，的确看见他背上有黑痣如星斗一般。这些传说不论是否真实，却说明苏轼确是寿星寺的常客。

与苏轼最要好的和尚当属佛印。佛印身世比较复杂，他与新党中的活跃分子李定是同母异父的兄弟。也许李定不愿承认歌妓出身的母

亲，在母亲去世时不去守丧，苏轼曾对此加以鞭挞，所以，李定日后欲置苏轼于死地而后快。无论如何，佛印却与苏轼是莫逆之交。佛印生得高大英俊、聪慧博学，精通佛理，苏轼在京城时就和他很熟，把他引荐到神宗面前，神宗一高兴就颁了一张度牒给他，令他到金山寺当了和尚。佛印出家以后，并不愿静心修行，仍是寄情游乐，成了一个四处飘游的云游僧。他每次出行，都带着骡队，还经常饮酒吃肉。杭州便是他经常去的地方。这个时期的苏轼与出家人相处并非出于信仰上的原因，他对佛学的爱好多半出于对参禅的爱好，参禅接近于哲理对话，他与佛印常常进行这种对话，除此之外，两人还是最好的游伴、毫无芥蒂的知心朋友。

苏轼塑像

关于苏轼与歌妓们的交往，传说就更多了。

宋代自开国以来，由于受宫廷腐化生活影响，民间蓄婢养妓之风十分流行。尤其在杭州这样的风景名胜，更是处处青楼。官府对妓家有一套完整的管理制度，凡入了花籍的，也被称做官妓，兼有听候官方差遣的义务。妓女基本上没有人身自由，命运凄苦。相比之下，她们当中色艺出众的高级妓女境况稍佳。这些女子自幼受到严格的训练，到十几岁时，便诗词歌赋、琴棋书画，样样精通，个别人甚至与文人雅士们等量齐观。文士们但凡有了新的诗词作品，大都交给她们去演唱传播。从某种意义上说，歌妓们客观上起到了推动诗词创作发展的作用。文人们与歌妓交往，自然有色情的成分，但也不排除其中有不少是艺术实践活动，在这里，诗词与音乐完美融合。

可以肯定地说，苏轼虽与歌妓们的交往频繁，但从未涉及淫滥，这与他是一位伟大的人道主义者有关。对于地位低贱的歌妓，苏轼从来抱着同情、尊重、爱护的态度，因而受到世人的称颂，尤其受到歌妓们的爱戴。尽管不少风尘女子对他仰慕有加，他总能很好地把握自己，从一个角度显示了他的高尚人格。他的家中也养着一个歌舞班子，每逢客人到来，他便诙谐地说："我这里有几名搽粉的虞侯可以侍候你们。"然后令她们演奏一番。将歌姬比作虞侯，可见她们在苏府中的境遇是比较好的。

杭州府的官僚们经常在西湖北岸的望湖楼和吴山上的有美堂聚宴，歌妓们听到传唤，总要带着乐器盛妆侍宴。有个府僚看上了一位名叫秀兰的歌妓。某次宴会，秀兰迟到了，那府僚大发雷霆，他疑心秀兰另有所爱，有意躲着自己。府僚让秀兰跪在地上，还让差役打她板子，一时间纷繁扰攘，十分不堪。苏轼为了替秀兰解围，即席填了一首《贺新郎》。词曰：

乳燕飞华屋，悄无人，桐阴转午，晚凉新浴。手弄生绡白团扇，扇手一时似玉。渐困倚、孤眠清熟。帘外谁来推绣户，枉教人梦断瑶台曲。又却是，风敲竹。

石榴半吐红巾蹙，待浮花浪蕊都尽，伴君幽独。浓艳一枝细看取，芳心千重似束。又恐被、秋风惊绿。若待得君来向此，花前对酒不忍触。共粉泪，两簌簌。

苏轼令人将墨迹未干的词笺拿去让秀兰试唱。歌声委婉清新，在场所有人齐声喝彩，那府僚也不好再发作了。

灵隐寺有个和尚法名了然，不守佛门清规，十分好色。他常乔装成俗人，到青楼妓馆鬼混。后来，他将仅有的一点钱财挥霍殆尽，因此妓女秀奴不愿再接待他。他乘醉强行闯入秀奴闺房，把她杀死。了然被缉捕归案，人们发现他臂上还刺着"苦相思"之类的字迹。案卷送到苏轼手中，苏轼当然判了然死刑，又写了一词道："这个秃奴，修行忒煞，云山顶上空持戒，一从迷恋玉楼人，鹑衣百结浑无奈。毒手伤人，花容粉碎，空空色色今何在，臂间刺道苦相思，这回还了相

思债。"

那时，妓女若想从良，须得经过官府的正式核准，这种手续被称做"除籍"。苏轼曾帮助过希望脱离苦难的妓女除籍。他还说服名妓琴操遁入空门。琴操是一位才女，有一次，她演唱秦观的《满庭芳》，误将其中一句"画角声断谯门"唱成"画角声断斜阳"。她即席为这首词改了韵脚，却没损害原词的意境。她改动后的《满庭芳》全词如下：

山抹微云，天连衰草，画角声断斜阳。暂停征辔，聊共引离觞。多少蓬莱旧侣，频回首、烟霭茫茫。孤村里，寒鸦万点，流水绕低墙。

魂伤。当此际，轻分罗带，暗解香囊。谩赢得青楼，薄倖名狂。此去何时见也，襟袖上、空有馀香。伤心处，长城望断，灯火已昏黄。

苏轼对琴操的才思敏捷十分赞赏，常和她参禅。有一次，苏轼引用唐代大诗人白居易《琵琶行》中的名句："门前冷落鞍马稀，老大嫁作商人妇。"琴操听后顿时领悟，脱下艳装，削发做尼姑去了。

有一位十二岁的雏妓，名叫王朝云，眉清目秀，歌喉清脆，且悟性极高，苏轼看她是好苗子，把她收进自己家养的歌舞班中。若干年后，她成为苏轼的侍妾，并在他后半生的家庭生活中扮演了重要角色。

好游乐是文人的秉性，但并不意味着忘记民间疾苦。苏轼的心中一直装着国家大计，由于新法在实际推行中产生的问题，也出于对新法本来就抱着否定态度，苏轼在通判杭州期间，写了不少反映下层社会痛苦生活的诗篇。新法限定政府对茶叶和盐巴实行专卖，江浙一带依靠卖茶贩盐维生的小商贩便不得不铤而走险，以致触犯法律，身陷囹圄。有一年除夕，苏轼很晚还不能回家，就是因为杭州府监狱中又关进一批私盐贩子。他为此写了一首诗：

除日当早归，官事乃见留。执笔对之泣，哀此系中囚。小人营糇粮，坠网不知羞。我亦恋薄禄，因循失归休。不须论贤愚，均是为食谋。谁能暂纵遣，闵默愧前修。

在这里，苏轼竟将自己与犯人作了比较，说大家都是为了生计，论什么贤和愚啊。

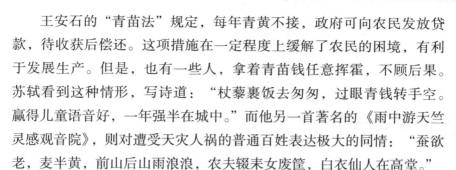

王安石的"青苗法"规定，每年青黄不接，政府可向农民发放贷款，待收获后偿还。这项措施在一定程度上缓解了农民的困境，有利于发展生产。但是，也有一些人，拿着青苗钱任意挥霍，不顾后果。苏轼看到这种情形，写诗道："杖藜裹饭去匆匆，过眼青钱转手空。赢得儿童语音好，一年强半在城中。"而他另一首著名的《雨中游天竺灵感观音院》，则对遭受天灾人祸的普通百姓表达极大的同情："蚕欲老，麦半黄，前山后山雨浪浪，农夫辍耒女废筐，白衣仙人在高堂。"

苏轼在杭州以及他后来在密州、徐州、湖州任职时，写了不少批评新法和反映民间疾苦的诗歌，抒发了苏轼苦闷彷徨的心情和在社会现实面前的无可奈何，想不到这些诗在若干年后，竟被政敌用来作为射向他的利箭，几乎置他于死地。

苏轼在杭州期间也曾有过很多好的动议，但因那些靠投机取巧坐上高位的新贵们只知为自己着想，他的意见又怎能受到重视呢？他只能力所能及做一些实事，例如组织灭蝗救灾、赈济灾民等。他参与完成的最大一件事是重修杭州六井的工程。

苏轼刚到杭州时，杭州太守是沈立，后来，陈襄（字述古）接任了太守一职。陈襄和苏轼看到杭州百姓用水困难，下决心整修六井。杭州靠近东海，地下水又苦又咸，早在唐朝时，后来任了宰相的李泌做杭州太守，他发现西湖下有数眼甜水泉，而这些泉脉恰好经过杭州市区，便组织人力在泉脉上打了六眼大井，解决了杭州人吃水问题。到了宋代，六井渐废，陈襄和苏轼花了将近一年时间，组织民工整修，使六井恢复了原有功能。次年，江浙一带大旱，许多地方饮水困难，而杭州城内人畜都有充足的饮用水，老百姓感恩戴德。

苏轼于熙宁七年（1074年）任满离杭。此后的七八年间，他先后在密州、徐州、湖州任太守之职，每到一地，都受到百姓拥护爱戴，同时，留下一批优秀的诗篇。元丰二年（1079年），他到湖州任上不满三个月，就发生了震动朝野的乌台诗案。苏轼一夜之间成了朝廷的阶下囚。

豪放巨作

大年三十，苏轼从御史台大狱里出来，惊魂未定，次日就踏上去黄州的路。他带着长子苏迈，冒着风雪，走了一个月。快到黄州地界时，远远看见有人打着青伞，牵着白马，立在路边，原来是在凤翔结识的好友陈慥接他来了。陈慥此时已在黄州附近的歧亭归隐。苏轼父子在歧亭休息了五天，渐渐恢复元气。

黄州太守徐君猷久慕苏轼诗名，并不因他是贬官而怠慢于他，不仅为苏轼摆酒接风，还为他在定惠院安排了临时住处。

苏轼住在定惠院，心情十分孤寂，忍不住给旧日的朋友写了许多信，其中有不少是因乌台诗案受株连而被贬到各地的同僚。他收到一些回信，但更多的人不愿继续和他来往，至此，他才体会到了世态炎凉的真正内涵，开始对人生进行更深一层的思考。

一段时间之后，他的妻儿老小共十几口人奔来与他团聚。他搬到临近长江的临皋亭居住，这里视野开阔，据说卧在靠窗的榻上，就可以看见长江上千帆竞发的景致。

大概就是在这里，他正式收王朝云为妾。

苏轼由一名五品知府而身陷囹圄，家中仆妇佣人都飞鸟各投林了，只剩下几名忠心的老家奴不忍离去，伺候着夫人王闰之和两位小公子苏迨、苏过。家中歌舞班子也被解散，只有当年在杭州收来的歌妓王朝云不肯离开苏家，这位聪明善良的姑娘此时已出落得容貌端庄、身材婀娜。她十分爱慕自己的主人，并不因他遭到横祸而改变初衷。她是王闰之的一位得力帮手。她能追随苏家来到黄州，使苏轼感动万分而对她格外敬重。

生活艰难，经济困窘。好在黄州是个小地方，物价比较低，全家才得以靠苏轼那点微薄的薪俸养家糊口。书生自有书生理财的办法。苏轼每个月初，把四千五百个大钱分为三十串，悬挂在屋梁上，每天早晨用叉子挑下来一串，然后把叉子藏起来。一天用下来，如果这串钱还有点节余，就丢进匣子，准备家中有客人来时买酒用。这项持家措施虽简单，却保证了全家不致因计划不周而断炊。

接二连三，一些青年学子到黄州投奔苏轼，杭州时结识的诗僧道潜也来了。家中人口越来越多，好朋友马正卿便为苏轼争取到黄州城东边的一块荒废多年的坡地，约有十亩大小，苏轼开始指挥这一群人垦荒种地。他们搬除石块，烧掉荒草，在犁地时竟发现了暗井和泉眼。功夫不负有心人，第二年，这里便庄稼茂盛，果桑成荫。当地老农对苏轼说，越冬小麦要让牛羊践踏蹂躏，来年便有好收成。苏轼照着做了，果然获得大丰收。开荒种田的收入大大地改善了苏家的经济状况，全家人的心情也舒畅起来。

他们家仍住在临皋亭。此时的黄州人每天早晨看见苏轼先生率领着自己的农耕队穿过镇子到城东坡地上耕作，日落时分，又见他们唱着歌向家中走去。冬天到了，田里的活计不多，他们便在田畔盖了几间房舍，又为苏轼盖了一间书房，书房落成时，恰逢天降瑞雪，苏轼诗兴大发，随手在书房四壁画了许多雪景，这间书房便被命名为雪堂。苏轼从此也有了自己流芳万世的号：东坡。

四川籍的苏轼向来以美食家著称，现在他更有兴趣研究烹调艺术。黄州猪肉便宜，他常用文火炖上大半夜，炖得又酥又烂，早晨吃上一碗，十分可口。后来人们把这种肉叫作"东坡肉"。他还用鲜嫩的荠菜与米一起煮菜粥，又好吃，又有营养。

他渐渐变成一位地地道道的农民，脸晒得乌黑，手变得粗糙，穿着平民的服装，在集市上和农夫、渔民拥来挤去，遇到粗鲁无礼之辈，还被呵斥一顿，他并不在意，倒是十分同情下层百姓的疾苦。

与黄州隔江相望的武昌（今鄂城）乡村有一种陋习，即每户人家只养两男一女，再生下孩子，就按进水盆溺死。苏轼得知这种事情，又

惊又悲，便写信给武昌太守朱寿昌，希望他以严令禁止溺婴。苏轼是伟大的人道主义者，早在徐州任太守时，遇到饥荒之年，他就曾绕城拾取弃婴，还发起建立收养弃婴的机构。现在他推广并发扬这种善举，建议对那些因贫穷养不起孩子的人家，予以适当赈济。朱太守采纳了他的主张，因此挽救了许多小生命，并不忍心杀死亲生骨肉的父母们也十分感激苏轼。

黄州并不是著名的风景胜地，但在苏轼眼中，大自然的魅力永远是强烈而神奇的。当生活有了基本的保证后，苏轼又开始了他的游山玩水。山溪间的兰芽、岩隙中的老树，都令他惊喜异常因而流连其中。上自太守，下至村夫，都有可能成为他的游伴。有一天夜里，苏轼不知什么缘故失眠了，便起身走到附近的承天寺找一位叫做张怀明的人聊天，这次普通的访问成就了他一篇著名的游记《记承天寺夜游》，全文不过百字：

元丰六年十月十二日夜，解衣欲睡，月色入户，欣然起行。念无与为乐者，遂至承天寺寻张怀民。怀民亦未寝，相与步于中庭。庭下如积水空明，水中藻荇交横，盖竹柏影也。何夜无月？何处无竹柏？但少闲人如吾两人者耳。

读来令人有身临其境之感。这篇短文遂成了游记典范。

有时他也到歧亭看望陈慥。陈慥的妻子说话粗声大气，他便作了一首小诗打趣："龙丘居士亦可怜，谈空说有夜不眠。忽闻河东狮子吼，拄杖落手心茫然。"这本是友人之间的戏谑之作，因为形象而生动地描绘了陈慥的神态，而使陈夫人永远地背上了泼妇的恶名，至今人们仍把厉害的太太比做"河东狮吼"。

这时发生了一件事情，使人们记起苏轼的流放者身份，说明他并不是一个自由人。有天晚上，苏轼邀请朋友在东坡雪堂喝酒，回到家中夜已经深了，守门人睡得很死，听不到他拍门的声音，他即兴作了一首词：

夜饮东坡醒复醉，归来仿佛三更。家童鼻息已雷鸣，敲门都不应，倚杖听江声。

长恨此身非我有，何时忘却营营。夜阑风静縠纹平，小舟从此逝，江海寄余生。

不料这首词很快传到徐君猷太守耳中，他大为惊讶。虽然徐君猷对待苏轼像密友一般，却从未忘记自己作为地方长官，有责任监视苏轼的行动。他从词中理解出苏轼的满腹牢骚，以为苏轼真的乘小舟逃走了，这可了不得。徐太守亲临皋亭打探消息，却发现苏轼躺在床上酣睡，徐太守这才如释重负。

黄州生活是苏轼一生中的重大转折，也是他文学创作的巅峰期。可以说，苏轼最具有代表性的作品，便是在黄州完成的，即人们常常说起的"一词两赋"。

黄州城西临长江有一座突进江水的巨大石崖，因石色呈褚红，形状酷似兽鼻，当地人称它为"赤鼻矶"，爱说古的老人便把它与三国时的赤壁之战联系起来。其实，三国时曹操与孙权之间那场著名的战役发生在上游夏口（今武昌）以西的长江南岸，距此有几百里地呢。苏轼心中很明白这一点，却将错就错，借眼前之"赤鼻"，说三国之"赤壁"，发思古之幽情，吊古战场之英烈。他因赤壁而作的一词两赋问世以后，这里便被公认为"东坡赤壁"，也称作"文赤壁"，成为长江上的一道风景，引来游人无数，甚至超过了"武赤壁"。

唐末宋初，词作为一种文体，主要用来歌风吟月，大多是才子佳人的抒情遣怀之作，格调以缠绵悱恻、低吟浅唱者为主。其代表作家如晚唐"花间派"、宋初柳永、张先，包括苏轼的恩师欧阳修，甚至古板正经的王安石，都未脱离婉约的模式。只有到了苏轼手中，词的调子才发生了根本性变化。站在红色的巨石上，面对滔滔长江之水，苏轼回想起江面上曾经发生过的血与火的战争奇观，禁不住慷慨陈词：

大江东去，浪淘尽，千古风流人物。故垒西边，人道是，三国周郎赤壁。乱石穿空，惊涛拍岸，卷起千堆雪。江山如画，一时多少豪杰！

遥想公瑾当年，小乔初嫁了，雄姿英发。羽扇纶巾，谈笑间樯橹灰飞烟灭。故国神游，多情应笑我，早生华发。人生如梦，一尊还酹

江月。

这首铿锵有力的《念奴娇·赤壁怀古》写成以后，苏轼照例先交给爱妾王朝云去唱。朝云配上曲谱，竟唱不下去，自己哑然失笑了，她对苏轼说："像柳永的词，让二八女郎，手执红牙板，轻声曼气地唱'杨柳岸，晓风残月'，非常合适。而先生您这种词，只该让关西大汉，击打着铁砥，粗着喉咙喊：'大江东去……'"

朝云果然是位知音，她一语道破了东坡词的独特境界和特点。苏东坡首开豪放派词之先河，让词从青楼闺阁中走向广阔的天地间。

如果说，这首词着重于怀念和感慨古代英雄事迹，那么，《前赤壁赋》和《后赤壁赋》则从怀古引出关于自然、宇宙、人生的畅想和哲理的思考。

《前赤壁赋》成于元丰五年（1082年）七月，记叙了他与友人泛舟长江、夜游赤壁的情景。

那是一个天青月明的初秋夜晚，苏东坡和客人乘小舟到赤壁下游玩。清风徐徐，波澜不惊。苏东坡举起酒杯请客人同饮，一起吟诵曹操的"月明星稀、乌鹊南飞"和《诗经》中的《月出》。不一会儿，月亮从东山升起，移动在北斗和牵牛星座之间。此时，白露横江，水天相接。他们乘坐的小舟像一片苇叶，在万顷波涛中跌宕起伏。江天浩然，使人像在天空中乘风飞翔，简直不知会到达什么地方。飘飘然像离开了人间，人成了长着羽翅的仙人。大家快乐地饮起酒，敲着船帮唱歌。歌中说："桂木做成的棹，兰叶做成的桨，击打着月影，逆流而上。胸怀广阔悠远，想念着心中的美人却天各一方。"客人吹起了洞箫，和着幽怨的歌声，如泣如诉，余音萦绕不散，感动得水中蛟龙腾动，舟中孤独的渔妇抽泣不止。苏轼有些伤感，坐直身子问客人："你为什么如此悲哀？"客人说："'月明星稀，乌鹊南飞'不是曹孟德的诗吗？西望夏口，东望武昌，在这郁郁葱葱、连绵不绝的山水间，不正是周瑜陷曹孟德于困境的地方吗？当初他破荆州、下江陵，顺江东下时的船队首尾有千里之长，旌旗遮天蔽日，而他临江饮酒、横槊赋诗，堪称一时英豪，而今天曹操到哪里去了？何况你我，与渔民樵夫在江渚之上，与鱼虾为伴与麋鹿为友，驾一叶小舟，互相举杯，就好像飞翔在天地间的蜉蝣，又像沧海之一粟。我为人生的短暂而哀伤，羡慕长江的无穷无尽。我真希望能与仙人一起遨游太空，与明月一样永生。又知道这是不可能的，所以把感想寄托在箫声与秋风中。"苏轼说："你可知道水和月的运行规则吗？江水流过去了，却并未消失，月亮忽盈忽亏，却没有增减。从变化的角度来看，天地没有相同的一瞬间。从不变的角度来看，则一切事物都是永存的。又有什么可羡慕的？况且天地万物，各有其主。不是自己拥有的，一丝一毫都不要取。只有这江上的清风，山间的明月，听到的就是声音，看到的就是形状，取之不尽，用之不竭，这是造物主赐给我们的永久，我们应当共享啊!"客人高兴地笑了。大家推杯换盏，把剩下的果菜一扫而光。杯盘狼藉，也不整理，互相枕着在舟中睡去，不知不觉东方天亮了。

《后赤壁赋》记叙的是三个月之后的事。同年十月十五日，苏东坡从雪堂出来，打算回临皋亭家中。两位客人和他一同路过黄泥坂。路上可见霜痕斑斑，树叶已剥落殆尽。看到地上的人影，才想起仰望天空的月亮，大家都高兴起来，歌声此起彼伏。苏轼感叹道："有客人无美酒，有美酒无菜肴。这么好的清风明月，这么好的夜晚，该做些什么?"客人说："傍晚时我网得一条鱼，巨口细鳞，好像是人们常说的松鲈。可哪儿能搞到酒呢?"苏轼回到家中和妻子商讨，妻说："有一坛酒我已珍藏了很久，正是为了你的不时之需。"于是带上酒和鱼，又来到赤壁下。江水汩汩作声，陡峭的山崖好像有千尺之高。山高显得月小，水位下降后石头自然裸露出来。才短短几个月，江山已面目全非，让人无法相认。苏轼提着衣襟，沿着崎岖的山石小路向上攀登，他来到人迹罕至的山顶，俯身向下，喊两位客人，那二人都不敢跟上来。苏轼的声音划破夜空，草木为之震，一时间山鸣谷应，风动水涌。苏轼顿时产生孤凄之感，有些害怕，赶快返回舟中，将船划到中流，然后任其漂荡。这时已到了夜半，四周没有一点声音。恰有一只孤鹤从对岸飞过来，翅膀像车轮，黑裳白衣，嘎嘎鸣叫着，掠过小船向西飞去。客人走后，苏轼酣睡，梦中见一道士，穿着羽毛衣裳，翩然而

过临皋亭下，他向苏轼作了一揖说："赤壁之游快乐吗？"问他姓名，他不作答。"哈哈！"苏轼恍然大悟。"昨天夜里，那鸣叫着从我头上飞过的，就是你吧！"道士也笑了。苏轼从梦中惊醒，开门去看，却什么人都没有。

除了"一词两赋"外，苏轼在黄州期间的作品很多，真可谓不胜枚举，美不胜收。

仕途起落

苏轼在黄州，一住就是五年。在此期间，远在京城皇宫中的神宗皇帝，一天也没有忘记他。每当苏轼有新作传到禁苑中，神宗都反复诵读，爱不释手。据高太后说，神宗吃饭时只要放下筷子，一定是想读苏轼的文章了。这位有雄心有抱负的皇帝，在王安石变法失败后，也在不断思考，他几次想起用苏轼等人，终因新党阻止而作罢。

元丰七年（1084 年）四月，神宗下手谕令苏轼迁到离京城较近的汝州。苏轼依依惜别，告别了自己亲手建造的东坡家园，又登上北去的路程。黄州的百姓成群结队前来送行。陈慥、道潜等几位最要好的朋友则把他送到九江。他们同游风光旖旎的庐山。苏轼写了几首诗，其中最著名的是《题西林壁》："横看成岭侧成峰，远近高低各不同。不识庐山真面目，只缘身在此山中。"这是一首绝妙的写景诗，更是一首意旨深刻的哲理诗。告别陈慥等人后，苏轼继续东行，他与儿子苏迈同游石钟山，写了一篇游记《石钟山记》，从此这座临江小山声名大振。

初夏时节，苏轼一家先后到达金陵。二次罢相后一直寓居在此的王安石，穿着平民装束，骑着毛驴到江岸迎接他。苏轼也身着平民服装与这位当年针锋相对的政敌相见。他们虽分属不同的政治派别，却彼此十分仰慕对方的才华。在这难得相遇的日子里，彼此诗词唱和，倒也乐在其中。只是在不经意间提到当年的人和事时，王安石有些谨慎。他是让吕惠卿之类两面三刀的家伙害苦了，很担心苏轼出言随便，再闯下祸端。

在金陵逗留期间，苏家发生了一件很不幸的事，王朝云头年生下的小儿子苏遁夭折了。这孩子才满十个月，眉眼生得与苏轼十分相像，被视为掌上明珠。也许是年纪太小，耐不住旅途风尘，染上了惊风之症，不出几天，一个活蹦乱跳的孩子便咽了气。苏轼夫妇二人老泪纵横，王朝云更是昼夜以泪洗面，其哭声凄惨，令人心碎。朝云自此后再未生育。

此后的旅途上，全家人心情沉重，苏轼再也没有心思游山玩水。盘缠也日趋窘迫。到达泗州时，苏轼上表要求留在常州府的宜兴县居住，因他在杭州任通判之职时，曾在此处置了几亩薄田。神宗恩准了他的请求。不久以后，神宗便驾崩了。

神宗弥留之际，高太后便开始主持朝政。神宗的太子才十岁，他就是后来的哲宗。十岁的小皇帝当然什么都不懂，一切唯祖母是听。高太后升为太皇太后，她是一名果断的王安石变法的反对派。她立即废除新法，任命司马光为宰相，把新党一个个逐出京城。因哲宗登基后的年号为元祐，这一时期的政治动荡在历史上称作"元祐更化"。

苏轼的命运因此而发生新的转折。

他被任命为登州太守。登州滨海，常有海市蜃楼奇观出现。苏轼一到登州，就祈祷自己能有亲眼一见海市蜃楼的机会，不出三天，他就如愿以偿。五天后，他又接到新的圣旨，令他立即赴京入朝。

苏轼的政治生涯达到了一生中最辉煌的时期。短短一年中，他连续几次被擢升，先做礼部郎中，后升起居舍人，又升中书舍人，再升翰林学士、知制诰，还兼任侍读，也就是说，不但要代皇上起草文件，还兼任小皇帝的老师。算起来，他官至三品。而他的弟弟苏辙，不仅别具才识，且为官勤谨，官最大时做到副宰相。

　　皇家赏赐给苏轼一袭官袍、一条镶满宝石的玉带，一匹配有金银鞍辔的白马。他每天骑着白马去上朝，轮到值班，就住在皇宫北部的翰林院中，连夜草拟各种诏书。有一次，高太后和哲宗召他面授旨意，然后令人取下御座前的金莲灯送他回书房，这是至高无上的荣誉。在这期间，他一共为朝廷起草了 800 多道诏命。他每月有几天时间必须给哲宗上课。他授课时，不少青年官吏争相旁听。他的文名更加显赫，海内学子每逢到京，都以能拜见苏轼为幸事。当时，最有才华的四位青年：黄庭坚、秦观、晁补之、张耒都拜在他门下，被称作"苏门四学士"。

　　客观地说，冗繁的公务，繁多的应酬，占去了苏轼许多时间和精力，他不可能像在杭州和黄州时那样潜心写作，有些诗作确实是应景之作。但在这个时期，他与云集在京城的书画家，如米芾、李公麟等过往甚密，他在书法绘画及绘画理论上有许多新的发展。由李龙眠绘画、米芾题字的那幅著名的《西园会》图，形象生动，惟妙惟肖地再现了当时以苏轼为首的十六位书画家，在驸马王诜府中聚会时的情景。

　　苏轼的家庭生活当然也发生了天翻地覆的变化。父亲苏洵在世时，曾在开封买下一所住宅。"乌台诗案"发生后，长子苏迈等人曾在这里住过。后来，为了筹集举家迁往黄州的路费，苏迈将这所房屋卖掉了。现在，他们又买下了另一所更加宽敞的住宅，王朝云带着仆人丫鬟将房屋和庭园都收拾得井井有条。孩子们从来没有像现在这样衣食充足，他们可以安心读书了。全家人在苏轼闲暇时一同出游，他们最爱去的地方除去禹王台、繁塔外，便是相国寺。他们有时也到店铺买东西，或上酒楼品尝美味珍馐。黄州东坡时期的艰苦生活仿佛是昨天的一场梦境。

　　经历了"乌台诗案"，苏轼大难不死，按说，他应当变得圆滑谨慎起来，至少应当学会自我保护，充分利用自己的名声、地位和影响，好好做上几年太平官，让自己和家人过上舒心日子。但苏轼似乎生来缺乏这种能力，也许命运注定了他的大起大落。因为他的直率和嫉恶如仇的性格，他很快便陷入新旧两党的攻击之中。

在他担任中书舍人时，恰逢朝廷贬斥变法时的大红人吕惠卿、李定等人，诏书当然由他草拟。苏轼举恶不避仇，如实地写出了这些人的恶行，因此引起新党对他的不满。他们故伎重施，总想在苏轼的文章中找到纰漏，以便加在"乌台诗案"的旧账上，新账老账一起算。多亏高太后明察秋毫，屡次驳回诸如此类的诬告陷害，保护了苏轼，才避免了悲剧重演。

保守派对他也未必满意。司马光出任宰相后，全面否定并废除新法，苏轼对此也未置可否。当然，这并不意味着他对王安石变法有了新的看法。当王安石去世时，他代哲宗皇帝草拟过一份敕书，其中对王安石的人品才学大加褒扬，对他的政绩却轻描淡写。苏轼还曾坚决反对以王安石配享宋神宗的祠庙。种种迹象证明，苏轼一生中对王安石的新法都持反对态度。但他是一个实事求是的人，他认为，新法当中也有合理的成分，是能给老百姓带来好处的，他反对废除新法中的合理部分。

有一次，针对是否废除免役法的问题，苏轼和司马光在皇帝面前展开激烈辩论，两人争得面红耳赤。下得朝来，苏

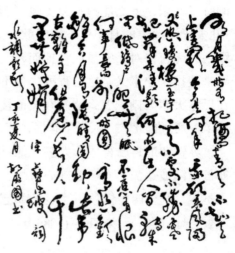

苏轼词水调歌头草书

轼还连说："司马牛、司马牛。"吃过晚饭后，他的气还未全消，捧着肚子在院子里踱来踱去。婢女们看他这副样子，都掩了嘴笑。苏轼看见后便问："你们只知道笑，可知道我肚子里装的是什么？"一婢说，当然是饭食了。另一婢说，是一肚子好文章。王朝云在一旁默不作声，苏轼又让她回答，王朝云干干脆脆地说："依我之见，先生一肚皮的不合时宜。"苏轼大笑道："还是朝云最知我心。"说话间，气已消了大半。

不久之后，司马光也辞世了。在丧礼上，苏轼与理学家程颐又发生了冲突。

程颐与胞弟程灏开创了儒家的一个学派，称之为理学，到了南宋时，经朱熹发扬光大，又被称为程朱理学。这个学派强化了儒学刻板保守的一面，其道德主张十分苛刻。一向思想独立，行为旷达的苏轼当然不能接受这个学派。他与程颐在理论和实践上的矛盾就不可避免。

司马光逝世时，恰好满朝文武正在为宋神宗举行灵牌入祠的典礼。皇家的丧仪完成后，苏轼等一群官员赶到司马光家吊唁。主持司马光丧事的程颐把住大门不准他们进府。他说："按照孔老夫子的教导，应哭泣的丧葬日子不能唱歌。你们参加了神宗牌位入祠仪式，必然刚刚听了音乐，怎么能跑来哭丧呢？"大家面面相觑。苏轼便上前回答："孔夫子说哭泣的日子里不能唱歌，又没说唱歌的日子不能哭泣。"程颐一时无言以对。官员们一拥而入。进得府来，却又不见司马光的儿子来迎接，原来又是这位程颐先生不允许。他说，按照古制，孝子应在后堂大悲大恸，怎么能站在灵前接待客人呢？苏轼为此又把程颐指斥了一通。自此，二人产生怨恨，苏轼很讨厌理学家的矫揉造作。

苏轼知道自己得罪人太多，他只是身不由己。他曾说，如果人云亦云，随波逐流，自己会问心有愧，也对不起皇上。如果知无不言言无不尽，则会四面树敌，"不死即废"。因此，他又连连上疏，再次要求去当地方官。元祐四年 (1089 年)，苏轼以龙图阁学士出任杭州太守。

留名西湖

苏轼一家回到阔别十五年的杭州。故地重游，自有许多感慨。尤其是王朝云，这位当年只有十二岁的小歌妓，如今成了饱经忧虑的少

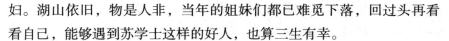

妇。湖山依旧，物是人非，当年的姐妹们都已难觅下落，回过头再看看自己，能够遇到苏学士这样的好人，也算三生有幸。

与通判杭州时相比，苏轼少了许多浪漫，多了几分务实，他认认真真做起父母官来。

他上次离开杭州后，这里遭了一次大饥馑，辖区内死人五十余万。这次来杭第二年，又遇到了连续两年的水灾。由于他有了组织救灾的经验，一方面，将灾前所储蓄的常平仓的米拿出来投放市场，用以平抑米价。另一方面，向朝廷接连火急奏议，要求减少地方上每年必须上缴国库的贡米数量，并请求发放度牒，以赈济灾民。由于他的努力，杭州大灾之年没有饿死一个人。

水灾必然伴随着瘟疫。为防患于未然，苏轼捐出自己做京官时积蓄的五十两黄金，夫人闰之和侍妾朝云还拿出了一部分首饰，又从府库中拨了一些银两，用这些资金在西湖边办起了一所医馆，无偿为杭州的百姓治病，第一年就治愈一千多人。后来，他离开杭州到别处做官，这家医馆还发挥着作用。这大概是中国历史上第一座"公费医馆"。

杭州虽有西湖，但因离海较近，每当钱塘江涨潮时，灌进来的海水不少，使居民饮水含有大量盐分。当年他与陈襄太守治理好的六口甜水井，因设施损坏，已失去作用。苏轼请来一位有经验的老道士，按照他的意见，将竹制的引水管改成瓦管，以增加耐用度。供水系统完善后，杭州人吃水问题得以缓解，苏轼便着手疏浚城内运河和改造西湖的两项大工程。

杭州城内共有两条运河，一为茅山河，二为盐桥河。过不了几年，这两条河就被淤泥堵塞一次。贪官污吏借疏浚之名，大肆敲诈勒索，并将清理出来的污泥随处堆放，居民的生活环境受到影响，却敢怒不敢言。苏轼经过实地勘查，决定将流经郊区的茅山河作为容纳海潮的渠道，盐桥河则接连西湖之水，他利用水位差，控制水的流向，又在两河间建闸，防止海潮涨满时灌入盐桥河。经过治理，盐桥河水深八尺，河水清澈，不仅卫生，还大大方便了水路交通。

早在唐朝初年，西湖不过是一榛草丛生的野湖，杭州只是湖边的一个小镇。经过几代人的建设，到了白居易任杭州太守时，已初具规模。白居易对西湖进行了一次大整修。他在湖的北部修筑一条东西走向的长堤，人称白堤。此后西湖才成为一处风景名胜，又经过数代人的修建，湖的四周出现了许多亭台轩榭、寺庙建筑，逐渐绿柳成行、荷菱飘香，越来越美丽了。十五年前，苏轼任杭州通判时，西湖水面已有十分之二被葑草遮住，到了他再次莅杭时，发现有一半的湖面都长满了葑草，湖底也越来越浅。他估算了一下，如若不修整，只消二十年左右，西湖就将不复存在了。

他向朝廷申请了一部分资金，自己又筹措了些资金，发动老百姓，积极参与改造工程，很快就动手干了起来。他亲临施工现场指挥，饿了就随便盛一碗粗米饭充饥。民工们见太守如此，干活越发卖力，他们除去葑草，将湖底淤泥挖出来，在湖的西侧水面上修出一条十里长堤，与北面的白堤遥遥呼应。堤上共修了六座拱桥，建了几座凉亭，宽宽的大堤两侧，种上柳树和芙蓉，湖中多植荷花菱角，西湖变得又美又实用。

工程竣工时，老百姓抬着猪肉美酒，前往府衙慰劳太守，感谢他为老百姓建立了千秋功业。苏轼大喜，令人将猪肉切成方块，炖得又红又酥，分发给民工们，犒劳筑堤大军，一时间，堤岸上欢声雷动。苏轼欣然提笔，用一首《南歌子》描绘了杭州新貌，其中有这样几句："古岸开青葑，新渠走碧流。会看光满万家楼。"

西湖新景吸引着游人，也吸引着苏轼和他的同僚，他们有机会便在湖上游宴。按照惯例，官员们出游时应当摆出仪仗，苏轼最不喜这些繁杂规矩，又不好破例，他经常令仪仗队抬着空轿子出钱塘门，浩浩荡荡绕湖行走，自己则带两名老兵，从涌金门下船，走水路直奔对岸。他还常常将公案设在葛岭或飞来峰下冷泉亭旁，面对山水胜景，他思路格外清晰，处理起公务来"落笔如风雨"，十分迅速，令同僚们惊叹不已。

杭州民间流传着许多关于苏轼的故事，他们甚至坚持说苏轼是杭

州本地人。为了感恩戴德,老百姓在苏堤上修了一座特殊的亭子,作为他的生祠,中间悬挂起他的影像,经常顶礼膜拜。后来,人们在葛岭上建起四贤祠,纪念历史上四位对杭州作出突出贡献的人物,他们分别是李泌、白居易、苏东坡、林逋。

元祐六年 (1091 年),苏轼又被召回京城,高太后有意擢升他为宰相。反对他的人便以其弟苏辙已当了副相为由,提出二苏只能留一的建议。程颐等混淆黑白,竟攻击他在杭州时的所作所为是夸大灾情,还说修整西湖是为了供自己游乐,真是欲加之罪,何患无辞。

苏轼厌弃这些没有止休的政治纷争,他又想到地方上任职了。他先后在颍州 (阜阳)、扬州等地为官,时间都不太长。

遭谗被黜

元祐八年 (1093 年) 八月,苏轼的第二位妻子王闰之在京城辞世,苏轼写了《祭亡妻同安郡君文》来追悼她。一个月后,高太后也去世了。一场新的政治动荡又迫在眉梢。

宋哲宗十岁登基,朝廷大权一直由高太后执掌。随着年龄的增长,哲宗当然不希望这位祖母再独断专行下去,他不甘于忍耐。老练多智的高太后并非没有看出哲宗的心思,所以在自己病情日笃时,曾对吕大防、范纯仁 (范仲淹之子) 等执政大臣说:"我百年之后,必定有人教唆皇上与你们为敌,到那时你们应早早归隐,让皇上用他自己的人吧。"高太后果然有先见之明,她还没有咽气,十九岁的哲宗就一反常态,开始自作主张了。太后刚驾鹤西归,他便来了一个大换血。吕惠卿、章惇等人又小人得势了,而所谓元祐党人一律遭到贬谪,苏轼当然也逃脱不了噩运。

早在签判凤翔时，苏轼就结识了章惇这个人。有一次，他们相约去游玩，见一个深坑上架着朽木桥，那摇摇欲坠的样子，很让人害怕。苏轼不敢从上边过，章惇却大步流星走了个来回。当时苏轼就暗忖，凡是把自己生命当儿戏的人，杀起人来也会不皱眉头。现在，章惇为了自己的地位和利益，毫不留情地对多年的老友下毒手，他凶相毕露，对苏轼等人大加讨伐。宋哲宗对高太后给自己选定的老师苏轼当然缺乏好感，现在章惇弹劾苏轼，正中自己下怀，立即准奏，贬苏轼到边远地区定州任职。虽然有五年的师生之谊，苏轼离京时要求面见哲宗，却未获准。

绍圣元年 (1094 年)，苏轼又被贬到远在广东的英州，因千里迢迢，他便命长子苏迈带着全家到常州的宜兴县居住就食，他早年买下的那点田产此时成了唯一的凭资。他自己只带着幼子苏过、侍妾王朝云向广东进发。因盘缠缺乏，他身体又不好，便请求改走水路。谁知还没到英州，就接到再贬的命令，朝廷贬他为远宁军节度副使，惠州安置。

惠州又名惠阳，位于广州东南方向。苏轼历尽艰辛到达这里以后，稍作调整，便四处浏览，他天生是一个乐天派，虽然处在逆境，并不因此郁郁寡欢。他立即被陌生的岭南风光所吸引，尤其是市场上那令人眼花缭乱的水果，他饱尝一顿，之后赋诗道："罗浮山下四时春，卢橘杨梅次第新，日啖荔枝三百颗，不辞长作岭南人。"

惠州生活仿佛是黄州生活的真实再现。他又遇到一位爱他诗才的好太守，又是忙着为自己安排一个新的家园。他忆起黄州的东坡，不过，现在他的田园所在地叫白鹤峰，房前屋后的果木品种也与长江之滨大相径庭。最让他慰藉的是，惠州西部也有一个大湖，虽不及杭州西湖，却也翠峰环绕，碧波荡漾。这就是惠州西湖，又名丰湖。他常带着王朝云和苏过在湖边漫步。

自爱子苏遁在南京夭折后，王朝云便一心向佛。这次到惠州前，苏轼曾动员王朝云也去宜兴与全家人生活在一起，他不忍心让这位善良的女子再跟着自己东奔西走。谁知从未与他红过脸的王朝云生气了。王朝云是如此痴心地爱着自己的主人，她永难忘怀自己是怎样侥幸脱离苦海的,也永难忘怀丈夫怎样手把手教她读书写字,她认定了自己此生离不开苏轼。到惠州后,她跟着一位老尼学佛经,常常为苏轼的命运祈祷。苏轼写了几首诗赞扬她,其中一首是:"不似杨枝别乐天,恰如通德伴伶玄。阿奴络秀不同老,天女维摩总解禅。经卷药炉新活计,舞衫歌扇旧姻缘。丹成逐我三山去,不作巫阳云雨仙。"这首诗中用典很多,充满了苏轼对王朝云的赞叹。

苏轼最喜欢听王朝云唱自己的《蝶恋花》。词曰:

花褪残红青杏小,燕子飞时,绿水人家绕。枝上柳绵吹又少,天涯何处无芳草。

墙里秋千墙外道,墙外行人,墙里佳人笑。笑渐不闻声渐悄,多情却被无情恼。

有一次,王朝云唱到"枝上柳绵吹又少"时,眼泪如断线珠子般落了下来。不知她是被词中的伤感情绪感染了,还是在怀念家乡,也许是为当世第一才子的沦落天涯而感怀。总之,苏轼从此以后再也没有听到王朝云唱这首词。惠州虽好,王朝云却不服这方水土,经常生病。绍圣三年 (1096 年) 七月,年仅三十四岁的王朝云在惠州与世长辞,临终,她还用微弱的声音念着《金刚经》中的偈语:"一切有为法,如梦幻泡影,如露亦如电,应作如是观。"苏轼将他的第三位妻子埋葬在丰湖之畔的栖霞山寺东南山坡上,并为她题写了基志铭。王朝云虽然仅仅是一位侍妾,但她在苏轼最艰难的日子里总是风雨相伴着他,为他分忧解难,苏轼并不因她出身微贱而轻视她,与自己的夫人一视同仁。

已过花甲之年的苏轼仍然关心人民疾苦,痛恨那些不顾百姓死活,只知拍马逢迎以求加官晋爵的小人。他写了一首《荔枝叹》,借古讽今,抒发心中愤闷。虽然远在岭南,他的诗作仍很快便传到京城,政敌们当然也在密切关注他的言行。一次,他偶然写了一首《纵笔》诗,诗中说:

白发萧散满霜风,小阁藤床寄病容。
报道先生春睡美,道人轻打五更钟。

这首诗被章惇看见了，章惇咬牙切齿地冷笑道："苏轼居然这般快活，那么就叫他到儋州去吧。"

儋州即今海南岛。苏轼在继续南迁的路上，听说弟弟也被贬到雷州半岛，正在他前边赶路呢，他快马加鞭，追上苏辙一行。兄弟两人在此时此地相见，悲喜交加，不禁老泪纵横。他们相伴前行，到达海边，苏轼就要渡海去了，此番分别不知何日才能再见，免不了又一番哭泣，一番叮咛。

海南岛此时尚处于半蛮荒状态，生产方式十分原始，生产力极其低下，经济文化落后的程度令人难以置信，苏轼刚到海南时，语言不通，居住环境恶劣，心情十分沮丧，他有时担心自己永远也回不到内地了。为了开导自己，他把世界比成宇宙中的一个小岛。好比浅坑中有水，水中有根稻草，伏在草上的蚂蚁看着四周也是汪洋一片，人类不正好似在世界这个宇宙小岛上的蚂蚁吗？也说不定太阳一出，坑水很快干了，蚂蚁不就可以上岸了吗？

海南岛系黎、汉杂居区，民风淳朴。好交朋友的苏轼很快就和当地人混熟了。有一次，他到一个村里办事，恰逢下雨，就向农妇借了一顶斗笠，一双木屐，穿着回到住处。他这身打扮十分搞笑，惹得邻人前仰后合，有人把他这副形象绘成一幅《东坡笠屐图》，一直流传至今。

海南岛处在湿热地带，传染病盛行，苏轼经常托人从内地购来一些草药，自己配成丸药，供不时之需，也送给当地的病人。这里读书人很罕见，自从苏轼到来，不少有见识的人纷纷将子弟送来投师学艺，他也着实收了不少学生，至今海南仍有当年他讲学的遗址，被称为"东坡书院"。苏轼的学生姜唐佐后来成为海南岛有史以来的第一位进士。苏轼还利用这段时间，修《论语说》和《易传》两书，实现了他多年的夙愿。

苏轼在海南住了三年多，做梦也想不到"水坑"有"干"的一天，他这只"蚂蚁"又能上岸了。

二十七岁的哲宗去世了，他的弟弟徽宗继位。一朝天子一朝臣，徽宗罢了章惇的宰相之职，重新启用"元祐党人"，苏轼等健在的贬官们相继奉命内迁。

巨擘长辞

徽宗是宋代最荒淫无耻的一个皇帝，当然，这在他即位初期还不明显。他罢章惇的宰相之职，主要是因为章惇曾经反对他继承帝位，再加上太后（神宗的皇后）为苏轼兄弟说了一些好话，因此，他们才能够北归。

苏轼在广州与儿孙们团聚，他取水路向北方慢慢行进。路过一个名叫大庾岭的地方时，曾在一间乡村小店休息，旅店里有一位老翁向随从探问，问来客是不是苏子瞻大人。当老翁得到肯定的回答时，便对苏轼以大礼相待，说："苏先生被人百般构陷，今天能北归，这是老天在保佑好人呀!"苏轼为此写诗道：

> 鹤骨霜髯心已灭，青松合抱手亲栽。
>
> 问翁大庾岭头住，曾见南迁几个回。

苏轼这首诗是有感而发。此前不久，当他满怀希望，写信给自己最得意的学生之一，也是苏门四学士中最有才气的秦观，得到的却是秦观的死讯。这个消息如晴天霹雳，使他两天粒米未进。

政治斗争的险恶使他最终决定归隐以安度晚年。他开始托人在宜兴购买房屋，也许是宜兴的士大夫们还对他有所戒备，总之，他这个计划未能实现。他又转向常州买房。

有位知己帮他买到一所老屋，房钱已交过，房契也拿到手了。这天傍晚，他在小路上漫游，听到有妇人的哭泣之声，他循声找去，发现是一位老年妇女哭得正伤心。老妇人说，她的儿子不争气，游手好

闲，一味挥霍，现在连祖居老屋都让儿子给卖掉了，弄得她没了安身之处。苏轼再问，方知正是自己买了老妇人的祖屋。苏轼当下便将房契焚毁，将房屋还给老妇人，自己白白贴了一笔钱财。

他只得借住在一位姓孙的朋友家中。

将近一年的旅途奔波，加上他年老体弱，当生活稍稍安定一些时，他便卧榻不起。正赶上江南闷热潮湿的季节，他一直发着高烧，浑身疼痛难忍，夜间更是难挨。伴随着高烧的是止不住的腹泄，接着，他牙根出血，不能进食。他的身体状况迅速恶化，终于崩溃。

建中靖国元年（1101 年）七月二十八日，一代文坛巨擘苏轼与世长辞，享年六十六岁。

吴越一带的老百姓沉浸在巨大的悲恸中，他们奔走呼号，哭声不绝于市。全国的文人士子纷纷在家中祭奠这位最受尊敬的前辈，为这颗巨星的陨落写下许多情真意切的祭文。

苏轼去世前两个月，写出了他平生最后一首诗。这是在他看到老朋友、著名画家李公麟为他作的画像后所题的一首诗：

> 心似已灰之木，身如不系之舟。
>
> 问汝平生功业，黄州惠州儋州。

这首诗仿佛是苏轼为自己的一生所做出的一个最精练、最恰当的概括。他一生经历了宋朝五个皇帝的统治时期，五个皇帝都承认他的才华和学识，但由于党派之争，更由于他与众不同的品性，他的命运大起大落，几次面临绝境而又峰回路转。在漫长险恶的人生道路上，他从未停止过文学艺术活动，为后世留下了一大批珍贵的精神财富。

按照兄长生前的遗愿，苏辙将苏轼与嫂嫂王闰之的灵柩合葬于一墓，墓址选在苏辙任所的汝州郏城县钧台乡。十一年后，苏辙去世，也被安葬在这里，此后这里被人称作小峨眉。

按照兄长的另一个遗愿，苏辙亲自为苏轼题写了墓志铭。这篇《东坡先生墓志铭》不仅是一篇广传后世、情文并茂的好文章，而且为人们研究苏轼的生平事迹提供了最可靠的依据。

第 八 章

忠诚爱国，执笔从戎
——陆游

　　陆游既是一位踌躇满志的救国将士，更是一位文采非凡的伟大诗人。他的许多诗篇都抒写了抗金杀敌的豪情和对敌人、卖国贼的仇恨，风格雄奇奔放，沉郁悲壮，洋溢着强烈的爱国主义激情，在思想上、艺术上取得了卓越成就，在生前即有"小李白"之称。一首《示儿》将陆游对收复失地的渴望表达得淋漓尽致，他至死都未曾忘记自己的爱国之志，真是感人至深。

立志救国

陆游是宋朝越州山阴县 (今浙江绍兴市) 人,宋徽宗宣和七年十月十七日 (公元 1125 年 11 月 13 日),生于他父亲陆宰就任淮南计度转运副使后,奉诏赴首都东京 (开封) 朝见的行船途中,所以起名为游。一说当时狂风大作,暴雨骤降,其母分娩,梦见前辈著名文人秦观。秦观字少游,因以秦观字为名曰游,以秦观名为字曰务观。关于他的降生,陆游有诗云:"我生急雨暗淮天,出没蛟鼍浪入船。"又说,"少傅奉诏朝京师,檥船生我淮之湄。"

正当那时,新兴的女真 (即金人) 统治者,举兵南下,入侵宋朝。他们兵分两路,西夺太原,东夺北京,然后合兵,直取开封。面对金兵入侵,宋朝广大军民奋起抵抗,张孝纯、王禀率领的太原军民守城二百五十余日,弹尽粮绝,全部壮烈牺牲;李纲、种师道率领的勤王军与守城军精诚合作,给金兵以重创;河北各地人民自动组织起来的抗金武装,声势浩大;以太学生陈东为首的几万人请愿示威,反映了人民抵御侵略者的爱国热忱。本来,众志成城,团结御侮,危难是可以克服的。但是贪图腐化享乐生活的宋朝统治者,置民族大义于不顾,坚持投降求和的可耻政策,对爱国将士大肆贬斥,加以压制,对有的抗金队伍还予以遣散,致使金兵得以顺利攻占开封。宋钦宗靖康元年,即陆游出生的第二年,北宋王朝覆灭,整个开封被洗劫一空,赵佶 (徽宗)、赵桓 (钦宗)、后妃、公主和赵氏宗室以及金银财宝,悉被掳掠北上。

在这紧急关头,宗泽等忠臣良将迅速拥戴在外统兵的赵桓的弟弟康王赵构为皇帝,以稳定大局,并在南京应天府 (今河南商丘) 即位,

改年号为建炎元年 (1127 年)。赵构登基后，并无抗金良策，在敌人进攻面前，只是退缩。先后逃往扬州、临安 (杭州)、越州、明州 (宁波) 等地，甚至逃到温州海边的大船上。金兵虽然攻城略地，无往不胜，但后方空虚，逐渐壮大的中原起义军对它构成严重威胁，因此不得不把进攻队伍从南方撤回。这样，使赵构得以苟延残喘，于建炎四年四月回到越州，并把越州改为绍兴府。翌年，改年号为绍兴元年，直到绍兴二年正月才回到临安，正式建立了偏安东南一隅的南宋小朝廷。

在那个民族灾难深重的年代里，陆游从小就跟随家人东奔西跑。抗金开始，陆宰在泽潞一带做军需供应工作，由于坏人的陷害，遭到罢黜。此时，战局失利，陆宰只得带着家眷南归。他的家室人口众多，除妻子儿女外还有仆人婢妾，兵荒马乱，辗转流离，困苦万分。为了躲避金兵，他们常常隐蔽起来，饿了只能吃点干粮，有时，一连几天吃不上饭菜。这种飘荡不定的生活，在陆游幼小心灵里留下深深的烙印，也滋生了他抗金救国的思想。在《三山杜门作歌》诗中，他记述了这段生活的真实经历：

　　　　我生学步逢丧乱，家在中原厌奔窜。

　　　　淮边夜闻贼马嘶，跳去不待鸡号旦。

　　　　人怀一饼草间伏，往往经旬不炊爨。

　　　　呜呼，乱定百口俱得全，熟为此者宁非天！

陆游一家先逃到安徽寿县 (今安徽寿春)，在这里，他们休息了一段时间，便从淮水经过运河回到山阴故乡。建炎四年，战火逐渐烧到了山阴，金人的铁蹄和溃退的宋朝官兵，把山阴搅得翻江倒海，乌烟瘴气，民众已无安身之地。于是陆游一家只得再次踏上逃难的路程。在《杂兴》诗中，他写道：

　　　　家本徙寿春，遭乱建炎初。

　　　　南来避狂寇，乃复遇强胡。

　　　　于是冗两髡，几不保头颅。

　　　　乱定不敢归，三载东阳居。

陆游一家人从山阴来到东阳 (今浙江金华)，住在当地颇有声望的陈

彦声家里。陈彦声 (名宗誉) 是一个地方武装力量的领袖人物，讲义气、有武艺，在宣和、建炎年间曾两度组织群众抗金，保卫自己的家园。陆游十分赞赏陈彦声的举止，誉为："其义可依，其勇可恃"（《渭南文集·陈君墓志铭》）。陆游一家在陈家一住三年，受到陈家的热情款待，直到赵构正式在临安建都，局势已经大体稳定，才又回到老家山阴。陆游此时只有九岁，而内心已深深烙上了对敌人的仇恨。陈彦声的豪侠义勇，保境安民的爱国行为深深地触动了他。他懂得有所爱，有所恨，明白精诚团结，共御强敌，定能收复失地，赶走金人。陆游一生坚持抗战救国，至死不渝，与他从小受陈彦声的影响是不无关系的。

在那山河破碎，风雨飘摇的日子里，宋高宗赵构的登基，曾给人民带来一线希望，但希望很快破灭。因为赵构并不赞成主战派，和全国人民、忠臣义士一起共同抗金，图谋恢复大业，而是畏敌

陆游醉梅

如虎，赞同主和派观点，极力主张逃窜、议和、投降，事实上成了主和派的头子。除了在逼不得已的紧急关头，他需要利用主战派力量外，一贯重用主和派。

绍兴十年 (1140 年)，金兀术带领大军南侵，被主战派将领率岳飞、韩世忠等部迎头痛击，打得落花流水。捷报频传，振奋人心。老百姓顶盆焚香，欢迎岳家军渡河北伐，彻底驱逐金寇。此时，金兵锐气沮丧，岳飞队伍所向披靡。岳飞兴奋地对部下说："直抵黄龙府 (金国都) 与诸君痛饮耳。"但是，正当岳飞率军渡河追击即将逃遁的金兵时，赵构、秦桧却异常恐慌，他们惧怕岳飞取得巨大战功后摆脱朝廷控制，

担心北方人民组织的武装和岳家军共同战斗，力量会更加壮大起来，将构成对南宋政权的威胁。因此他们置民族大义于不顾，在一天之内连下十二道金牌，急令岳飞退兵。岳飞被迫无奈，只好放弃收复的失地和取得的累累战果，撤兵回到鄂州（湖北武昌）。岳飞愤惋泣下，悲痛地说："十年之功毁于一旦。"第二年，卖国求荣的秦桧，冒天下之大不韪，竟将岳飞下狱，后又以"莫须有"罪名将岳飞杀害。这年十二月，与金人签订丧权辱国的"绍兴和议"，将东起淮水，西到大散关以北的广大地区划归金人所有，并拜伏称臣，南宋每年向金纳岁币银二十五万两，绢二十五万匹。对这一丧权辱国的和议，凡具有爱国思想的人，无不为之痛心疾首。

"绍兴和议"以后，怯弱、贪暴、无能的赵构奖陟和议有功者，晋封秦桧为宰相兼枢密使，总揽军政大权。小人得志，不可一世，这时，秦桧便利用自己手中的权势，不遗余力地排除异己，打击主战派力量，将胡铨、赵鼎、李光、曾开等人的官职一一予以罢斥。使赵构统治集团得以无所顾忌，偏安于一隅之地，过着穷奢极欲、荒淫无度的生活，把国仇家恨置于脑后，再也不想收复失地了。面对奸佞当权、祖国沦丧的现实，年纪已经五十开外的陆宰决心致仕，回家乡开始过着隐退生活。由于陆宰有一定的社会地位和声望，经常来探望、访问的同僚和友人很多，像给事中傅崧卿和参知政事李光等，都是坚决主战、反对卖国投降的志士，并且正在遭受秦桧的迫害。他们与陆宰一见面，就禁不住要纵论国家大事。一谈及东京陷落，徽钦二帝被掳，金兵残暴，生灵涂炭时，无不义愤填膺，燃起复仇的烈火；谈到秦桧的卖国行径和把持朝政，无不咬牙切齿，必欲将之碎尸万段而后快。每到吃饭的时候，尽管桌上摆下饭菜，却无人动筷子，客人往往凄然向主人告辞。陆宰在送走客人后，常常目光呆滞，也无心茶饭。陆游对父亲和客人们当时的表现，看在眼里，记在心头。晚年，他回忆这一难忘的情景时说："绍兴初，某甫成童，亲见当时士大夫相与言及国事，或裂眦嚼齿，或流涕痛哭，人人自期以杀身翊戴王室，虽丑腐方张，视之蔑如也"（《跋傅给事帖》）。悲痛的经历和义愤的环境，使陆游从少年时代起就开始具有忧国忧民的思想。正如他在《感兴》中所说："少小遇丧乱，妄意忧元元。"从而立下"上马击狂胡，下马草军书"（《观大散关有感》）效力救国的壮志。

鸳鸯离散

陆游二十岁时，已是一个英俊潇洒，气宇轩昂的青年了。这一年，即绍兴十四年（1144年）他和婀娜多姿，志趣相投的姑娘唐琬结为夫妻。唐琬的父亲是陆游的舅舅，陆游是唐琬的表兄，他们两相情愿，亲上加亲，婚姻十分美满。唐琬也工于诗词，与陆游夫唱妻和，思想的交流，更加深了两人之间的感情。陆游的母亲对这位秀丽的内侄女兼媳妇，最初也是非常喜欢的，但后来却发展到很不满意，横加指责，硬逼着陆游与唐琬和离。有人认为是由于小两口感情甚笃，卿卿我我，形影不离，影响了陆游对功名的进取，于是陆母迁怒于唐琬；还有人认为是由于唐琬不生孩子，怕断了陆家香火的缘故。

在那个社会里，媳妇不见容于婆婆，是很难在夫家生活的。对于母亲的决定，新婚燕尔、琴瑟和同的陆游夫妇，当然不能同意。陆游再三向母亲哀求，希望能留下唐琬，但哀求无效。迫于母命，陆游大胆瞒着母亲，假说将唐琬送回娘家，暗中却在外面租了一所房子，把唐琬安置在那里，经常约会。可是没有多久，秘密就被陆游母亲发现了。陆游无奈，只得忍痛和唐琬和离。从此二人燕南雁北，劳燕分飞。绍兴十七年，陆游另娶王氏为妻，王氏虽然贤淑俊俏，但陆游总感到相距唐琬甚远。唐琬被遣送回娘家，满怀幽怨，几乎痛不欲生，经多方劝慰，遵家长之命，改嫁同郡赵士程。琵琶虽然别抱，对陆游仍一往情深。

　　绍兴二十四年 (1154 年)，陆游参加礼部会试被黜回家，心情苦闷彷徨。他经常四处游览，或访朋问友，结交商贾、豪杰和诗人；或接触人民群众，放浪形骸。这一天，春光明媚，他游览禹迹寺的沈园。此园是绍兴一所著名的园林，占地十余亩，建有假山、池塘和亭台轩榭，每当东风送暖，园中碧草如茵，繁花似锦，风景雅致，十分宜人。因此不少文人墨客常来这里游目骋怀，赋诗作画。一般平民百姓也不时到此，游兴甚浓。园内有春波桥一座，桥下碧波荡漾，桥上是游人凭栏远眺的地方。当年陆游和唐琬曾在桥上凭栏依偎，谈今论古，衣香人影，流连忘返。陆游故地重游，不胜今昔之感。忽然发现唐琬和改嫁后的丈夫赵士程也来到沈园。他远远看着唐琬憔悴的倩影，感慨万千，回想起十年前与唐琬的恩爱之情和分手后的绵绵相思之苦，不禁黯然神伤。唐琬看到陆游独自一人像孤雁似的在园中徘徊，既惊喜今生又能相逢，又悲叹相逢不能相聚。往事历历在目，思之凄然。于是征得赵士程同意，派人给陆游送去一份酒菜。陆游饮完酒后，压抑不住内心的悲苦，提笔在墙上写了一首哀怨悔恨的词《钗头凤》，词云：

　　红酥手，黄藤酒，满城春色宫墙柳。东风恶，欢情薄，一怀愁绪，几年离索。错！错！错！

　　春如旧，人空瘦，泪痕红浥鲛绡透。桃花落，闲池阁，山盟虽在，锦书难托。莫！莫！莫！

　　词的上阕描写了唐琬的美丽、多情和温柔，控诉了代表封建势力的东风无情拆散了他和唐琬的夫妻关系。"不得东风花不开，花开又被风吹落。"因为东风送暖，可以使百花齐放；东风逞威，可以使百花凋零。这里交织着陆游酸甜苦辣的复杂情感。上阕结尾连用三个"错"字，是自问，也是感叹。错在命运的不公？错在母亲的专横？还是错在自己对母命的屈从？表达了感情上的极度苦痛，下阕以"桃花落，闲池阁"比喻两人婚姻遭到摧残，集中抒发了相思之苦。结尾用三个"莫"字申言，莫再怨天尤人，莫再追忆往事，更莫想再度相逢。这是陆游企图用理智压抑自己的感情，然而感情的野马是不可能为短短的

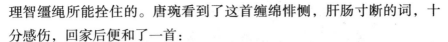

理智缰绳所能拴住的。唐琬看到了这首缠绵悱恻,肝肠寸断的词,十分感伤,回家后便和了一首:

世情薄,人情恶,雨送黄昏花易落。晓风干,泪痕残,欲笺心事,独语斜阑。难!难!难!

人成各,今非昨,病魂常似秋千索。角声寒,夜阑珊,怕人寻问,咽泪装欢。瞒!瞒!瞒!

从此,唐琬郁郁寡欢,不久便香消玉殒。陆游的这场婚姻悲剧,是他一生中最大的创伤,永远难以抚平。沈园重逢和唐琬的早逝,在他真挚的情感深处,更加重了他的悔恨、内疚和难以名状的辛酸。尽管时光荏苒,进入暮年,但唐琬的音容笑貌,一直萦绕在他心头。只要他在山阴,有机会他总要登禹迹寺楼上眺望,回忆往日的爱情生活,寄托自己无限的哀思。宋宁宗庆元五年,陆游已经七十五岁了,距唐琬逝去已有四十年之久,但陆游依然难泯旧情,回首往事,不禁潸然泪下,写下了《沈园》二首,表达了对前妻深深的爱恋和悼念,诗云:

其一:

城上斜阳画角哀,沈园非复旧池台。

伤心桥下春波绿,曾是惊鸿照影来。

其二:

梦断香消四十年,沈园柳老不吹绵。

此身行作稽山土,犹吊遗踪一泫然。

以七十五岁高龄的衰朽之躯,铭记不忘唐琬飘若惊鸿的情影;对同唐琬一起去游玩过的沈园,还沿着老路走到那里去凭吊一番,可以想见用情之专一。在陆游逝世前五年,即陆游八十一岁时,他又写了《十二月二日夜梦游沈氏园亭》二首,诗云:

其一:

路近城南已怕行,沈家园里更伤情。

香穿客袖梅花在,绿蘸寺桥春水生。

其二:

城南小陌又逢春,只见梅花不见人。

玉骨久成泉下土，墨痕犹锁壁间尘。

诗中充满了物是人非，触景生情，魂牵梦绕，此恨绵绵的悼亡哀痛，反映了陆游对唐琬的钟情，年老而弥笃。

官场沉浮

绍兴二十八年 (1158 年)，陆游三十四岁时被朝廷任命为福州宁德县主簿。接到公文，他又喜又忧，喜的是，从此可以步入仕途，能报效国家；忧的是主簿是九品县吏，位卑事杂，难以一展雄才。在他内心深处仍然希望能够纵横捭阖，驰骋疆场，收复失地，勒石燕然。在《夜读兵书》诗中他曾说过：

孤灯耿霜夕，穷山读兵书。平生万里心，执戈王前驱。战死士所有，耻复守妻孥。成功亦邂逅，逆料政自疏。陂泽号饥鸿，岁月欺贫儒。叹息镜中面，安得长肤腴。

想到现在仅仅去做一个小官，能够实现自己的远大志向吗？但是，计较职位而不出仕，"年与时驰，意与日去，悲守穷庐"，将来怎么办呢？

陆游再三考虑，决定上任。他经过二十多天的长途跋涉，穿曹娥江，过雁荡山，游台州，由温州到达了宁德县，从此开始了宦海浮沉。

一次福建路提点刑狱公事樊茂实来县视察，对县令项膺因口吃而回答问题结结巴巴，露出不悦之色。陆游觉察，即代为详奏，樊茂实听后，十分满意，又看到陆游的诗写得很出众，于是荐举陆游为福州决曹，担任樊茂实属下的一名文官。不到一年，曾几升为礼部侍郎，在曾几的引荐下，陆游调至临安任令所删定官。宋代令所是掌管修改审订法令条式的机构，法令条式每五年小修一次，每十年大修一次，

然后颁行天下。朝廷常以宰臣兼任令所提举，下设详定官、删定官，删定官的职责是编纂朝廷公布的法令文件，并分类编成书。这个职务虽说是八品小官，然而能接近朝臣，进言天子，历来又是饱学之士担任，因而为许多人所关注。陆游公务闲暇，以读书写诗自娱，有时四处游荡，他看到繁华的市容，苦难的百姓，屈辱求和的朝廷，苟且偷安，纸醉金迷的君臣，感慨万千。于是他披肝沥胆，陈情阙下，力主励精图治，早复中原。

在抗击金兵大举南侵刚刚开始时，陆游满怀为国效死之情，又赶写了《上执政书》，不想触怒了宋高宗赵构，竟遭到罢官。他只好收拾行李回到山阴。绍兴三十一年七月，宋、金展开交战，百事待举，前线吃紧，朝廷急需有识才，高宗赵构在朝臣的提醒下，想起了弃置在乡的陆游，很快降旨召他任大理寺直兼宗正簿，这样，陆游又来到临安。秦桧死后的南宋已非二十年前秦桧弄权的南宋。以宰相陈康伯为首的主战派力量已占上风，并能左右朝政大局；各地百姓纷纷揭竿而起，抗击金兵，反对议和；一些大臣对于朝廷一味采取忍让，不思进取的政策，对金人奴颜卑膝，以求归回河南诸地等做法，极力反对。在这种情况下，赵构既不敢战，又不能和，只好传位给赵眘（宋孝宗），自己退居德寿宫里做太上皇，过骄逸享乐生活去了。

三十六岁的赵眘，原名伯琮，是太祖七世玄孙。建炎三年，赵构的独生子赵敷夭亡，便把东京汴梁陷落后流落在民间的赵伯琮收为养子，改名瑗，封为普安郡王，后又立为太子，更名为赵眘。赵眘生长在民间，了解一些民间的疾苦，对广大国土沦于敌手深为痛惜，因而常有恢复中原之志。绍兴三十二年 (1162 年)，赵眘正式即位，翌年改年号为"隆兴"，开始整顿朝政，荐举人才，并驱逐了一些误国害民的秦桧党羽，起用主战将领张浚等人，给张浚以兵权。陆游也奉调到枢密院担任编修官。一天，赵眘问朝臣周必大，当今诗人谁能比得上李白。周必大回答，首推陆游，世人已称他为"小李白"，因为他的才华出众，写的诗风格豪迈，和李白有相似之处，所以有此殊誉。另外，权知枢密院事史诰，同知枢密院事黄祖舜又向赵眘推荐陆游，说他

"善辞章，谙典故"，于是赵眘召见陆游，陆游趁机将自己对定邦安国的主张一一奏明，如革新政治，加强武备，待机北伐，恢复河山，深得赵眘的赞赏，认为他"力学有闻，言论剀切"，特赐他进士出身，并加封他为太上皇帝圣政所检讨官。

隆兴元年 (1163 年) 正月，孝宗继封张浚为观国公加少傅衔之后，又任他为枢密史，统率军马，都督江淮，从江阴、镇江、南京直到九江的部队全部由他指挥，这对大举南犯的金兵构成了巨大的震慑力量。此时，朝廷上下，同仇敌忾，外交上联络西夏，共同抗击；在北方广大沦陷区，发动军民武装起义。为此，由陆游起草了两个重要文件：一是 1163 年正月二十一日写的《代二府与夏国主书》；二是同年二月写给沦陷区的秘密传单《蜡弹省》。二府是指中书省和枢密院，蜡弹是指封缄秘密文件的蜡丸。像这样重要的军事和外交文件，理应由中书舍人撰写的，而朝廷大臣特请陆游执笔，可见他的才德已为当局所承认，而陆游也以能够参与抗金的机要工作为荣。在他的诗歌中，常常回忆起这件事情。

经过一段时间的筹备工作后，张浚率领六万人马，号称二十万雄兵出师北伐，分两路进军。一路由李显忠率领，从濠州 (今安徽凤阳) 攻取灵璧；一路由邵宏渊率领，从泗州出发 (今安徽盱眙东北) 直取虹县 (今安徽泗县)。两路夹击，进展极为顺利，很快就收复了宿州 (今安徽宿县)。捷报频传于江南各地，中原诸镇大为震动。孝宗闻讯，喜出望外，连称十年来无此克捷，朝野为之鼓舞，并亲制诏书，慰劳张浚。并擢升李显忠为淮南、京东、河北招讨使，邵宏渊为副使。宿州收复不久，李显忠、邵宏渊之间就产生了矛盾。邵宏渊主张以宿州库藏实物劳军，李显忠坚持军队驻扎城外，以现钱劳军。两人矛盾，以致金兵反扑时，李显忠只能孤军奋战、独守城池，最后寡不敌众，难以抵御，只得杀出重围，于五月二十四日退至符离集一带，距五月十六日进围宿州仅仅才八天时间。

随着北伐的失利，主和派势力在朝中又开始抬头。赵眘也一改初衷，起用秦桧余党汤思退为丞相，准备和金人议和。这时，一贯主战的陆游在朝廷的日子也日益窘迫，但他仍然尽忠职守，敢于对植党营私的龙大渊和曾觌的种种昭彰劣迹进行揭发。而龙、曾二人却是赵眘的亲信，因此赵眘对陆游十分厌弃，不久就将他调到建康任通判，接着又改调镇江通判。

镇江北临长江，对峙扬州，和建康形成犄角之势，地势险要，南宋水师精锐驻扎于此，是抗金前沿阵地。陆游上任后很快熟悉了环境，结识了一些同僚，图谋抗战大计。听说张浚仍都督江淮兵马，即日抵达镇江，心中十分激动。张浚和陆游的父亲原是老友，又和陆游抗金的主张相同，因此对陆游器重有加，张浚的儿子张拭和幕僚们更是和陆游过往甚密，他们经常在一起筹划如何重整武备，收复山河，报仇雪耻，还于旧都。张浚来镇江后，开始扩充军队，山东淮北忠义之士归附者，络绎不绝。不长时间，建康、镇江两支兵力就有一万二千人。万弩营招收淮南和江西义军一万余人，从建康到镇江，凡要害之地，均修筑城堡；

陆游祠

沿江险要之处，皆积水为匮。江上战舰来往，风樯如云，各营都配备了弓矢器械，随时准备消灭入侵之敌。金人获悉这一情况后，感到形势于己不利，急忙下令罢兵。谁料为主和派包围的赵眘，又听信谗言，竟于隆兴二年（1164年）四月，撤销了江淮都督府，罢免了张浚的官职，正式与金人议和，签订了"隆兴和议"。

在议和进行期间，陆游还是一心为国，上书朝廷，乘和约未定之前，宣布建康和临安都是临时首都，以便将来迁都建康，凭借有利地势，积极从事收复中原的准备。这一主张，从岳飞、李纲、胡铨直到张浚都是坚持的，结果他们都遭到迫害。如今张浚已被罢官，朝政又为议和派所左右，陆游仍置个人安危于不顾而毅然提出，其爱国热忱，

日月可鉴。

和议签订后的次年 (1165 年)，宋孝宗赵昚又把年号改为乾道，一时的恢复中原的雄心壮志已烟消云散，开始过起忍辱偷安的生活来。陆游关于建都的意见非但未被朝廷采纳，自己反被调往隆兴 (今江西南昌) 任通判。这样，使他离前线更远了。朝廷的一些卖国贼，一贯敌视敢于正谏正言、力主抗金的陆游。他们对陆游的调动并不甘心，必欲置之于死地而后快。在乾道二年 (1166 年) 以"交结台谏，鼓唱是非，力说张浚用兵"的罪名，又将他革职还乡。

正气于胸

陆游罢官在家，大约住了十一二年之久，这段时间南宋小朝廷内部，矛盾风云变幻。绍熙五年 (1194 年) 六月，孝宗赵昚病死，大臣赵汝愚鉴于光宗赵惇昏聩无能，又对赵昚不孝，因此与韩侂胄等密谋并商得赵构嬬妻吴后同意，立赵扩为帝，尊赵惇为太上皇。这次政变虽然很快结束，但大臣之间的争权夺利也接踵而至。韩侂胄是宋宁宗赵扩妻子的叔父，他为了左右朝政，仗着拥立新君有功，又是外戚，便大肆排斥异己，先是免掉曾经弹劾他的朱熹的官职，接着又把赵汝愚排斥在朝廷之外，赵汝愚抱屈饮恨，郁闷而死。韩侂胄还感到不知足，于庆元三年定出对"伪学""伪党"的禁令，对朱、赵二人的门生、故吏等加以迫害清除。这样，朝中大权集于韩侂胄一身。

韩侂胄为了巩固自己的地位，开始提出北伐中原的口号，以博得广大人民群众和爱国志士的支持。与此同时，他笼络人才，放宽"党禁"。陆游力主抗战，在群众中影响深远，自然是他延揽的对象。而陆游本人虽不为官位利禄所引诱，但他有一颗赤诚的报国之心。只要是为了抗战救国，他随时准备贡献自己的力量。他认为在抗战的旗帜下，朝野上下应以国家利益为重，消除内部纷争，团结一致，一致对外。因此，在嘉泰二年 (1202 年)，即韩侂胄当权的第七年，朝廷起用陆游为同修国史，实录院同修撰时，他以衰朽之年，慨然应召，再度出山赴临安供职。陆游还想利用这一机会把自己的抗战主张和斗争策略奉献给朝廷，促使北伐早日顺利实现。然而情况并非所料，韩侂胄延揽陆游，只是想利用他的声望吸引群众，却不想真正重用他。这样，陆游在临安也就只能做些整理编史业务，根本不能参与北伐大计。他感到十分失望和无聊，在嘉泰三年史书编成之后，便辞官回家了。

开禧二年初，总揽军政大权的平章军国事韩侂胄密令三军招募健勇，筹办粮草，待命伐金，消息传出，群情为之振奋。本来这一壮举可以获得成功，可惜出身纨绔、志大才疏的韩侂胄，缺乏知人善任的才识，又不能从善如流，像被陆游比作管仲萧何的辛弃疾，既是饮誉当时的爱国词人，又是久经沙场的知兵老将，具有文韬武略和实战经验。在宋宁宗召见时，曾陈述己见，认为从当前国力、人力来看，伐金条件均不成熟，不可仓促用事。他建议将用兵重任交付元老大臣，使其养精蓄锐，备兵应变，待时机成熟，兴师北伐，便可一战而胜。但韩侂胄急功近利，坚决反对。认为金国赤地千里，斗米万钱，与鞑靼为仇，且有内变，正是伐金良机。因此朝廷对辛弃疾漠然视之，只是给了一个虚职宝谟阁待制加上提举佑神观的头衔，并未赋予用兵实权。北伐初战的捷报，使南宋百姓多年沉郁的心情兴奋起来，大家奔走相告，彼此祝贺。陆游写下了《老马行》一诗：

老马虺隤依晚照，自计岂堪三品料？玉鞭金络付梦想，瘦稗枯萁空咀嚼。中原蝗旱胡运衰，王师北伐方传诏。一闻战鼓意气生，犹能为国平燕赵。

陆游自知八十老翁驰骋疆场已不现实，却有"虽不能至，而心向往之"的爱国热情，着实动人心魄。抗战力量的抬头，使得朝廷不得不降低卖国贼秦桧的爵谥，改原封申王为卫国公，改谥号为缪王；追封岳飞为鄂王，加谥号武穆。正义一时得到伸张，民心受到鼓舞。开

禧三年 (1207 年)，陆游八十三岁，被朝廷晋封为渭南县伯，他原是山阴县子，不依原封，晋爵为山阴县伯，而把他封在沦陷区渭南县，是为了照顾他的夙愿。因为他打算两京收复后，移家关辅。朝廷晋封陆游为渭南伯，既是对陆游等爱国志士的嘉奖，也表达了朝廷收复失地的决心。陆游十分快慰，立即刻印，准备启用。随后又把自己的文集定名为《渭南文集》，在《蒙恩封渭南伯因刻渭南伯印》一诗云：

　　旋著朝衫拜九天，荣光夜半属星躔。

　　渭南且作诗人伴，敢望移封向酒泉。

这一时期，陆游的心情特别舒畅，他想到唐朝诗人赵嘏为渭南尉，当时称之为"赵渭南"，后人是否也会把自己称为"陆渭南"呢？谁知好景不长，北伐失败的消息不断传来，朝野震动，投降议和势力又开始抬头。韩侂胄在紧急情况下启用辛弃疾指挥军马，但辛弃疾却在赴任途中病故，战局难以挽回，政局急转直下。正当韩侂胄一面派使议和缓兵；一面重新部署，准备再战时，十一月，投降派史弥远等，伙同杨贵妃谋杀了韩侂胄，并和金人签订了增岁币为三十万，犒军费三百万两的屈辱和约。陆游的一个儿子是在北伐中战死的。这时，国仇家恨一起涌上心头。加之投降分子为了掩饰自己卖国的行径，竟造谣生事，恶毒攻击陆游赞助北伐是为了给自己和子孙谋取官爵，贬低陆游在群众中的威信。同时，又用名利作钓饵，诱使陆游向他们靠拢。但陆游立场是坚定的，既不怕投降派施加压力，也不为名位和物质利益所引诱。仍然一如既往，坚定地站在抗战救国的一边，为驱逐金人，收复山河做不懈的努力。在《自贻》诗中云：

　　退士愤骄虏，闲人忧旱年。

　　耄期身未病，贫困气犹全。

陆游自知是"退士"和"闲人"，但"退士"和"闲人"可以不顾自身的前途和命运，却不能不关心国家大事和人民的疾苦。因此他依然时刻痛恨敌人侵略的种种暴虐行径，担心大旱之年群众的生产和生活。尽管他年事已高，贫困交加，而这种以国家人民利益为重的正气始终充溢于胸。这是他做人的根本，是任何力量也不能摇撼的。

示儿明志

宋宁宗嘉定元年（1208 年），陆游年已八十四岁，他体衰多病，住在山阴，生活又极清苦，回想一生饱经忧患，历尽沧桑，当然感慨万端。北伐失败，韩侂胄被杀，卖国贼专权，历史倒退到比秦桧时代还要严酷。面对现实，他感到恢复中原已经无望，实现祖国统一，此生也难以亲见，他极力想摆脱忧愤，在诗中描写山村生活，表现旷达闲适的心境，如《梅市》云：

小雨长堤古寺西，不容羸马惜障泥。

时平道路铃声少，岁乐坊场酒价低。

烟树浅深山驿近，野歌断续客魂迷。

残躯不料重来此，一首清诗手自题。

又如《散怀》诗云：

东行西行一日过，深酌浅酌万事休。

亦知衣食将不继，老甚安能怀百忧？

在《江村》一诗中说：

江村连夜有飞霜，柿正丹时橘半黄。

转枕却寻惊断梦，拨炉偶见爇残香。

医无绝艺空三易，死与浮生已两忘。

拈得一书还嬾看，卧听孙子诵琅琅。

但陆游终究是一个爱国者，对恢复中原的大业是不可能彻底忘记的。他在《感事六言》中说：

老去转无饱计，醉来暂豁忧端，双鬓多年作雪，寸心至死如丹。

这首诗反映了陆游的坚贞、执着，"虽九死其犹未悔"的高尚爱

207

国情操。陆游对投降卖国分子卑劣的行径是痛心疾首的，对这批软骨头也不抱任何希望；而对于淳朴的农民樵夫却有着深厚的感情。由于他生活在农村，与他们常相往来，结成了友谊，所以能够了解他们的思想，听到他们慷慨激昂的报国杀敌的呼声。他曾在诗中说："几年羸疾卧家山，牧竖樵夫日往还。至论本求编简上，忠言乃在里闾间。私忧骄虏心常折，念报明时涕每潸。寸禄不沾能及此，细听只益厚吾颜。"他热情洋溢地讴歌不沾国家一点俸禄的老百姓的可贵品质，也深深谴责自己的思想水平还不及老百姓那样高。当然，这种自责，并不表明陆游已不关心国家大事，相反，正表现了年老体衰，贫病交加，身处逆境的陆游，对祖国前途仍然充满着炽烈的信心，一片孤忠。

宁宗嘉定二年（1209年），陆游常常患病，立秋前得膈上疾。他写诗道："今年老病遂难禁，二竖难逃岂易寻，风雨三更童仆睡，自持残烛检《千金》。"在《一病七十日》中云：

一病七十日，共疑无复生。堤全河渐复，师济寇将平。缥缈香云散，飕飂药鼎鸣。庭前有残菊，自笑尚关情。

在长期病中，他还念念不忘"师济寇将平"，牵念着横扫中原寇仇的大事。此时陆游毕竟老了，精神一日不比一日。十二月初五进行按摩浴，这一天他的左辅第二个白齿脱落，在《自笑》诗中说：

左车第二牙辞去，团坐无生活又新。

堪笑按摩并洗沐，未忘贪爱梦中身。

这一年的十二月二十九日，以阳历计是1210年1月26日，陆游弥留之际，而神志还是清醒的。他觉得世上没有什么值得留恋的了，使他悲恸的是，他一生为之奔走呼号，希望宋朝收复失地，人民过上太平生活的局面是不能看到了。他叮嘱儿子，如果有一天中原恢复了，在举行家祭的时候，不要忘记告祭他在天之灵。在《示儿》诗中说：

死去元知万事空，但悲不见九州同。

王师北定中原日，家祭无忘告乃翁。

这首具有爱国主义思想激情的诗篇，虽然短短二十八字，却是陆游壮志未酬的临终哀号，是陆游血和泪的融汇，也是陆游对祖国统一

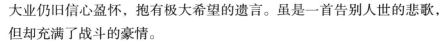

大业仍旧信心盈怀，抱有极大希望的遗言。虽是一首告别人世的悲歌，但却充满了战斗的豪情。

陆游一生勤勤恳恳，笔耕不辍，不仅留下了《剑南诗稿》八十五卷 (诗九千一百三十八首)，而且还有《渭南文集》五十卷，其中包括《入蜀记》六卷，词二卷。又有《放翁逸稿》二卷，续添一卷；《南唐书》十八卷；《老学庵笔记》十卷；《家世归闻》八则；《斋居记事》三十六则。这些都收在《陆放翁全集》里。另外，全集之外还有一些零散著作。

第 九 章

世总为情，融情于戏
——汤显祖

　　汤显祖是明代杰出的剧作家、文学家。他出身书香门第，早有才名，12岁的诗作即已显露才华。14岁补县诸生，21岁中举。他不仅于古文诗词颇精，而且能通天文地理、医药卜筮诸书，可谓是难得一见的全能之才。汤显祖在中国乃至世界戏曲史上都有着重要的地位，和关汉卿、王实甫齐名，被誉为"东方的莎士比亚"。

寄心仕途

《明史》为汤显祖列传，不是因为他的文学成就，也不是因为与王世贞、归有光、徐渭、袁宏道等大文学家同列于"文苑"之中，而是着重嘉奖他从政时的作为。

汤显祖早就开始了他从政的预备阶段。中国封建社会的教育，以受教育者成为政府官员为立足点，所谓"学而优则仕"。孙中山先生所说："学生们要做大事，不要当大官。"这是现代意识，古人们却无法理解，不当大官怎么做大事呢？所以明清时代考秀才、考举人、考进士，都是为了做官。汤显祖早慧，五岁即有一定的文字能力。十二岁写的第一首长诗，题《乱后》，居然颇带政治倾向。十四岁，"补县诸生"，也就是俗说的中了秀才。二十一岁，中江西乡试第八名举人。此时的汤显祖是"童子诸生中，俊气万人一。弱冠精华开，上路风云出"，简直是踌躇满志。但这之后就屡遭挫折了。

1571 年，隆庆五年，汤显祖进京会试不第。传说是文化名人陈眉公诬陷所致，蒋士铨还将此写进剧本。肯定是不正确的，因为陈眉公生于 1558 年，其时尚在童年，怎么可能与汤显祖因名誉之事结怨并阻挡汤的中第呢？

1574 年，万历二年，会试又不第。

1577 年，万历五年，仍不第。

1580 年，万历八年，依然与进士无缘。

1583 年，万历十一年，汤显祖三十四岁，礼部会试取中第六十五名，殿试三甲第二百十一名"赐同进士出身"，简称进士，是科录取进

士三百四十一名。仅据此，即能看出科举弊端之多，中与不中，不仅未必取决于真才实学，甚至也不足以证明其人八股文之高下优劣。汤显祖的八股文，是当时临川四大家之一，人们的评语是："如霞官丹篆，自是人间异书""制义以来能创为奇者，汤义仍一人而已"。可是这样的文章，这样的人才，却屡困春试，因此读书人痛斥试官如盲如聩、文不足凭、公道不彰了。汤显祖回顾科举过程，往往感慨万端。他说："某少有伉壮不阿之气，为秀才业所消，复为屡上春官所消。""数不第，气力已减。"青少年时代的刚烈之气，在辗转顿挫中已大大地减消了。可是，中国古代知识分子要想有所作为，进入仕途几乎是唯一的途径。明清两代要做官就得攻八股文、过科举关，汤氏也概莫能外。而科举对于扭曲文人与官员的心态的影响又是深远的。

举进士后，有一段等待分配官职的时间。此时之汤显祖表态："分以一县自隐，得少进为郎便足。"1584年7月，汤显祖赴南京任太常博士，正七品，也就是今日所说之县处级。自从永乐初年，朱棣将都城从南京迁往北京，南京被称为南都，所设的一套官僚机构名称、官职虽略与中央同，实际政务肯定减少了许多。汤显祖"壮心若流水，幽意似秋日"，似乎还没有从挫折中恢复过来。不过汤显祖青年时代即自视雄才济世，既踏上仕途，更是壮心不已。他认为"神州虽大局，数着亦可毕""某颇有区区之略，可以变化天下。"所惜者未得重视未得机遇耳。他或闭户读书，或畅游金陵名胜，或填词作曲，作置身局外状，实际上却关注政坛，一切了如指掌，万历十九年（1591年），他终于无法忍受，上书万历皇帝，这就是有名的《论辅臣科臣疏》。

汤显祖对近二十年的朝政，作了一番概括总结，抨击权臣专横，吏治腐败，言路闭塞。又恳切提出，"臣谓皇上可惜者有四"：官职和俸禄，是皇上施与人才的雨露，现在被辅臣用以培植私人，岂不可惜了吗？群臣只知宰辅之恩，而不知恩出自皇上，岂不太可惜了吗？权臣不破法与人富贵不显其恩，皇上现有的法度被破坏，不是太可惜了吗？皇上经营天下二十年，因辅臣之故，前十年之政与后十年之政均教人不敢恭维，皇上大可有所作为的宝贵时间，岂不是可惜了吗？

汤显祖的"四可惜"说，设身处地，恳切中肯。而且巧妙地奉承了一番，因为万历皇帝朱翊钧即皇帝位时尚不到十岁，怎么称得上"经营天下"呢？倘若朱翊钧稍有见识，一定会因汤显祖之忠直及"善解朕意"而委以重任，为汤显祖实现政治抱负提供场所，如此则汤显祖之人生走向将会是另一番格局，他会不会成为一代名臣、著名的政治家呢？但朱翊钧刚愎自用，他批谕内阁："汤显祖以南都为散局，不遂己志，敢假借国事攻击元辅。"忧国忧民，竟成了极端个人主义。高高在上的朱翊钧未必详知汤显祖为何人，所下政治结论，肯定本诸朝臣的进言。也不能说毫无依据，汤显祖在三十七岁时写的自叙诗中就"陪畿非要津，奉常稍中秩，几时六百石，吾生三十七"，的确是发过牢骚的。朱翊钧下旨："本当重究，姑从轻处了"，从六品之南京礼部主事降为广东徐闻典史。典史，据《明会要》，地位在八品之县丞与主簿之下，掌管文移出纳；"添注"，是编外之意。这样，汤显祖既不致生活无着落，又不必时时俯首奔走于县衙之内，也是一种给出路吧！

汤显祖虽寄心仕途，实际上并不具备政治家、职业官僚必须具备的审时度势、广结善缘、左右逢源、捭阖纵横的素质。权相张居正有心提拔他，这无疑可大大缩短他进入官场的途径，他珍惜气节婉言拒绝了。辅臣张四维、申时行也有招致之意，他又不应。于是出现矛盾：有意从政，却与把持着从政通道、并非大奸大恶的中央高级官员总是处于关系紧张状态，这岂非缘木而求鱼吗？汤显祖也许太看重个人的尊严，但既踏上科举之途，人的尊严还剩几许？蒲松龄曾描述，"秀才入闱，有七似焉"：初入时，白足提篮，似丐。唱名时，官呵隶骂，似囚。其归号舍也，孔孔伸头，房房露脚，似秋末之冷蜂。其出场也，神情恍惚，似出笼之病鸟。迨望报也，行坐难安，则似被系之猴。忽而飞骑传报，报条无我，此时神情猝变，则似被毒之蝇，弄之亦不觉也。初失志，心灰意败，日渐远，气渐平，技又痒，遂似破卵之鸠，只得衔木营巢，重新另抱矣。所以在科举路上摸爬滚打的政府官员、知识分子中，很少有真正的男子汉，是不足为奇的。汤显祖确实是杰

出人物，科考路上栉风沐雨二十余年，虽感慨刚气已消，却仍细心地坚持着独立的人格，适当时便散发了光彩。

戏剧天才

然而汤显祖的仕途情结，深刻地影响着他的戏剧创作。

汤显祖的第一部戏剧作品是《紫箫记》，这是毫无异议的。但《紫箫记》作于何时，却有各种不同的论说。《紫箫记》明富春堂刻本署"红泉馆编"，后来又有"红泉旧本"之说，则《紫箫记》当与红泉馆有关。红泉馆为汤显祖青年时代的室名。收录青少年时诗篇的诗集题《红泉逸草》。可是隆庆六年除夕，邻家失火，"邻火延尽余宅，至旦始息"，红泉馆当亦在其中。几年后他又有了书斋问棘堂，诗集也就题《问棘邮草》了。一般说《紫箫记》应是红泉馆时期的作品，至少不应迟于《问棘邮草》，所以推测其写作年代的下限是 1576 年，即万历四年。

《紫箫记》是汤显祖二十多岁时的作品。虽然与后来的《紫钗记》同演李益、霍小玉之事，关目有颇大的不同。《紫钗记》全据唐人《霍小玉传》，《紫箫记》是"略引正面，点缀生情，插入唐时人物，不拘年代先后，随机布置，以示游戏神通"。剧中写李益与霍小玉元宵观灯，已过三鼓，金吾静街，万众喧嚣，霍小玉与李益相失，独步华清宫门首，拾得紫箫一枚，剧名即本乎此。这一作者增添的情节，大约是从杜牧诗句"闻捻紫箫吹"得来的灵感吧！

《紫箫记》记载着汤显祖的青年时代，留下许多抱憾终生的美好的记忆：

第予昔时一曲才就，辄为玉云生夜舞朝歌而去。生故修窈，其音若丝,辽彻青云,莫不言好,观者万人。乃至九紫君之酬对悍捷,灵昌子之供顿清饶,各极一时之致也。

往予所游谢九紫、吴拾芝、曾粤祥诸君,度新词与戏。

忆与拾芝诸友倡歌踏舞,备极一时之盛。

那歌舞的新词就是《紫箫记》。韶华易逝,青春难留,汤显祖任职南京时感慨说:"自我来斯,风流顿尽,玉云生容华亦长矣!嗟夫,事如章台柳者,可胜道哉!为之倚风增叹!"

《紫箫记》也使汤显祖第一次读懂文坛、政坛多事之秋。《紫箫记》"未成而是非蜂起,讹言四方,诸君子有危心"。这"讹言"肯定是带政治色彩的;"危心",相当于今人所说心惊肉跳。《紫箫记》是历史题材,大约是说它影射当局吧!为了证明确无所指,汤显祖和友人们把这未成稿刊刻出来,却颇受青睐,流传后世。

《紫箫记》之后,汤显祖与戏剧创作一别十年。但他并未忘却早年的未竟之作,任职南京,南都多闲暇,改《紫箫记》为《紫钗记》,其时当为万历十三四年。为什么不是诸家所云之万历十五年左右呢?汤显祖《玉合记题词》:"予观其词,视予所为《霍小玉》传,并其沉丽之思,减其长之累。"只有《紫钗记》"始末皆本唐蒋防所撰《霍小玉传》",故汤显祖直称"霍小玉传"之剧当指南京改本《紫钗记》;"长之累"则改本《紫钗记》已非如《紫箫记》之"实未成"而为已成之作。《玉合记题词》既作于万历十四年,南京改本《紫钗记》自然而然是成于该年或稍前了。改本因"曲中乃有讥托,为部长吏抑止不行"。这讥托不再是讹言而是真实的了。"部长吏"大约是文坛领袖王世贞之弟王世懋。王世懋,万历十四年六月由福建布政司左参政,升南京太常寺少卿,第二年辞病归。汤显祖从万历十二年至十六年充任南京太常寺博士,十七年始升任南京礼部祠祭司主事。汤显祖在给友人的信中说,身为王世懋的僚属,"不与往还",是不是与此事相关呢?此后若干年,流传于世者仍为《紫箫记》,所以汤显祖初令遂昌时曾问孙如法、王骥德对《紫箫记》作何评价,为什么不问对《紫钗记》的看法呢?——"时《紫钗》以下俱未出"。《紫钗记》之迟出,

最初无疑是因上级官府的约束所致，后来则恐怕更多的是汤氏不拟以之为定本。修改之事，时在念中，遂于1595年——万历二十三年或稍前，在遂昌再度提笔"了霍小玉公案"。剧成，作《紫钗记题词》。这才是传世之《紫钗记》。

《紫钗记》是"玉茗堂四梦"的第一种，艺术上有较多的缺点，但在汤氏一生中却占有极其重要的地位：二十多岁撰写《紫箫记》，三十多岁改为《紫钗记》，四十多岁定稿，历时二十年。

比较从《霍小玉传》到《紫箫记》再到《紫钗记》的情节变化，对于探明汤显祖创作动机是颇有益处的。早期作品《紫箫记》，基调是乐观的，少年不识愁滋味，李、霍大团圆，《霍小玉传》中的卢氏女自然而然失去存在的必要。此后汤显祖由于先后拒绝张居正、申时行、张四维等宰辅的招致，在科举和仕宦道路上颇不顺利，再加几年南京的仕途生活，使他对国家政局逐步有了清晰的个人的理解。

如果说《论辅臣科臣疏》是以政论形式提出他的政治观点的话，那么这些观点在上疏前几年将《紫箫记》改为《紫钗记》时，是否用艺术形象有所反映呢？上疏之后，贬徐闻典史，转遂昌知县，新的经历促使他再度提笔理固宜然。从《紫箫记》到《紫钗记》情节有了重大变化。《霍小玉传》中的卢氏女重新登场，而且有了个阔父亲——卢太尉。李益中状元后没有去拜望卢太尉，就被打发去玉门关外供职。《紫箫记》中李益也去朔方，那是因为边患，是皇帝的命令；《紫钗记》李益去玉门关外则完全是卢太尉专权迫害。三年后卢太尉又抓住李益的两句诗"感恩知有地，不上望京楼"，上纲上线为满腹牢骚，怨望朝廷；李益再不听调遣，奏请朝廷办罪。《紫钗记》实为当时政坛的一个折射，而李益的遭遇就有汤本人的因素。从《紫钗记》可以看出汤显祖的从政情结对他的戏剧创作的影响。

《紫钗记》改定后，他深为当年一同歌演《紫箫记》的诸友朋不能相聚而伤感："曲成，恨帅郎多病，九紫、粤祥各仕去，耀先、拾芝局为诸生，倅无能歌乐之者。人生荣困生死何常，为欢苦不足，当奈何！"

帅郎——帅机 (1537—1595 年)，字惟审，临川人，汤显祖挚友。万历二十二年引病告归，二十三年七月逝世。帅机曾批评《紫箫记》"此案头之书，非台上之曲也"，显祖颇为赞许。帅机生前没有及见《紫钗记》改定本，所以汤显祖给帅机二子从升、从龙写信说："《紫钗记》改本寄送惟审帐前，曼声歌之，知其幽赏耳。"

牡丹流芳

汤显祖伟大的诗剧《牡丹亭》构思于何时，动笔于何时，今日已难以考证。排比汤显祖日程，当草于遂昌，写成于万历二十六年，所谓万历二十六年一气呵成之说恐难立足。

1598 年，万历二十六年，汤显祖四十九岁，这是他一生中跌宕起伏的多事之秋。年初，他在京都接受考核，心情极为不爽，并向吏部告归。途经山东阳谷县，见十一年前，自己于阳谷店壁上的旧题，深感岁月匆匆，惘然成诗一首。三月过扬州、南京，回遂昌。春深，归临川。构筑新居，七月二十日移宅沙井。居玉茗堂从此始。

玉茗堂前朝复暮，红烛迎人，俊得江山助。

玉茗新池雨，金小阁晴，有情歌酒莫教停……

玉茗堂开春翠屏，新词传唱牡丹亭。伤心拍遍无人会，自掐檀痕教小伶。

自从"四梦"盛行，玉茗堂誉满天下。但玉茗堂规模景致怎样，汤显祖并无诗文作较具体的描述。钱谦益曾得汤显祖的赏识，与汤显祖有书信交往，所作《玉茗堂文集序》中说："吾友许子洽氏，以万历乙卯谒义仍先生于临，携所著古文以归，集为十卷，而属予序之。"他关于玉茗堂的记载，自然是有根有据的：

所居玉茗堂，文史狼藉，宾朋杂坐，鸡埘豕圈，接迹庭户，萧闲咏歌，俯仰自得。

钱谦益既感佩汤氏之潇洒坦荡，复为他一说再说的汤氏之穷而震惊。

汤显祖"七月二十日移宅沙井，八月十九日殇我西儿"。这位爱子才八岁吧！"惨然成韵"，诗中有句："未知歌处所，先已哭于斯"；"绕枝无泪尽，不见旧巢儿"。

《牡丹亭记题词》署"万历戊戌秋清远道人题"。既题于新居，七、八月是多事之秋，也许是作于九月间吧！

从遂昌回到临川，《牡丹亭》的写作已到最后阶段。虽心烦意乱，汤显祖有时仍能进入创作状态。一日家人不知他何处去了，到处寻找才见他卧于庭中薪上，原来填词至"赏春香还是你旧罗裙"，正掩袂悲凄凄呢！杜母思念死去的爱女，声声呼唤："丽娘何处坟？问天难问，梦中相见得眼儿昏。则听的叫娘的声和韵也，惊跳起，猛回身，阴风几阵残灯晕。俺的丽娘人儿也，你怎抛下的万里无儿白发亲。"

如此感人至深的文章，是不是寄托着汤显祖思子的真情呢？

《牡丹亭》的故事大概，汤显祖在第一出"标目"中用一支曲文作了介绍：

"杜宝黄堂，生丽娘小姐，爱踏春阳。感梦书生折柳，竟为情伤。写真留记，葬梅花道院凄凉。三年上，有梦梅柳子，于此赴高唐。果尔回生定配，赴临安取试，寇起淮扬。正把杜公围困，小姐惊惶。教柳郎行探，反遭疑，激怒平章。风流况，施行正苦，报中状元郎。"

说的是南宋南安府太守之女杜丽娘，因春而感怀，在丫鬟春香引诱下，赴后园春游。春色满园，丽娘顿生感叹"不到园林，怎知春色如许"。

原来姹紫嫣红开遍，似这般都付与断井颓垣。良辰美景奈何天，赏心乐事谁家院，朝飞暮卷，云霞翠轩；雨丝风片，烟波画船。锦屏人忒看的这韶光贱！

杜丽娘回房春困，凭几而眠，梦中与书生柳梦梅"云雨十分欢幸"，并由此生出许多细节。柳、杜的悲欢离合，的确是一个不朽的爱情故事，但多少年来研究者带着过多的无可奈何的缠绵情绪和伤感色彩，将《牡丹亭》的内容大大简单化了。此剧意义显然不局限于爱情。美人香草，在先秦诗篇中常赋予遥深的寄托，这个传统，到李卓吾、汤显祖时代又被作了具有近代色彩的发挥。李卓吾评《西厢记》时说："余览斯记，想见其为人，当其时必有大不得意于君臣朋友之间者，故借夫妇离合因缘以发其端。""小中见大，大中见小，举一毛端建宝王刹，坐微尘里转大法轮。"人们常以《牡丹亭》与《西厢记》同列，李卓吾评《西厢记》语，亦可移评《牡丹亭》。《牡丹亭》歌颂了爱情，但《牡丹亭》还歌颂了超越男女之情的生可以死、死可以生的真挚追求精神，这种体现于李贽、达观、徐渭、汤显祖等杰出人物身上

的对高尚理想、不朽事业的执着追求精神。《牡丹亭》还深远地反映了明代万历年间的社会现实。"回生"后二十出之不可废亦为此。

杜丽娘还魂，有情人终成眷属，"风月舟中，新婚佳趣"，故事是可以完结的。但汤显祖在这之后又写了许多精彩的戏文。"耽试"出对科举制度的讽刺可谓入木三分。钦差识宝使臣苗舜宾，圣上因他能辨金珠宝贝，钦取来京

汤显祖画像

曲试群才。因金兵来犯，考题是和、战、守三者孰便。前三名，主和者对："臣闻国家之和贼，如里老之和事"；主守者对："臣闻天子之

守国，如女子之守身"；主战者对："臣闻南朝之战北，如老阳之战老阴"。苗舜宾说："俺的眼睛原是猫儿睛，和碧绿琉璃水晶无二，因此一见真宝，眼睛火出。说起文字，俺眼里从来没有。如今却也奉旨无奈。"他详定下来："今日权取主战者第一，主守者第二，主和者第三。其余诸卷，依次而定。"最后"榜下"时，状元却是柳梦梅。苗舜宾告诉他说："其日试卷，看详已定，将次进呈，恰好此生午门外放声大哭，告收遗才。原来为搬家小，到京迟误。学生权收他在附卷进呈，不想点中状元。"所谓会试和殿试，何等严格，以过来人视之，不过闹剧而已。

《牡丹亭》中的柳梦梅，是个颇有个性的艺术形象。吴梅《四梦传奇总叙》中曾指出："至《还魂》柳生，则秋风一棍，黑夜发邱，而俨然状头也。"的确，柳梦梅和传统的才子佳人文学中男主人公之才如子建、貌若潘安、壮志凌云大不相同，芸芸众生之一而已。他饥寒交迫，不免"外县旁州，寻觅活计"，打秋风有什么不好？这虽然不是高尚举止，实属当时人情之常。他中状元既未必有多少真才实学，而中状元后也谈不上什么状元的殊荣。这个形象是现实的，通过柳梦梅、陈最良等知识分子形象对人生百态的刻画，幽默而又饱含血泪。诙谐，意在言外又无迹可求，是《牡丹亭》艺术特色之一。柳宗元之后柳梦梅的友人，韩愈之后韩子才有一段独白，藉此可见一斑：

自家韩子才。俺公公唐朝韩退之，为上了《破佛骨表》，贬落潮州。一出门蓝关雪阻，马不能前。先祖心里暗暗道，第一程采头罢了。正苦中间，忽然有个湘子侄见，乃下八洞神仙，蓝缕相见。俺退之公公一发心里不快。呵融冻笔，题一首诗在蓝关草驿之止。末二名单指着湘子说道："知汝远来应有意，好收吾骨瘴江边。"湘子袖了这诗，长笑一声，腾空而去。果然后来退之公公潮州瘴死，举目无亲。那湘子恰在云端看见，想起前诗，按下云头，收其骨殖。到得衙中，四顾无人，单单则有湘子原妻一个在衙。四目相视，把湘子一点凡心顿起。当时生下一支，留在水潮，传了宗祀。小生乃其嫡派苗裔也。因乱流来广城。官府念是先贤之徒，表请敕封小生为昌黎祠香火秀才。寄居赵佗王台子之上。正是："虽然乞相寒儒，却是仙风道风。"呀，早一位朋友上来。谁也？

《牡丹亭》不是女性文学，但问世以后，女性知音非常多。尤其是一些多情善感的女子，往往为之柔肠干结。《红楼梦》人物林黛玉即为其中之一。《红楼梦》第二十三回《牡丹亭艳曲警芳心》，细细描写了黛玉听唱《牡丹亭》曲文时的心情：

……只听见墙内笛韵悠扬，歌声婉转，黛玉便知是那十二个女孩子演习戏文。虽未留心去听，偶然两句吹到耳朵内，明明白白，一字不落，道："原来是姹紫嫣红开遍，似这般都付与断井残垣！"黛玉听了，倒也十分感慨缠绵，便止步侧耳细听。又唱道是："良辰美景奈何天，赏心乐事谁家院"听了这两句，不觉点头自叹，心下自思，原来戏上也有好文章，可惜世人只知看戏，未必能领略其中的滋味。想毕，又后悔不该胡想，耽误了听曲子。再听时，恰唱到"只为你如花美眷，似水流年"，黛玉听了这两句，不觉心动神摇。又听到"你在幽闺自怜"等句，越发如醉如痴，站立不住，便一蹲身，坐在一块山子石上，细"如花美眷，似水流年"八个字的滋味。忽又想起前日见古人诗中有"水流花谢两无情"之句，再词中又有"流水落花春去也，天上人间"之句，又兼方才所见《西厢记》中"花落水流红，闲愁万种"之句，都一时想起来，凑聚在一处，仔细忖度，不觉心痛神驰，眼中落泪。

林黛玉是一位善感才女。再细一想：林黛玉何许人也？林黛玉不过是曹雪芹笔下的人物形象，曹雪芹通过这段文字，生动地表明了他对《牡丹亭》的高度评价。尤其是"世人只知看戏，未必能领略其中的滋味"一语，真是石破天惊，古今能解《牡丹亭》之"味"者能有几人呢？

别具一格

　　《牡丹亭》完稿以后，三年时间里，汤显祖又相继完成《南柯记》《邯郸记》，与《紫钗记》合称"玉茗堂四梦"。既称"四梦"，四剧自然都与梦相关。创作《紫钗记》时，汤显祖显然尚无意在梦上做文章，梦不过是剧中无关痛痒的一笔。《牡丹亭》就不同了，"惊梦""寻梦"为全剧的关键性情节。《南柯记》《邯郸记》又另是一番格局，剧情约略始于入梦，结于出梦，梦似乎是一个镜框，镜框中是一个活生生的、现实的又是荒诞陆离的世界。

　　1598年，万历二十六年，即写成《牡丹亭》这年的十二月，汤显祖与达观邂逅于临川。达观说："今临川之遇，大出意外。何殊云水相逢，两皆无心，清旷自足。此五遇也。"此次相聚，从万历二十六年底，延续到二十七年初。他们一同游览石门、白云，赴从姑山吊罗汝芳。汤显祖写下许多诗篇。二人曾风雨同舟：

　　　　我友达上人，英风露禅秀。

　　　　舟携卧风雨，此事相击扣。

　　　　同心既云往，独影谁能究。

　　他们曾有所"击扣"，即有所质询、有所探讨，探讨的是什么呢？分手以后，汤显祖诗文中又常有对达观情真意切的怀念：

　　　　无情当作有情缘，几夜交芦话不眠。

　　　　送到江头惆怅尽，归时重上去时船。

　　汤显祖与达观的相互"击扣"，对于汤显祖的人生态度、创作思想一定有精微的影响。但至今未做深入的梳理，有时还有误解。如汤显祖《寄达观》云："'情有者理必无，理有者情必无'，真是快言快语。

使我奉教以来，神气顿王。谛视久之，并理亦无，世界身器，且奈之何！""情有者理必无，理有者情必无"，为汤氏称引达观语，作为汤显祖语引用、发挥恐不妥。达观以理破情似有之，汤显祖以情破理则未必。他只用"谛视久之，并理亦无"这种禅家习用的机锋点到为止，就把达观视情、理难两立的偏颇点出来了。

1600年，万历二十八年夏至，汤显祖作《南柯记题词》。《南柯记》主要情节大致同于唐李公佐《南柯太守传》。淳于棼梦入大槐安国，遍历繁华二十余年，梦觉："见家之童仆拥于庭，二客濯足于榻，斜日未隐于西垣，余樽尚湛于东牖，梦中倏忽，若度一世矣！"

如何认识人生？这是一个古老的话题。梦与现实，何者为真，何者为幻；一刻之乐，数年之荣，有何不同，常令哲人惶惑。《南柯记》中说："人间君臣眷属，蝼蚁何殊，一切苦乐兴衰，南柯无二，等为梦境"，剧本与小说在这一点上是融通的。但相似的框架，剧本又蕴藏着更丰富的内涵。此时汤显祖对世事有透辟的认识，他看透了种种庄严背面的荒诞。

何谓建功立业？淳于棼治理南柯郡二十年，"才入这南柯郡境，则见青山浓翠，绿水渊环，草树光辉，鸟兽肥润，但有人家所在，园池整洁，檐宇森齐……征徭薄，米谷多，官民易亲风景和，老的醉颜酡，后生们鼓腹歌……"曾有学者评论，这是汤显祖心目中的乌托邦；但不要忘了，这其实乃是汤显祖笔下蚁穴的梦境，愈是把淳于棼的德政推向极致，愈是让人感到所谓功业无非儿戏的哀伤。何谓江山城郭何谓攻守争战何谓升沉荣辱，在《南柯梦》中亦无非儿戏。甚至男女恋情，又何尝不是儿戏：淳于棼与公主瑶芳何等恩爱，他悲悲凄凄，"则不见俺的公主妻也！"一转身又"许多时不见女人，使人形神枯槁……小生领爱了。"

透彻即深刻。在《南柯太守传》中，淳于棼梦觉，寻穴探源，明其究竟后，流露出一种难以名状的人类对于蚁类的优越感。《南柯记》更上一层，亦即臻于透彻境界：生命同值，人和蚁又有什么差别呢？

1601年，万历二十九年，汤显祖作《邯郸记题词》，自署辛丑中

秋前一日，这天正是他五十二岁生日。五十岁时他曾"大张乐，坐宾
筵者十余日"，这五十二岁的生日，大约就以完成最后一部戏剧杰作
《邯郸记》为纪念了。

《邯郸记》故事来源于唐人沈既济《枕中记》。假如说，《南柯
记》之写人生，如长江大河，虽有风浪，也不过如此，《邯郸记》之
写人生，则如大海大洋，其风狂浪恶处，令人心惊胆寒。《邯郸记》
将卢生经历的尊荣与凶险均推向极致。卢生要被杀头了，汤显祖层层
写来，不留间隙，又时见幽默：

(内鼓介，众绑押生囚服裹头上)

(生) 排列着飞天罗刹。

(扮剑子尖刀向前叩头介)

(生) 甚么人？

(剑) 是服事老爷的剑子手。

(生怕介) 吓杀俺也，看了他捧刀尖势不佳。

(剑) 有个一字旗儿，禀老爷插上。

(生看介) 是什么字？

(众) 是个斩字。

(生) 恭谢天恩了。卢生只道是千刀万剐，却只赐一个斩字儿，领
戴领戴。

(下锣，下鼓，插旗介)

(生) 篷席之下，酒筵为何而设？

(众) 光禄寺摆有御赐囚筵，一样插花茶饭。

(生) 是了，这旗呵，当了引魂，帽插宫花。锣鼓呵，他当了引路
笙歌赴晚衙。这席面呵，当了个施艳口的功臣筵上。

(众) 趁早受用些，是时候了。

(生) 朝家茶饭，罪臣也吃够了。则黄泉无酒店，沽酒向谁人，罪
臣跪领圣恩一杯酒。 (跪饮介) 怎咽下也……

……

(内吹喇叭介，剑子摇旗介) 是时候了，请老爷升天。

（众）老爷跪下。

（生跪受绑，刽磨刀介，内风起介）

（刽）好风也，刮的这黄沙！哎哟，老爷的颈子在哪里（摩介）有了，老爷挺着。

（生低头，刽子抢刀介，内急叫介）圣旨到，留人留人……

对于卢生之荣华富贵，与小说比较，《邯郸梦》亦有更多的铺排：

二十年当朝首相，进封赵国公，食邑五千户，官加上柱国太师。长子翰林侍读学士，次子吏部考功郎，三子殿中侍郎史，四子黄门给事中。梅香服侍相公，也养下一子，因他年小，挂选尚宝司丞。孙子十余人，都着送监读书。万岁爷凭栏望见卢府朝马肥瘦不齐，选赐御马三十匹；闻得卢府少用女乐，即便分拨仙音院女乐二十四名。又赐田园楼馆，形胜非常。病危之时，万岁爷钦差高公公领御医来探病。卢生尚有所不足，对高公公说："要紧一事，俺六十年勤劳功绩，老公公所知，怕身后萧裴二公总裁国史，编载不全"……

但是梦醒了，六十年岁月，不过短促的一瞬……"饭熟了么？""还饶一把火儿。"夫人、公子，不过是驴儿、鸡儿、狗儿变的。假如说，唐人《枕中记》《南柯太守传》旨在警戒世人，汤显祖的《南柯梦》《邯郸梦》则有更为确切的针对性。汤氏于万历十九年上《论辅臣科臣疏》，对于当时有野心的当权人物有严厉的抨击。汤显祖不能与之匹敌，他在政坛上身败名裂了，但是他在戏剧中以鬼斧神工般的笔触，为野心人物造像，穷其心态，穷其丑态，获得极大的成功。

在一片浑浊的色彩和喧嚣的声浪中，《邯郸记》也有亮点。《红楼梦》第六十三回《寿怡红群芳开夜宴》，宝钗说："芳官唱一支我们听听。"芳官说："既这样，大家吃了几杯好听。"因此大家吃酒。芳官便唱："寿筵开处风光好。"众人都道："快打回去。这会子很不用你来上寿，拣你极好的唱来。"芳官只得清幽地唱了一支《邯郸记》第三出的《赏花时》：

翠凤毛翎扎帚叉，闲踏天门扫落花……

何人仙姑、何物凤翎、何地天门、何事扫花。这是多么美丽而脱

俗的景致！但何仙姑已列入仙班，正寻觅接班人接替扫花之事。一旦升为仙人，任务就多了，潇洒不起来了；你看吕洞宾不就是为了普度有缘者，三楚三齐三秦三晋三吴三蜀四处奔波吗？何仙姑扫花的境界，是一种跳离三界外，不在五行中的境界，争名于朝、争利于市、争食于野的普通凡人是与之无缘的。汤显祖也是与之无缘的，尚有不少人世间的烦恼，正恭候着这位杰出人物。

拮据而殁

　　汤显祖完成最后一部戏剧杰作《邯郸记》后，不再写剧本。有学者以为，汤显祖才尽了，这是不合实际的。戏剧创作本身不是目的，只是他政治行为的延续。无法实现政治抱负，被迫退出政治舞台，汤显祖积蓄已久，不吐不快，在短短几年时间里，天才地操作戏剧，痛快地公布了他对现实的批判，对人生、对宇宙的欲罢不能的责难。已完善地达到目标，"四梦"足矣，这和以戏剧创作为生命的戏剧专业作家，如莎士比亚，是不相一致的。

　　1602年，万历三十年，汤显祖素所推崇的思想家李贽自杀于狱中。次年，万历三十一年十二月五日达观入狱。达观说："世道如此，久驻何为？"十七日索水沐浴，端坐而逝。朝政的黑暗令汤显祖欲哭无泪，欲号无声。他大约从这时起，对政治不再抱半点希望。1604年，汤显祖不过五十五岁，生命历程却进入晚年。

　　"四梦"甚受喜爱，时不时被搬上舞台。汤显祖在世时，在汤显祖家乡，有时是在汤显祖指导下扮演"四梦"者，是什么声腔呢？不是弋阳腔，汤显祖不满"其调喧"，而且那时在江西也已不风靡了。也不是昆山腔，昆腔也许那时还未传入江西。而是从浙江传入宜黄，一定程度上宜黄化了的海盐腔。艺术特色是"体局静好，拍为之节"。这个声腔的演员，汤显祖称他们为宜伶。汤显祖与宜伶有很多的交往，甚至有交往甚密的友情，这给汤显祖晚年的生活带来不少快乐。他赞赏旦角吴迎的表演，说是："迎病装唱《紫钗》，客有掩泪者。"但，"近绝不来，恨之"。他有诗道：

> 吴侬不见见吴迎，不见吴迎掩泪情。
>
> 暗向清源祠下咒，教迎啼彻杜鹃声。

他欣赏于采和王有信扮演的杜丽娘，分别为二人题诗：

> 不肯蛮歌逐队行，独身移向恨离情。
>
> 来时动唱盈盈曲，年少哪堪数死生。
>
> 韵若笙箫气若丝，牡丹魂梦去来时。
>
> 河移客散江波起，不解销魂不遣知。

汤显祖精通剧场艺术。他的《宜黄县戏神清源师庙记》是一篇关于表演艺术理论的著作。《庙记》当作于万历三十年前后，涉及表演艺术理论的多方面的内容；其演员艺术论，我曾归纳为"一""虚""观""思""静"五个字。"一汝神"，即《庄子》之"用志不分，乃凝于神"，可以今译为思想集中，但思想集中不足以表达"一汝神"的神圣性。古人说："虚者万物之始也。""观"与"思"相辅相成，没有广泛的观察，思的材料从何而来？没有深入的思考，观又何用？"静"者，排除一切人事与物质的纷扰，亦即《庄子》所谓"万物无足以挠心"。汤显祖认为演员艺术最高的境界是什么呢？"微妙之极，乃至有闻而无声，目击而道存，使舞蹈者不知情之所自来，赏叹者不知神之所自止……若然者……进于道矣"！"艺"是较低的一级，"进于道"是至高的艺术境界。当汤显祖、潘之恒深入探究表演艺术之精旨的时候，欧洲似乎只有莎士比亚稍稍涉及演剧观问题。如果说莎士比亚借哈姆雷特两段独白论及演员与角色的融合和表演中的节制，对西方演剧界影响颇大，那么汤显祖的演剧理论在铸造中国演剧观过程中的巨大作用就更不容小视了。

汤显祖晚年投入精力最多的，是对自己所作剧本的完整性的保护。

一些戏剧家以便于演唱为理由，擅自刊定"四梦"，特别是擅自刊定《牡丹亭》，出现多种《牡丹亭》改本。出之于当时知名人士之手的有吕玉绳改本、沈璟改本、臧晋叔改本、冯梦龙改本。吕玉绳为汤显祖的朋友，与汤同年考中进士，二人常有书信往来。其《牡丹亭》改本今不传。

据汤显祖《答凌初成》："不佞《牡丹亭记》大受吕玉绳改窜，云便吴歌。不佞哑然笑曰：昔有人嫌摩诘之冬景芭蕉，割蕉加梅，冬则冬矣，然非王摩诘冬景也。"他还曾叮嘱演员："《牡丹亭记》要依我的原本，其吕家改的，切不可从。"臧晋叔亦为汤氏友人。汤臧曾同时任职南京。臧因行为坦荡，罢官归里，汤显祖有诗《送臧晋叔谪归湖上》。臧氏改本如何呢？吴梅评价比较公正合理：臧改诸本"大有可议"。虽布置排场、分配角色、调匀曲白"为玉茗之功臣"，但"仅就曲律，于文字上一切不管……且偶有……点金成铁者"。臧氏改订"四梦"当始于1613年，汤显祖逝世于1616年，汤氏及见臧氏改本是有可能的。所以吴景旭《历代诗话》称："义仍所著词曲四梦，晋叔谓是架上书，非场上调，遂加芟润。义仍愤然作绝句，拟之摩诘雪蕉矣！"汤显祖在书信中以"割蕉加梅"评价吕改本，绝句中又以"割就时人景"批评臧改本，可见吕、臧改本，在汤氏眼中仅此而已。

沈璟、汤显祖之争是中国戏剧史上的大事。沈璟 (1553—1610 年)，字伯英，号宁庵，又号词隐先生，吴江人。他虽少年得志，二十二岁成进士，但居官谨慎，后来因事开罪神宗朱翊钧，更加怯于仕途风险，三十七岁便以疾乞归。所著戏剧十七种，合称《属玉堂传奇》。沈璟主张："宁协律而词不工，读之不成句，而讴之始叶，是曲中之工巧。"他编有《南曲全谱》。并曾为汤显祖《牡丹亭》改易字句之不协调者，又改剧名为《合梦记》或《同梦记》。沈璟所作经共同的友人孙俟居、吕姜山转到汤显祖案上。汤氏作了确切的回答："庄子云，'彼乌知礼意'。此亦安知曲意哉……词之为词，九调四声而已哉！""凡文以意趣神色为主，四者到时，或有丽词俊音可用，尔时能一一顾九宫四声否，如必按字摸声，即有窒滞迸拽之苦，恐不能成句矣！"

冯梦龙的《牡丹亭》改订本与上述诸家有较大的差异。冯氏虽曾得到沈璟的指点，但又颇敬重汤显祖。他改订的目的，是基于演出的要求。不过，"梅柳一段因缘，全在互梦。故沈伯英题曰《合梦》，而余则题为《风流梦》"，如此定名，寄托全无，成了一部赤裸裸的爱情剧，符合汤显祖本意吗？冯梦龙最得意的一笔，是将柳梦梅、杜丽娘二梦合而为一。他说："原本分生旦梦为二截，生梦已在前，故此云'是那处曾相见'，今并作一梦，改云'不是容易能相见'，甚妙。"从细针密线角度考虑，冯氏颇有道理，但汤作之妙，正在迷离恍惚，不落痕迹；由虚变实，韵味就变了。冯梦龙的得意之处，还有删去小姑姑而以春香兼之等。我们还可以比较一下原作和改本的某些曲文。如《惊梦》的一支《绕地游》：

　　梦回莺啭，乱煞年光遍，人立小庭深院。注尽沉烟，抛残绣线，恁今春关情似去年。

　　冯梦龙改成：

　　花娇柳颤，乱煞年华遍，逗芳心小庭深院。莺啭梦回，向阑干立倦，恁今春关情似去年。

　　代替汤作诗情画意的是陈腐言词的积垒。因此，从《牡丹亭》到《风流梦》，虽然从五十五出删并为三十七出，情节集中了，结构辐辏了，而原著那犀利活泼的思想内容、流走生动的艺术特色，也大大地被削弱了。《风流梦》问世于汤显祖身后，否则，汤显祖必有回答。

　　汤显祖是，"胸中魁垒，陶写未尽，则发而为词曲"。"玉茗堂四梦"，有寄托其深思。而同时与后世的戏剧家不解其意，仅以戏剧求之，或仅以声律求之。汤显祖说："伤心拍遍无人会"，曹雪芹说："都云作者痴，谁解其中味"，知音罕得，千古同悲。

　　汤显祖晚年，常思念遂昌。"归去来兮二十年，门前五柳郁参天。""报愿钟声接署香，梦魂常发瑞牛光。"报愿寺在遂昌城内，当年汤显祖曾写下《平昌报愿寺钟楼新成十韵》《平昌钟楼晚眺》等诗篇。瑞牛山亦名瑞山、眠牛山，在遂昌城外。汤显祖诗句"一山栖鸟报斜曛"，屠隆诗句"一樽落日上眠牛"，即为此山的胜景。汤显祖晚

年为什么梦魂萦绕着遂昌呢？遂昌人民对汤显祖的怀念也是强烈的。今天，遂昌汤显祖纪念馆陈列颇丰，风景幽丽处的遗爱亭让人遐想，汤公酒已经上市，汤公茶正在谋划中。这里固然免不了有点商业气息，但与平民对话，你可领略到平民的怀念，是那样平实而悠远。

1616年，万历四十四年六月十六日，汤显祖与世长辞。"其病为疡发于头"。亦即"瘴疽"，一种热症肿毒。汤显祖曾在诗中说，人们通常认为，首先是寿，其次才是富，这对吗？如果没有必要的生活条件，还不如早死了吧！其诗曰：

> 一寿二曰富，常疑斯言否。
>
> 末路始知难，速贫宁速朽。

汤显祖——卓越的思想家，有大志而未竟的政治家，诗人、散文家、不朽的剧作家，在贫困中逝世。

第 十 章

红楼绝唱，独立千古
——曹雪芹

  曹雪芹出生于一个"百年望族"的大官僚地主家庭，后因家庭的衰败而饱尝了人生的辛酸。其实，关于曹雪芹，目前还存在着不少有争议的问题，不只他的生卒年一直存在争议，甚至连他的字、号也不能十分确定。但是，这并不影响他给人们留下的精神巨作——《红楼梦》的内在价值。在人生的最后阶段，虽然贫穷困顿，但他仍以坚韧不拔的毅力，历经10年创作了《红楼梦》并专心致志地做着修订工作（死后遗留《红楼梦》前八十回稿子）。纵然经过几百年的历史消磨，依然掩饰不了它的光芒。人们为宝黛情灭而泣，为贾府中落而叹……

旗人包衣

曹霑，字雪芹 (一说雪芹是他的号)，号梦阮，又号芹圃、芹溪。满洲正白旗人。他是少数民族吗？可以说是，也可以说不是。说是，是由于早在努尔哈赤时期，曹雪芹的五世祖曹锡远已加入了满洲籍；说不是，是因为如果追根究底，曹家的先祖并非真正的满人，而是汉人。

曹雪芹的好友敦诚，写过一首《寄怀曹雪芹》的诗，开首写道："少陵昔赠曹将军，曾曰魏武之子孙。君又无乃将军后，于今环堵蓬蒿屯。"少陵是指唐代大诗人杜甫。曹将军是指曹霸，曹操的后代，唐代著名的画家，做过左武卫将军，唐玄宗末年，被削职为民。所以杜甫在题为《丹青引赠曹将军霸》的诗中说："将军魏武之子孙，于今为庶为清门。英雄割据虽已矣，文采风流今尚存。"敦诚正是借杜甫的诗意比拟曹雪芹，说的是曹雪芹也和曹霸一样，虽已为庶为清门，文采风流则一如既往。说曹霸、曹操也许有所牵强。说近一点，曹家先祖可上溯至北宋初大将济阳王曹彬。再近一点，据曹士琦《辽东曹氏宗谱叙言》，曹家远祖曹俊，明代初年"以功授指挥使，封怀远将军，克服辽东，调金洲守御，继又调沈阳中卫，遂世家焉"。《八旗满洲氏族通谱》载曹锡远"世居沈阳地方"，可知曹家是从曹俊开始安居沈阳的。中卫指挥使是世袭的官职，曹锡远大概即任此职。

那么，曹家又是怎么变成了满洲旗人的呢？这是一个至今难解之谜。一个比较合理的推测是：明天启元年，即后金天命六年 (1621 年)，努尔哈赤攻占沈阳，身为沈阳中卫的曹锡远及其全家被俘为奴。

努尔哈赤早在明万历三十四年 (1606 年)，已将所率军民编制为红、

黄、蓝、白四旗。至万历四十三年（1615年），又增为八旗（原四旗称正红旗、正黄旗、正蓝旗、正白旗；后四旗为镶红旗、镶黄旗、镶蓝旗、镶白旗）。据《八旗满洲氏族通谱》记载，曹锡远属正白旗包衣人。"包衣"乃满语，即家奴。正白旗原由努尔哈赤十四子多尔衮统领，顺治时，多尔衮病故后，以谋逆罪被夺去封爵。正白旗从此归皇帝直接统率，属所谓的"上三旗"。曹家人也就成了皇帝家奴。我们在故宫博物院所藏的清宫档案中，看到曹雪芹的祖父曹寅、父亲或伯父曹頫、曹颙等给皇帝的奏折，都自称"臣系家奴，自幼蒙圣恩豢养"，或"奴才包衣下贱"，康熙皇帝在曹頫的奏折上所写的批语，自称"老主子"，都可以证明曹家人的实际身份。这包衣人，子子孙孙，世代为奴。即使做了大官，其奴才的身份也不能改变，这是满洲旗人十分苛酷的宗法等级制度。

《清太宗实录》卷十八记："墨尔根戴青贝勒多尔衮属下旗鼓牛录章京曹振彦，因有功加半个前程。"曹振彦是曹锡远的儿子，他在多尔衮属下已任"旗鼓牛录章京"。按满洲八旗制度，每三百人为一"牛录"，其官长称"章京"，即"佐领"。曹振彦的身份应是多尔衮属下的包衣，可能因为他英勇善战，屡立奇功，因而升到佐领之职。

顺治七年，曹振彦已升任山西平阳府吉州知州；顺治九年，又调任山西阳和府知府；顺治十二年，再升为两浙都转运盐司运使，这是从三品的高级文官了。但是曹家真正兴旺发达的时期，是在康熙称帝以后。

康熙盛宠

曹振彦有两个儿子，长子尔正，次子尔玉。曹尔玉后更名为曹玺，这就是曹雪芹的曾祖父了。曹玺的夫人孙氏，原是康熙的保姆。清朝宫廷制度，皇子幼时有保姆若干人，负责照顾皇子的饮食起居，以及教导其言语、行步、礼仪等的职责。孙氏大约是在未嫁前为康熙保姆，离宫后嫁与曹玺，生前封为一品夫人。

1699 年，康熙第三次南巡时，驻跸于江宁织造府（当时即曹府），曾接见孙氏，加以安慰、犒劳说："此吾家老人也。"其时孙氏已六十八岁，接见时正值庭中萱花开放，康熙乘兴即书"萱瑞堂"三个大字赐给她。这自然是曹家前所未有的荣耀，无怪乎全府上下都要感恩戴德了。也许就是因为孙氏的缘故，康熙对曹玺特别照顾，也十分信任。

康熙接位后的第二年，就钦点曹玺督理江宁织造。"织造"是内务府的派出官员，专管监制和采办宫廷所需的、包括御用的纺织品以及其他各项物品，是个美差。而且担任织造的官员多半是皇帝的心腹和亲信，所以这类官员虽非地方行政长官，官职也不高，但由于"呼吸能通帝座"，是"通天派"，所以权势颇大，炙手可热，地方官吏见了他们都得避让三分。清朝旧制，织造任期最多三年就得轮换。但是从曹玺开始，江宁织造成了曹家的"专利品"。从康熙二年起，直至雍正五年，曹家三代人垄断江宁织造，前后长达六十余年。

清代除了江宁织造，还有苏州织造和杭州织造，历任苏州织造的李煦，和曹玺之子曹寅是郎舅关系，李煦的堂妹是曹寅的夫人，这李煦也深得康熙信任。曹李两家恰如《红楼梦》中的贾史王薛四大家族，"联络有亲""一荣俱荣，一枯俱枯"，在康熙时期，显显赫赫，富贵流传。曹玺在康熙十六年、十七年两次进京觐见，天子面询江南吏治，对他的详细而确切的陈述十分赞赏，特赐蟒服，加正一品，又御书"敬慎"匾额赐予他。曹玺被信任的程度，显而易见。康熙二十三年（1684 年），曹玺病故。正值康熙南巡至江宁，帝亲临其府第抚慰诸孤，并派内大臣祭奠，说："是朕荩臣，能为朕惠此一方人者也。"

但是，曹玺受宠信的程度，比之于他的儿子曹寅来，又望尘莫及。

曹寅是曹雪芹的祖父，字子清，号荔轩、楝亭等。十三岁就担任康熙的御前侍卫，二十多岁以御前二等侍卫兼正白旗旗鼓佐领，后又升为内务府慎刑司郎中协助江宁织造。康熙二十九年，出任苏州织造，

次年调任江宁织造，曹寅一生在织造任上长达二十余年。

曹寅和康熙的关系，亲密无间。曹寅对康熙当然忠心耿耿，至死不渝；康熙对曹寅的感情也犹如子侄。我们从以下几个方面就可以洞察他们之间这种非同一般的关系。

第一，康熙给予曹寅以"密折奏闻"的特权。这种密折奏闻实非同小可，它可以不经过通政司和内阁，直送御前，由皇帝亲自审阅。奏闻的内容，大都有关吏治民情。应该说，曹寅并没有利用这种权利诬陷任何人，关于地方上的情况，他也多半报喜不报忧。如他在康熙四十七年三月初一日"奏报自兖至宁一路闻见事宜"，其中"百姓情形"一节，说的是"俱安生乐业如常""男女老幼，无不感颂皇仁"之类。即使涉及水旱、盗贼，也都出言审慎，言辞婉转。于此也可见曹寅之为人。在曹寅的奏折中，把自己的家务事一一向康熙汇报，如送女出嫁；他的女婿某王子迎娶的情形；他打算在东华门外置房让女婿移居以方便其当差 (女婿为皇上侍卫)。再看下面这句话："臣有一子，今年即令上京当差，送女同往，则臣男女之事毕矣。"这样的报告，这样的口吻，实在超出一般的君臣范畴。

第二，康熙六次南巡，有四次驻跸于曹家所在的江宁织造府。《红楼梦》第十六回描写赵嬷嬷回忆当年太祖皇帝南巡的故事："嗳哟哟，好势派! 独他家 (指江南甄家) 接驾四次，若不是我们亲自目睹，无论如何是不会相信的。别讲银子成了土泥，凭是世上所有的，没有不是堆山塞海的，'罪过可惜'四个字竟顾不得了。"这正是曹家四次接驾的真实写照。"江南甄家"，即"江南真家"也。无怪乎当时泰州士人有诗云："三汊河口筑帝家，金钱滥用比泥沙。"

第三，康熙把许多他十分看好，也十分想做的事交由曹寅经办。主持校刊《全唐诗》和《佩文韵府》是最突出的例子。又如康熙要曹寅打听致仕的大学士熊赐履的家庭情况。熊赐履因病辞世后，又要曹寅去了解熊赐履生病时用何医药，临终有何遗嘱，儿子如何，还要曹寅送些礼去。曹寅据实汇报后，康熙又问："闻得他家甚贫，果真是否？"熊赐履临终时给康熙的奏本，曹寅报告说是熊赐履自己写的。康熙则看出是被篡改的,要曹寅再去打听有无真稿。曹寅死后,康熙还要曹寅的儿子曹颙继续照看熊赐履之子,予以接济。此事足见康熙对退休的良臣的关心,而此类事又只能交付给自己的心腹,这是不言而喻的。

第四,康熙五十一年,曹寅病重。李煦报告康熙,转达曹寅的话:"我病时来时去,大夫用药不能见效,必得主子圣药救我……若得赐药,则尚可起死回生。"康熙闻讯后,焦急万分。他在李煦的奏折上批道:

"尔奏得好。今欲赐治疟疾的药,恐迟延,所以赐驿马星夜赶去。但疟疾若未转泄痢,还无妨。若转了病,此药用不得。南方庸医,每每用补剂,而伤人者不计其数,须要小心。曹寅元肯吃人参,今得此病,亦是人参中来的。金鸡 (即奎宁) 专治疟疾,用二钱末酒调服。若轻了些,再吃一服,必要住的。住后或一钱,或八分,连吃二服,可以除根。若不是疟疾,此药用不得,须要认真。万嘱,万嘱,万嘱,万嘱!"试想,历史上,有哪一位皇帝给臣子 (何况还是包衣下奴) 写过这样的批语,开过这样的药方,批语中,关切焦急之情,不言目明。康熙对曹寅的关爱,实更胜于子侄!

第五,曹寅病故后,康熙为了保全曹家,可谓费尽心机。他先是钦点曹寅之子曹颙继任江宁织造,不想曹颙在任才两年就故去了,康熙为此十分痛惜。他对曹颙评价甚高,说:"朕所用包衣子嗣中,尚无一人如他者,看起来生长的也魁梧,拿起笔来也能写作,是个文武全才之人……朕对他曾寄予很大的希望。"曹颙一死,曹寅别无子嗣,康熙又命李煦在曹寅的兄弟曹荃的诸子中详细考查择取,找一个"能奉养曹颙之母如同生母之人",作为曹寅的嗣子。结果挑选了曹頫。曹頫原是从小由曹寅养大的,据说他为人忠厚正直,对曹寅夫人很孝顺。当时曹頫还是一个黄口孺子,康熙却格外施恩,仍让他继任江宁织造,并给予主事之职衔。康熙五十四年三月初二,李煦到江宁织造署内向曹寅夫人宣示"恩旨":"主子俯念孀居无依,恐你一家散了,特命曹頫承继宗祧,袭职织造,得以养赡孤寡,保全身家。"康熙又在曹頫请

安的奏折上批道："尔虽无知小孩，但所关非细，念尔父出力年久，故特恩至此。虽不管地方之事，亦可以所闻大事，照尔父密折奏闻，是与非朕自有洞鉴。就是笑话也罢，叫老主子笑笑也好。"对一个"无知小孩"不仅委以重任，而且如此照顾，口吻又如此亲切，可谓是"爱屋及乌"也。

总之，康熙在位的六十年，特别是曹寅时期，是曹家的极盛时期。四次接驾，更是显赫一时。《红楼梦》第十七、十八回写元妃省亲的盛况，正是"借省亲事写南巡"。贾府那种鲜花锦簇、烈火烹油的盛况，也正是盛极一时的曹府的真实写照。可惜此时曹雪芹还没有降临人世，家庭的极盛时代，对他来说，只是"扬州旧梦"而已。

皇恩不再

《红楼梦》中，秦可卿托梦于王熙凤说："常言'月满则亏，水满则溢'；又道是'登高必跌重'。如今我家赫赫扬扬，已将百载，一日倘或乐极悲生，若应了那句'树倒猢狲散'的俗语，岂不虚称了一世的诗书旧族了！"这段话大概是曹雪芹有感而发的吧。四次接驾时的曹府，表面上煊赫当时，实际上早已种下衰败的祸根。

接待皇帝的巨大开支，从哪里来？曹寅不得不挪用公款，以致造成巨大的亏空。亏空多少？据李煦在康熙五十一年七月二十三日奏折中称，曹寅临终时说江宁织造衙门历年亏欠钱粮九万余两，又两淮商欠钱粮二十三万两，两项相加，计三十二万两。康熙五十五年二月初三李煦的奏折中，又说曹寅亏欠，原有三十七万三千两，除掉商人应缴之费十一万两，实亏二十六万三千两。这些已经是天文数字，所以曹寅临终有"无赀可赔，无产可变，身虽死而目未瞑"的话。可是，江南总督噶礼参奏曹、李两家亏欠三百万两，康熙批驳说只欠一百八十万两。总之，仅仅是曹寅所亏欠恐也远远高于三十二万两。康熙知道这钱实际上是用在他身上了，所以他才会公开祖护曹、李，说："曹寅、李煦用银之处甚多，朕知其中情由。"但他也深知此事的确非同小可，关系曹、李两家身家性命。噶礼敢于在他还在位时就参奏，就证明了这一点。

为了帮助曹寅赔补亏欠，康熙采取了许多非常措施。他两次让李煦代理盐差，将所得余银尽归曹家。他又让监察御史李陈常巡视两淮盐课一年，所有盈余，均代曹寅、李煦赔补亏欠。他又怕李煦存有一己之私，只顾自己，所以经常特地训导李煦说："曹寅于尔同事一体……惟恐日久尔若变了，只为自己，即犬马不如矣!"但是，要填的窟窿实在很大，又怎能填得满？康熙五十二年十一月间，李煦和曹颙的奏折中都宣称亏欠已补清完讫，尚余银三万六千余两。曹颙要把这余银献给康熙"养马"，康熙又格外施恩，只收六千两，其余三万两赐予曹颙还"私债"。

曹雪芹雕像

按道理，此事已经了结(当时康熙还将此事交户部"议覆"，确认"江宁、苏州织造衙门所欠银两，今已照数全还")。可是到了雍正元年，查抄李煦家产时，又说李煦亏空银三十八万两，曹家同样难逃一劫。曹頫在雍正二年正月初七的奏折中说："奴才实系再生之人，惟有感泣待罪，只知清补钱粮为重，其余家口妻孥，虽至饥寒迫节，奴才一切置之度外，在所不顾。凡有可以省得一分，即补一分亏欠，务期于三年之内，清补全完。"话已说得十分凄惶了。

这"家口妻孥"中，就包括曹雪芹吧。"饥寒迫节"的话，恐非夸饰，不然他决不敢在奏折中这样说。我们从清宫档案中获知，直到乾隆年间，曹頫始终未能补完亏欠。这座压在曹家头上的大山，要不是乾隆下旨"恩免"，恐怕是永远移不开的了。

曹頫写上述奏折时，曹雪芹最多不过九岁光景，他没能赶上家庭的盛况，却亲身经历了家庭的困窘破败。当然，在他出生时，家庭的景况尚未到困窘的时候。康熙五十四年七月十六日，曹頫在给康熙的奏折中报告曹寅遗存的产业，有"京中住房二所，外城鲜鱼口空房一所，通州典地六百亩，张家湾当铺一所，本银七千两，江南含山县田二百余亩，芜湖县田一百余亩，扬州旧房一所"。这样的产业，还是非常可观的。所以曹雪芹在幼年时代，有可能过过一小段"锦衣玉食"的日子。即使如此，曹頫在上述奏折中已经讲到赖康熙赐银三万两才将私债还完了的话。可见，从曹雪芹懂事之日起，家庭景况必定已江河日下，雍正一上台，更是立即陷于困境之中。到雍正五年曹家被查抄时，曹雪芹还只有十二三岁。

导致曹家彻底败落的原因，可能比较复杂，亏欠钱粮，虽然是重要的，也是直接的原因；但如果仅仅是亏欠钱粮，似乎尚不至于引起雍正那样反感和愤恨，以致非要籍没其家产不可，大概还有更深层的原因。雍正一上台，就没给曹李两家以好颜色，李煦是立即就倒霉了。雍正元年，李煦家产就被查抄，房屋赏给了年羹尧，家属被逮捕，全家上下二百余口在苏州变卖，因是旗人，无人敢买。雍正又让年羹尧获取，余者交崇文门监督。雍正五年，李煦又因曾买苏州女子送给雍正的头号政敌、八王子胤禩而受审。李煦虽被"宽免处"，但仍以七十三岁的高龄发往打牲乌拉 (今黑龙江境内)，不久死于流所。

曹家的厄运也接踵而来。雍正对曹頫的态度与康熙有天壤之别，康熙对曹頫何等亲切，而雍正对曹頫一直敌视，他在上述曹頫雍正二年正月初七的奏折上批道："只要心口相应，若果能如此，大造化人了!"口气严酷之极! 这一年的五月初六，曹頫向雍正汇报蝗灾和米价，雍正竟莫名其妙地批道："据实奏，凡事有一点欺隐作用，是你自己寻罪,不与朕相干。"把这一批语和康熙"让老主子笑笑也好"的批语加以对比,不难体会到康熙之所爱,恰是雍正之所恶。显然,雍正对曹頫这等人很不放心,所以派人明查暗访曹頫的行为。两淮巡盐噶尔泰曾向雍正密报:"访得曹頫年少无才,遇事畏缩,织造事务交与管家丁汉臣料理。臣在京见过数次,人亦平常。"雍正批道:"原不成器""岂止平常而已!"可见雍正对曹頫深恶痛绝。

雍正五年十二月二十四日,雍正下旨查封曹頫家产,罪名又是"行止不端",还说曹頫"将家中财物暗移他处"。这明显又是听信了什么人的揭发。从雍正元年到雍正五年,曹頫一再受罚,没太平过。更奇怪是,雍正二年曾把曹頫交怡亲王允祥看管,雍正在曹頫的请安折上批道:"……不要乱跑门路,瞎费心思买祸受……因你们向来混账风俗惯了,恐人指称朕意撞你,若不解不懂,错会朕意,故特谕你。若有人恐吓诈你,不妨你就求问怡亲王……主意要拿定,少乱一点。坏朕名声,朕就要重重处分,王子也救你不下了。"

曹頫不过是一个失宠的包衣下奴,何以会有人借雍正的名头去诈他,他又怎会坏雍正的名声,实在是个谜,只怕其中大有文章。由此我们完全有理由推知,曹頫之获罪、被看管、被查抄,肯定有比亏欠钱粮更深层的原因。也许就是因为曹家是康熙的宠臣,知道的事太多,牵涉的面太广,不免遭致雍正的疑忌,以致不除不快了。

文学世家

曹雪芹的家庭有深厚的文学传统,曹雪芹从降生之日起,就生活于浓厚的文学氛围之中,他也是这个家庭的文学传统的真正继承者。

曹雪芹的曾祖曹玺,是个很具才识的人,有"蔼然称为儒者宗"

的美誉。《上元县志》卷十六《曹玺传》说他"少好学，沉深有大志"。《江宁府志》卷十七《曹玺传》也说他"读书洞彻古今，负经济才，兼艺能，射必贯礼"是个文武兼备的人。康熙时的名臣熊赐履有《挽曹督造》诗云："云间已应修文召，石上犹传锦字诗。"这表明曹玺颇有文采。

比之乃父，曹寅更是文采风流，颇有大家风范。他工诗文，善绘画，谙熟戏曲与音乐，又是当时著名的刻书家与藏书家。受命主持校刊《全唐诗》和《佩文韵府》的就是他。

清代著名文人、曹寅的舅舅顾景星盛赞其甥才学高超。他在《荔轩诗草序》中称曹寅："束发即以诗词经艺惊动长者，称神童……今始终冠，而其诗清深老成，锋颖芒角，篇必有法，语必有源，虽颠白齿摇，拈须苦吟，不能逮其一二。"又说曹寅"如临风玉树，淡若蘂花；甫曼倩待诏之上，腹二西之秘，贝多金碧，象数兰术，无所不窥，弧骑剑槊，弹棋擘阮，悉造精诣"。顾还引李白赠高王诗"价重明月，声动天门"以赠曹寅。对照曹寅一生的成就，顾景星的赞誉，不算为过。

曹寅留存于世的作品很多，有《楝亭诗钞》八卷，《楝亭诗别集》四卷，《楝亭词钞》一卷，《楝亭词钞别集》一卷，《栋亭文集》一卷，他还创作了《续琵琶》《虎口余生》两部传奇及《北红拂记》《太平乐记》两部杂剧。《续琵琶记》写的是蔡文姬的故事，大意是讲文姬被俘掳，作《胡笳十八拍》，曹操追念其父，命曹彰兵临塞外，胁赎而归。中间还穿插铜雀大宴、弥衡击鼓等情节。此剧不仅盛赞了才女蔡文姬，而且把曹操塑造为一位正真的英雄人物，称得上是文学史上第一部为曹操翻案的作品。这表明曹寅独具的见识。曹寅不但是诗人、剧作家，而且还能粉墨登场。他的友人张大受在《赠曹荔轩司农》一诗中描写道："多才魏公子，援笔诗立成。有时自敷粉，拍袒舞纵横。跳丸击剑讫，何如邯郸生。风流岂已矣，继擅黄初名。"

曹寅还擅长画道，并工书法。他曾戏言："不恨不如王右军，但恨羲之不见我。"可见他对自己的书法相当自信。

曹寅是个大藏书家，家中藏书万卷，经史子集包罗万象。据《楝亭书目》所录,就有 3287 种,36 大类。他又是刻书家,除奉旨刊刻《全唐诗》和《佩文韵府》外,还刻印了《楝亭五种》和《楝亭十二种》。后者包括《都城记胜》《钓矶立谈》《墨经》《法书考》《砚笺》《琴史》《梅苑》《禁扁》《声画集》《后村千家诗》《糖霜谱》《灵鬼簿》等。仅仅看这些书目,就可以看出曹寅涉猎之广,学识之丰。

由于曹寅风流倜傥,喜与文人学士交往,许多著名的诗人、文人、画家、戏剧家,如钱秉澄、姚潜、石涛、洪升、严绳孙、陈枋、叶燮等,都与之交好。曹玺生前曾在江宁织造府内手植楝树一株,旁筑小亭,常在其中教曹寅兄弟识字读书。曹玺死后,曹寅追悼先人,手制楝亭图,遍请海内文人学士题诗、题词、作画以资纪念。可以说,在曹寅周围,形成了一个很大的文艺群体,风雅云集,云蒸霞蔚。我们可以想象,曹寅全家上下,别说是儿女辈,连家仆婢女都受到这种文学氛围的熏陶渐染。

《红楼梦》金陵十二钗中的少女人人能诗,还有香菱学诗这样的动人情节,此类事在曹府也许本来就是司空见惯的。史说东晋谢安家中连婢女也出口成章,曹家也许接近于此吧。曹寅的儿子曹颙,连康熙也称赞他文武兼备。至于曹頫,文才肯定也不差,他有一次为征边大军凯旋给雍正的贺表,雍正大加赞赏,信笔批道:"此篇奏表,文拟甚有趣,简而备,诚而切,是个大通家作的。"当然,此表不一定是曹頫亲笔,但曹頫有文才是当然的。

尽管曹雪芹未能亲聆祖父的教诲,但是祖父的形象在他的心目中必定占据崇高的地位,是他从小崇拜的偶像,并在他幼小心灵中,植下文学的种子。家庭的文学传统也必然深深渗进他的血液。曹雪芹多才多艺,能诗、能文、能画,妙解音律,深通戏曲,酷似乃祖,我们不难从中体会到曹寅对曹雪芹的影响巨大而深远。至于曹頫,有种种迹象表明,他不仅是《红楼梦》的最早的评论者,而且很可能是小说创作的积极参与者与合作者。曹雪芹着手创作《红楼梦》以前,本有一部旧稿,曹頫很有可能就是这部旧稿的作者。

喻己于书

曹雪芹移居西山脚下，在那里搭了一个茅庐。对他的日常起居，敦诚有诗描绘道：

> 满径蓬蒿老不华，
> 举家食粥酒常赊。
> 衡门僻巷愁今雨，
> 废馆颓楼梦旧家。
> 司业青钱留客醉，
> 步兵白眼向人斜。
> 何人肯与猪肝食，
> 日望西山餐暮霞。

"举家食粥"，生活之贫困可想而知，但居所景色优美，"门前山川供绘画，堂前花鸟入吟讴"，对比《红楼梦》中曹雪芹自云："虽今日之茅椽蓬牖，瓦灶绳床，其晨夕风露，阶柳庭花，亦未有妨我之襟怀笔墨者。"物质生活的困顿，不妨害他精神生活的充裕。也许，这门前山川，更激发曹雪芹创作的灵感，增添他笔下的诗情画意，他就在这山川的怀抱中写就惊天动地的《红楼梦》。

曹雪芹是旗人，他居住的地方大约是旗人聚居的地方。所谓天涯何处无芳草。曹雪芹虽远离那繁华的京都，但并不寂寞，除敦氏兄弟常来看他外，他还有许多知己。其中有一个与他性情最为相投，那就是《春柳堂诗稿》的作者张宜泉。

张宜泉也是旗人。他和雪芹一样，一生坎坷。张宜泉自幼父母双亡，又为兄嫂所弃，靠教几个学童糊口。他在《春柳堂诗稿》自序中说："奈家门不幸，书剑飘零，三十年来，百无一就。"他曾参加礼部考试，也曾做过小官，但终生未能有机会一展宏图，于是啸傲林泉，以诗自娱。从《春柳堂诗稿》可以看出，张宜泉诗才清新隽永，性情则尤如闲云野鹤，孤高傲世，这正与曹雪芹同调，是以两人一见如故，情谊日笃。他们有时在一起饮酒赋诗，有时则一起赴郊外寻幽探胜。《春柳堂诗稿》中有三首诗是专为曹雪芹而作的。其中一首《怀曹芹溪》云：

> 似历三秋阔，同君一别时。
>
> 怀人空有梦，见面尚无期。
>
> 扫径张筵久，封书畀雁迟。
>
> 何当常聚会，促膝话新诗。

这首诗道出了他和雪芹情谊深厚，小别一时，就如隔三秋，即使在梦中，也怀念着这位好友。由于张宜泉住在东郊，所以"见面常无期"，他为此深深感叹。他写这首诗，似乎是曹雪芹本来约好来访，他为此扫径张筵，焦急等待，结果不知什么原因曹雪芹未能来，惆怅之余才写下这首诗以寄托怀念之情。在诗稿中和这首诗编排在一起的还有一首《晴溪访友》，也像是为雪芹而作的：

> 欲寻高士去，一径隔溪幽。
>
> 岸阔浮鸥水，沙平落雁秋。
>
> 携琴情得得，载酒兴悠悠。
>
> 不便张皇过，轻移访载舟。

诗中描写的景致，与雪芹住处十分相近。曹雪芹不正是张宜泉心目中的"高士"吗？这不免令人想起《红楼梦》中"山中高士晶莹雪"的诗句，张宜泉读过《红楼梦》的书稿是不无可能的。"携琴"一句，也令人联想起他为悼念曹雪芹而作的另一首诗中有"琴裹怀囊声漠漠"之句。想来，他和曹雪芹在一起载酒抚琴，理固宜然。

张宜泉还有一首《和曹雪芹西郊信步憩废寺原韵》，更具体描述了他们同游西郊，到一座废寺小憩。曹雪芹触景生情，赋诗一首，诗题大约是《西郊信步憩废寺》，张诗就是步其原韵而作的和诗。曹雪芹的

原诗一定精彩绝伦，抒发了自己的怀抱，有很深的寄托，不然张宜泉的和诗不会开首就说"君诗未曾等闲吟，破刹今游寄兴深"了。

张宜泉和敦氏兄弟的诗，都清楚地告诉我们，曹雪芹和友人在一起，兴致一来就立即赋诗，可见他的诗作一定颇丰。一部《红楼梦》，就有那么多诗，也足见曹雪芹诗才之高，朋友们把他比作曹子建，比作李贺，他是完全承受得起的。可惜，除了敦诚曾引用过他的一句"白傅诗灵应喜甚，定教蛮素鬼排场"外，我们再也无缘见到那些精彩的诗篇，这实在是中国诗歌史的一大憾事！

红楼遗梦

曹雪芹结庐西郊，致力于《红楼梦》的创作，经过十年的艰辛努力，终于完成了这部前无古人的宏篇巨制。《红楼梦》第一回有一段话记述了此书的创作过程：先是空空道人把石头上所记述的"无材补天，幻形入世……历尽离合悲欢炎凉世态的一段故事"，"从头至尾抄录回来，问世传奇。从此空空道人因空见色，由色生情，传情入色，自色悟空，遂易名为情僧，改《石头记》为《情僧录》。东鲁孔梅溪则题曰《风月宝鉴》。后因曹雪芹于悼红轩中披阅十载，增删五次，纂成目录，分出章回，则题曰《金陵十二钗》"。这段话扑朔迷离，似乎留给人们诸多疑团。这空空道人是谁？是曹雪芹虚构的乌有先生，还是实有其人？他更名情僧，书中的石头，即贾宝玉，不就是情僧吗？难道这空空道人就是贾宝玉的生活原型？是他先抄录了《石头记》，然后由曹雪芹十年辛苦，创作成今日之《红楼梦》。那么，空空道人抄录的《石头记》，是否是《红楼梦》的"前身"或"原稿"？这的确是一个谜团。无论如何，有一点是一定的，《红楼梦》确是曹雪芹十年辛苦的伟大成果。

现在通行的一百二十回本《红楼梦》，后四十回是高鹗的续作，前八十回是曹雪芹原作。"书未成，芹为泪尽而逝。"说的是，曹雪芹虽然增删五次，但未能最后完成这一浩大工程，尽管脂砚斋一次又一次地帮他誊清书稿，加上评语，但他却始终没有停止修改他的作品。现存的《脂砚斋重评石头记》的抄本，"秦可卿淫丧天香楼"一节被删去后，还留下一些应删而未删尽的文字（如"另设一坛于天香楼上"以及瑞珠触柱而亡等），十七、十八回尚未分开等。《庚辰本》还有"缺中秋诗，俟雪芹"的批语。这些都证明这部书尚未最后定稿。但这并不是说这部小说只写了八十回。

实际上，小说还有后数十回，曹雪芹是定稿的。我们从脂评中得知，小说的终局是太虚幻境公布情榜，头一名就是贾宝玉，其名下还有"情不情"三字。林黛玉的名下，有"情情"二字。所谓"情不情"，一种含义，或许是贾宝玉从"入情"开始，以"不情"结束，所谓"由情入色""因色悟空"吧。另一种含义，或许

曹雪芹纪念馆

如脂评所言，贾宝玉对一切不情的事物（如花儿、鸟儿、鱼儿）都有一段痴情去体会玩味。"情"乃动词，"不情"乃宾语。至于黛玉的"情情"，大概就是脂评所说的她"更胜宝玉十倍痴情"吧。她为还泪而来，泪尽而去，都脱不开一个"情"字。小说既然连结局都有了，可见是完稿了的。这后数十回决非我们现在所看到的后四十回。

在脂评中，提供了很多后数十回的情节线索，如凤姐扫雪、拾玉，宝玉送玉；宝玉等人被关押在狱神庙，红玉、贾芸仗义探庵，慰问宝玉；以及贾宝玉"寒冬噎酸，雪夜围破毡"，"薛宝钗借词含讽谏，王

熙凤知命强英雄"等，在现在的后四十回中都不见踪影。现在的后四十回的许多情节，和小说前半部所埋下的伏笔，以及第五回所暗示的贾府结局和人物命运，多有不合。至于像宝玉中举，贾府中兴，兰桂齐芳之类，更与前八十回的思想南辕北辙。在高鹗的笔下，贾宝玉居然忠孝两全。他生子、中举、受封，出了家还要回来向父亲跪拜，这一切叫做为忠孝两全。"平生遭际实堪伤"的香菱，原本是被折磨死的，现在却被"扶了正"，在高鹗看来，这就是她的好运了。李纨坚持守节而遭好报，袭人因"失节"而遭谴责，这是曹雪芹的思想吗？肯定不是。

在曹雪芹的笔下，李纨的青春丧偶和守节，正是她最大的不幸，她没有，也不可能因此而得到好处。"如冰水好空相妒，枉与他人作笑谈"的诗句，以及"也只是虚名儿与后人钦敬"的歌词，都证明了这一点。在曹雪芹的笔下，袭人最终是宝玉在潦倒之际，不得不将她"遣嫁"的，而且是嫁给了宝玉最要好的朋友蒋玉菡，夫妻二人还终身侍奉宝玉。"失节"两字，从何谈起？曹雪芹的伟大，正在于他虽然身处宗法封建社会，却敢于向这一社会宣战，并以冲决罗网的精神，向这一社会的传统宣战。他没有赞美忠臣、孝子、义夫、节妇，而是赞美了富于叛逆精神的"顽石"贾宝玉以及黛玉、晴雯这类女性形象。他把同情赋予了被宗法封建制度所残害的一切不幸的人们。

曹雪芹是彻底的，在他的笔下，十二金钗、副钗、又副钗，乃至所有女性的命运，概莫能外都是悲剧的。他以穿透历史的深邃眼光，写了一个家庭的大悲剧，一切都是那样地无可挽回，最后只能是食尽鸟投林，树倒猢狲散，落了个白茫茫大地一片真干净。这样的大彻大悟，才是真实的曹雪芹！这样的思想境界，高鹗与之相比，实是相形见绌。

当然，高鹗的后四十回，作为文学作品，也有其自身的特点与价值。何况一般读者的心理，总希望看到完满的结局。正如高鹗所言："予闻《红楼梦》脍炙人口者，几廿余年，然无全璧，无定本。"他补上四十回，使《红楼梦》以"全璧""定本"的面貌出现，这对《红楼梦》的广泛传播，的确起了不小的作用。

　　曹雪芹把一生的心血都献给了《红楼梦》，过早地离开了人世。那一年的中秋，他的爱子不幸夭折，他感伤成疾，由于无力延医，竟在除夕之夜，带着一腔悲愤和未竟之志，与世长逝了！一代文星就此陨落！留下一个新婚的妻子，孤苦无依，他实在难以瞑目啊。敦诚有诗挽道：

　　　　　四十年华付杳冥，

　　　　　哀旌一片阿谁铭？

　　　　　孤儿渺漠魂应逐，

　　　　　新妇飘零目岂瞑？

　　　　　牛鬼遗文悲李贺，

　　　　　鹿车荷锸葬刘伶。

　　　　　故人惟有青山泪，

　　　　　絮酒生刍上旧坰。

（《挽曹雪芹》）